HANDBUCH DER BLASMUSIK

Georg Eberlein:
Der Pfeiferstuhl, Nürnberg (Ausschnitt)

HANDBUCH DER BLASMUSIK

Erweiterte Neufassung

mit Beiträgen von
Hans-Walter Berg, Hermann Egner, Albert Häberling,
Peter Hudec, Volker Landtag, Jürgen Maahn,
Hilger Schallehn und Fritz Thelen

ED 4204

SCHOTT

Mainz · London · Madrid · New York · Paris · Tokyo · Toronto

Bestellnummer: ED 4204

Printed in Germany · BSS 45732
Lektorat und Musikredaktion: Hilger Schallehn
Umschlaggestaltung und Layout: H. J. Kropp

ISBN 3-7957-2814-2

Vorwort

Willy Schneiders Handbuch bedeutet für die Nachkriegsgeneration eine Art Bibel der Blasmusik. In wohl jeder Bibliothek eines Dirigenten stand der Wegweiser und wurde wegen seiner handfest-praktischen Anleitungen genutzt.

In den dreißig Jahren nach Erscheinen des Handbuches hat sich die Blasmusik weiterentwickelt und verändert. Die Besetzung der Kapellen ist größer und differenzierter geworden; die Musikvereine betreiben eine planmäßige Jugendarbeit, was sich in der Gründung zusätzlicher Jugendkapellen niederschlägt; das Leistungsniveau ist gestiegen; neue Bevölkerungsschichten finden Zugang zur Blasmusik. Stil und Geschmack haben sich gewandelt. Neben bläsertypischer Volksmusik nach böhmisch-mährischem Vorbild hinterläßt die Big Band ihre Spuren; Pop-Musik hält Einzug; Filmmusik und Musical bestimmen das Repertoire. Willy Schneiders Verdikt gegen Bearbeitungen hat seine Bedeutung verloren.

Und immer noch erfreute sich das Schneider-Handbuch regen Zuspruchs. Für den Schott-Verlag war dies Grund genug, den Namen des Autors und des Buches beizubehalten, den Inhalt jedoch radikal zu aktualisieren und zu erweitern.

Nicht nur Dirigenten werden jetzt angesprochen, sondern auch die Musiker im Verein, die sich auf eine Verbands-Bläserprüfung vorbereiten; darüberhinaus finden die Stimmführer und die Instrumental-Ausbilder, was sie für ihre musikalische und pädagogische Arbeit im Verein benötigen; Verbandsfunktionäre und Vorstände schließlich werden durch Beiträge zur Vereins-Organisation angesprochen.

War Willy Schneider im alten Handbuch der alleinige Autor, so wurden für das neue Handbuch zusätzlich Spezialisten herangezogen, denen an dieser Stelle für ihre Bemühungen um Vermittlung eines aktuellen Wissensstandes ausdrücklich gedankt sei. Die Hauptlast der redaktionellen Arbeit an den alten Texten trug jedoch Hilger Schallehn, auf dessen Initiative das neue Handbuch zurückgeht.

Rückschauend scheint die Erneuerung der Blasmusik die wichtigste und folgenreichste der vielen Arbeiten Willy Schneiders zu sein, die er vom Hochschulinstitut für Musik Trossingen aus betrieb. Die Bundesakademie fördert heute in diesem Bereich sein Werk weiter.

Hans-Walter Berg

Inhalt

Filippo Bonanni: „Serpentone“
aus „Gabinetto Armonico“, 18. Jahrh.

I. Zur Geschichte des Bläserwesens

Die Verse, die der Magister Justinus anläßlich des Ritterschlages des Grafen Bernhard zur Lippe um das Jahr 1260 schrieb, dokumentieren, daß es in den Zeiten der Minnesänger bereits so etwas wie eine Blaskapelle gab:

Pfeifen erschallen, die Pauke erdröhnt, er tönen die Flöten.
Sieh: die lustige Schar der fahrenden Männer ist da ...
Dieser singt und erfreut das Herz mit lieblicher Stimme,
während jener im Liede Taten der Helden erhebt.
Dieser berührt mit den Fingern die kunstvoll geordneten Saiten,
jener versteht die Kunst lieblicher Leiermusik.
Mancherlei Töne entströmen aus tausend Löchern den Flöten.
Mit gewaltigem Lärm werden die Pauken gerührt.

Funde aus uralten Zeiten und bildliche Darstellungen der alten Kulturvölker zeigen uns immer wieder, daß es dort, wo Menschen lebten, auch Musikinstrumente gab. In der Bibel lesen wir von den „Posaunen von Jericho", wir wissen, daß das älteste trompetenartige Instrument das Kuh- oder Stierhorn war, wir kennen die Luren der Germanen.

Eine vollständige Darstellung des antiken Instrumentariums würde über den Rahmen dieses Handbuches hinausgehen. Es sollen lediglich einige historische Blasinstrumente angesprochen werden, um den Leser wenigstens mit den wichtigsten Vorläufern der heute gebräuchlichen Instrumente bekannt zu machen.

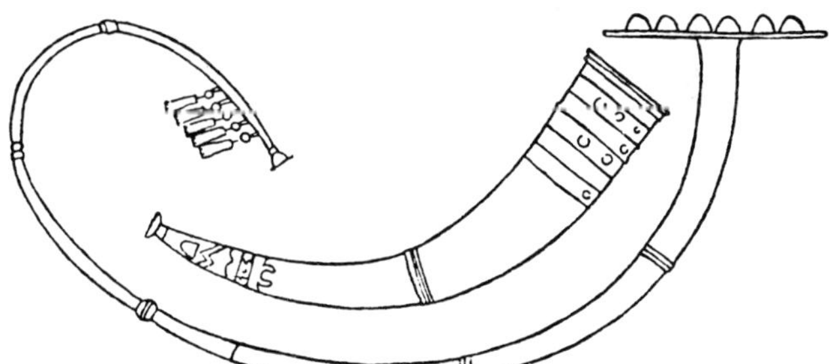

Germanisches Stierhorn und Lure

Germanischer Hornbläser

Entwicklungsstufen der Holzblasinstrumente

Bei den alten Ägyptern war die Flöte das beliebteste Blasinstrument, wie man Steinreliefs entnehmen kann. Sie wurde anfangs als Längsflöte verwendet, indem man die Töne wie bei hohlen Metallhülsen, wie z. B. Schlüssel, oben anblies. Mehrere solcher Längsflöten, von verschiedener Länge aneinandergereiht und mit Wachs verklebt oder mit Schnüren verbunden, führten zur Panflöte (griech. „Syrinx"), der Hirtenpfeife der alten Griechen oder dem Flöteninstrument der südamerikanischen Indianer. Die Orgel, die ja nichts anderes als ein riesiges Blasinstrument ist, hat in der Panflöte ihren Vorfahren.

Eine weitere Entwicklungsform der Flöte war die Schnabelflöte, die auch im Altertum schon bekannt war. Der Ton wird erzeugt, indem der Luftstrom durch einen engen Spalt, die Kernspalte, auf eine scharfe Kante geleitet wird. Aus der Schnabelflöte ging die Blockflöte hervor, die vom 16. bis Ende des 17. Jahrhunderts in den europäischen Ländern die einzige bekannte und gespielte Flöte war. Dieses Instrument hat in den zwanziger Jahren dieses Jahrhunderts seine Wiederauferstehung im Zusammenhang mit der Jugendbewegung erlebt: Es ist heute das meistgespielte Schulmusikinstrument.

Vorformen der Querflöte gibt es heute noch in Asien und in Afrika. In Europa kam sie erst Ende des 17. Jahrhunderts auf und verdrängte nach und nach die Blockflöte wegen ihres erheblich größeren Tonumfangs. Im Unterschied zur Blockflöte, italienisch „Flauto dolce“, wurde sie „Flauto traverso“ (franz. „flûte traversière“) genannt, aber auch „Schweitzerpfeiff“ oder „German flute“ (deutsche Flöte). Die ersten Querflöten hatten nur sechs Grifflöcher. Die Spieler mußten sich vielfach mit Gabelgriffen behelfen, was auf Kosten der Tonreinheit ging. Die allmähliche Verbesserung ihrer Konstruktion erfolgte durch J. J. Quantz (1697–1773), den Flötenlehrer Friedrichs des Großen, und durch Theobald Böhm (1794–1881). Maximilian Schwedler konstruierte ein neues Flötenmodell (1885), das 1912 als „Reformflöte“ in den Handel kam.

Ein Doppelrohrblattinstrument, das einen wichtigen Platz im altgriechischen Musikleben einnahm, war der „Aulos“, möglicherweise nur mit einem Rohr. Während

Altägyptischer Wandfries, Musikanten und Tänzerinnen

Griechisches Vasenbild: Aulosspieler und Tänzerin

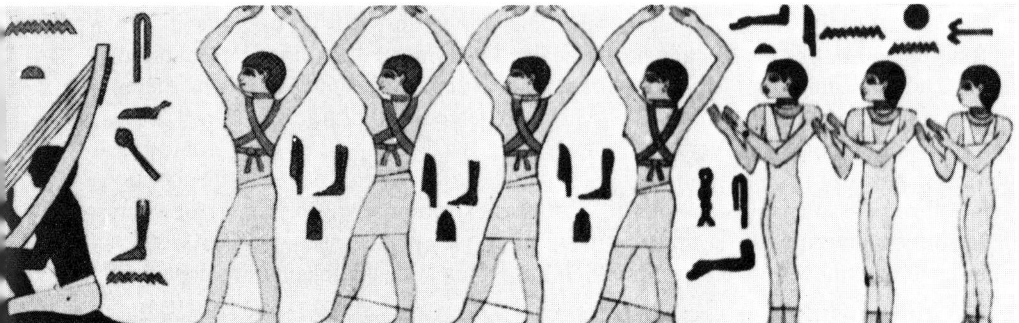

Vorchristliche Marmorgruppe: Pan und Olympus mit Panflöte

man früher den Aulos der Flötenfamilie zuordnete, ist heute nachgewiesen, daß es sich um ein schalmeiartiges Instrument handelte, das ein hinterständiges Tonloch hatte. Der Aulos bestand aus zwei nebeneinanderliegenden Röhren, die zylindrisch gebohrt waren. Das Instrument quintierte (= überblasen in der Duodezime) nicht. Sein Ton war sehr scharf und grell. Zweifellos ist der Aulos einer der wichtigsten Vorläufer unserer modernen Holzblasinstrumente.

Die Schalmei (lat. „calamus" = Rohr, Halm; franz. „chalumeau") ist ein Doppelrohrblattinstrument, das durch die Araber hier eingeführt wurde, und war in ganz Europa bekannt. Ab der Renaissance war das Chalumeau Vorläufer der Klarinette mit einfachem Rohr. Familienweise gebaut nannte man die geschlossene Schalmeiengruppe außer der Diskantschalmei die „Bomharte" oder „Pommern" (franz. „Bombarde" = Donnerbüchse). Verwendet wurde der Alt-, Tenor-, Baß- und Kontrabaßbomhart. Aus dem Sopranpommer (Sopranbomhart) entwickelte sich die heutige Oboe, die als das älteste Instrument der Holzblasinstrumente angesehen werden darf, denn ähnliche Instrumente können bis in die vorchristliche Zeit nachgewiesen werden. Ehe sie zu ihrer heutigen Vollkommenheit ausgebaut war, vergingen allerdings noch über hundert Jahre.

In der Zeit des Barock war der „Dulcian" (auch „Dolcian") ein gern gespieltes

Codex Manesse (1310–1340):
„Die Hetzjagd“,
Herr Geltar als Hornbläser

Johann Christoph Weigel d. J.: Schalmeyen

Instrument. Er war den Pommern verwandt, hatte wie diese ein Doppelrohrblatt. In Spanien ist heute noch die Dulcaina gebräuchlich, eine Schalmei mit Doppelrohr in Diskantlage, nicht zu verwechseln mit dem Dulzian. Der Dulzian ist als Vorläufer des heutigen Fagotts zu betrachten. Zumindest hat es von diesem die Lieblichkeit des Tones. Daneben dürfte der Baßpommer, was die Form betrifft, Pate bei der Geburt des Fagotts gestanden haben. Zu dem Versuch, einen um eine Oktave tiefer stehenden Baßpommer (Lage des Kontrafagotts) zu bauen, schrieb Michael Praetorius (1571–1621):

Gereth es ihm / so wird es ein herrliches Instrument werden / desgleichen hiebevor nicht gesehen / und sich wol drueber zu verwundern seyn wird ...

Der Nürnberger Instrumentenmacher Johann Christoph Denner (1655–1707) erfand im Jahre 1690 die Klarinette. Die französische Schalmei (zylindrische Bohrung mit einfachem Rohrblatt) entwickelte Denner weiter, indem er sie mit einer Überblaseklappe versah. Durch diese Klappe springen die Töne in die Duodezime (Quinte der Oktave) über (man nennt das „quintieren"), was der Klarinette einen großen Tonumfang verleiht. Es dauerte allerdings noch einige Jahrzehnte, bis die Klarinette im Orchester verwendet wurde. Die ersten Klarinetten hatten nur zwei Klappen, und es hat auch hier über hundert Jahre gedauert, bis sie ihre technische Vervoll-

Drey Pfeiffer.

Mit gar lieblicher Melodey
So pfeiffen wir hie alle drey/
Mit Schwegel/Zincken vñ zwerchpfeiffen
Darmit wir gar gründtlich ergreiffn/
Die Thon der Lieder componirt/
Vnd der Lieb darmit wirt hofiert/
Der zarten Frauwen roter Mund/
Pan der Gott die Pfeiffen erfund.

Jost Amman (1539–1591): Drey Pfeiffer, Text von Hans Sachs

kommnung gefunden hatte. Adolphe Sax (1814–1894), ein berühmter französischer Instrumentenbauer und -entwickler, war maßgebend an dieser Ausreifung, auch an der der Baßklarinette, beteiligt. Versuche mit einem Blechinstrument, das, wie die Klarinette, mit einem einfachen Rohrblatt versehen war, führten Sax zu der Erfindung des Saxophon (1842). Damals fälschlich Saxhorn genannt (Saxhörner sind Blechinstrumente mit Kesselmundstück), wurde dieses neue Instrument schon in der Mitte des vorigen Jahrhunderts bei den französischen Militärkapellen eingeführt.

Der Name Klarinette kommt von Clarin (lat. „clarus“ = hell, hoch). Clarinblasen nannte man das hohe Blasen auf den Naturtrompeten. Denner glaubte in der Klarinette ein Instrument erfunden zu haben, das geeignet wäre, das sehr anstrengende Clarinblasen zu ersetzen[1].

Entwicklungsstufen der Blechblasinstrumente

Hohle Bambusrohre einerseits, Kuh-, Stier- oder Widderhörner andererseits dürften wohl als Urahnen aller Instrumente mit Kesselmundstück anzusprechen sein. Wir finden das Horn noch als Zierstück für Jäger im Hifthorn. Aber auch in der Bezeichnung Waldhorn, Althorn, Tenorhorn, Flügelhorn usw. blieb es bis zum heutigen Tag erhalten. Das Kuhhorn bestand lediglich aus einem Tierhorn, dem die Spitze abgenommen war. Es gibt zwar – wie eigene Versuche ergaben – Töne von sich, die jedoch ziemlich rauh sind. Immerhin waren mit diesem primitiven Instrument einfache Signale und Rufe wiederzugeben. Auch aus den Stoßzähnen des Elefanten wurden auf dieselbe Weise, wie beim Tierhorn, Blasinstrumente verfertigt, so den „Olifant“, ein aus dem Orient stammendes, gern gesuchtes Wertstück der Ritterschaft. Es ist allerdings anzunehmen, daß auf den ersten primitiven Hörnern nicht „geblasen“ wurde, wie wir es im heutigen Sinne verstehen (Zungenstoß), sondern es wurde einfach in die Hörner hineingeheult oder gesungen, ähnlich wie es kleine Kinder machen, denen man ein Blasinstrument in die Hand gibt. Das Blasen mit Zungenstoß ist eine bereits kultivierte Art des Blasens.

Die Luren sind die ältestens der mit Kesselmundstück gebauten Blasinstrumente. Die Funde stammen aus der späteren Bronzezeit und wurden hauptsächlich in Skandinavien und Norddeutschland ausgegraben. Die staatlichen Sammlungen in Kopenhagen besitzen sehr viele dieser schönen Instrumente. Die Luren wurden bei Ausgrabungen stets paarweise aufgefunden, woheraus manche Forscher den Schluß ziehen, daß die Zweistimmigkeit den alten Germanen bekannt gewesen sein könnte. Riemann meint, daß es sich bei den Luren auch um eingeführte römische Buccinen gehandelt haben könnte, die ähnlich wie die Luren beschrieben sind. Paarweise finden übrigens heute noch die Alphörner Anwendung, die, aus Holz gebaut, in ihrer geschichtlichen Entwicklung mit der der Luren verwandt sind.

Die Tuba (nicht zu verwechseln mit der heutigen Baßtuba) war das Signalinstrument der alten Römer. Es war ein langgestrecktes, weitmensuriertes Trompeteninstrument, das in verschiedenen Längen gebaut wurde. Auch die Priester bedienten sich bei kultischen Handlungen der Tuben. Alljährlich wurden diese Instrumente

[1] Weiteres über „Clarinblasen“ siehe auch Seite 25 und 48

Alphornspieler

Posaunenbläser (17. Jahrh.)

anläßlich des Bläserfesttages, dem sogenannten Tibilustrium, öffentlich geblasen (vgl. in der heutigen Zeit die Volksmusikfeste in der weltlichen oder die Landesposaunentage in der geistlichen Bläsermusik).

Auf den vorgenannten Instrumenten konnten nur die Naturtöne auf dem Grundton überblasen werden. Die ersten Blechinstrumente, die auch andere Obertonreihen zuließen, sind die Zugposaunen, die im 15. Jahrhundert entstanden. Wahrscheinlich hat sich die Posaune aus der römischen buccina und der Busune entwickelt. Zugposaunen wurden im Mittelalter familienweise gebaut: Diskant-, Alt-, Tenor- und Baßposaune, von denen die Tenorposaune in B als einzige bis zum heutigen Tag im Gebrauch blieb. In diesem Zusammenhang soll analog zur Entwicklung der Zugposaune auf die der Zugtrompete (Tromba da tirarsa) hingewiesen werden, die sich aber nicht durchsetzen konnte.

Gewundene Waldhörner können schon im 14. Jahrhundert nachgewiesen werden. Sie gehen zurück auf die römischen Typen: Tuba, buccina, cornu. Zur Familie der Naturhörner gehören das heute noch lebendige Alphorn, ferner das Post-, Jagd- und Signalhorn. Bis in die Gegenwart noch gesungene Lieder, wie *I fahr, i fahr, i fahr mit der Post* oder *Die Schützen kommen da* u. v. a. stammen aus der Zeit der Naturhörner.

Im 11. Jahrhundert kam die „Busine“, ein trompetenartiges Blechinstrument, nach

Europa. Aus dieser ging die Naturtrompete hervor, die schon im 16. Jahrhundert die gewundene Form aufwies. Die Clarintrompeten der Bachzeit standen in D; im 18. Jahrhundert kam die Es-Stimmung auf. Um in den verschiedensten Tonarten blasen zu können, schufen die Dresdner Instrumentenmacher Hampel und Werner für Hörner und Trompeten Bogenstücke (Stimmbögen), die als Züge in die Instrumente eingeschoben wurden und dadurch, je nach ihrer Länge, den Instrumenten andere Stimmungen gaben, z. B. A-Züge für B-Trompeten, wie sie heute noch üblich sind. Diese Instrumente nannte man „Inventionshorn" bzw. „Inventionstrompete" (Invention = Erfindung).

Die Zinken, von denen es gerade und krumme gab, waren aus Holz gebaute und mit Leder überzogene Instrumente mit Grifflöchern wie die Blockflöten, jedoch mit Kesselmundstück, das aus hartem Holz oder Elfenbein gefertigt war. Gebaut wurden die Zinken in vier verschiedenen Größen: Sopran-, Alt-, Tenor- und Baßzink. Der Baßzink, wegen seiner gewundenen Form „Serpent" genannt, konnte sich bis ins 19. Jahrhundert hinein behaupten, bis er von der „Ophikleïde", einem Klappenhorn mit Kesselmundstück, verdrängt wurde. Nach ihren Instrumenten wurden die Bläser damals auch Zinkenisten genannt. Die Benutzung von Trompeten war ihnen nicht erlaubt, sie war gesetzmäßig noch den Zunfttrompetern vorbehalten. Den Klang der Zinken muß man sich etwa als Mischung zwischen dem einer Oboe und einer

Pumpventile

Johann Christoph Weigel d. J. (1661-1726): Kuh-Hirte mit Busine

Trompete vorstellen. Ihr Ton war ziemlich dünn, weil die Bohrung des Mundstückes nur wenige Millimeter weit war.

Das Klappenhorn, aus dem Sax das Saxophon entwickelte, war ein weiterer Schritt zu dem Ziel, die Blechinstrumente „chromatisch" spielbar zu bauen. Der Instrumentenmacher Kälbel hat es 1770 in Petersburg erfunden. Es wurde so gehandhabt, daß durch jede Klappe zwei Töne im Intervall der Quart gespielt werden konnten. Die sechs Klappen des Instrumentes zu bedienen, war denkbar unhandlich, auch war die Qualität des Tones dem eines Naturhornes weit unterlegen. Es hatte jedoch den Vorteil, daß man, ohne Stimmbögen einschalten zu müssen, in den verschiedensten Tonarten Töne blasen konnte.

Eine entscheidende Änderung in der Entwicklung der Blechblasinstrumente trat erst durch die Erfindung der Ventile ein. Die Ventile (lat. „ventus" = Wind) wurden im Jahre 1813 von Blühmel erfunden. Im Jahre 1818 ließ sich der Berliner Waldhornist Heinrich Stölzl die von ihm verbesserten Ventile für Waldhorn patentieren. Was für die Zugposaunen seit Jahrhunderten durch das Ausziehen des Zuges (Verlängerung der Luftsäule) erfolgte, war durch die Ventile von nun an auch für die übrigen Blechblasinstrumente möglich, nämlich das Ausfüllen der Naturtonskala zur chromatischen Tonleiter. Die ersten Ventile funktionierten in der Weise, daß sich durch das Betätigen eines Ventils eine Verlängerungsröhre ausschob (ähnlich wie bei der Posaune),

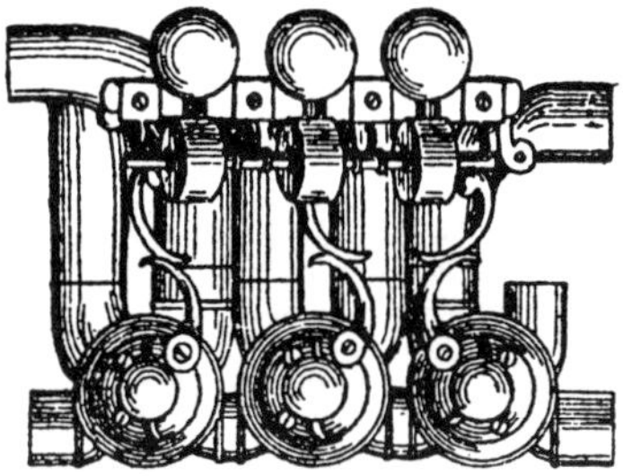

Drehventile

Johann Christoph Weigel d. J. (1661-1726): Waldhornspieler

wodurch eine andere Obertonreihe möglich wurde. Eine weitere Entwicklung waren die Pumpenventile (Perinett), denen dann bald die heute in Deutschland allgemein verwendeten Drehventile (Zylinder) folgten. Trompeten, Flügelhörner, Alt- und Tenorhörner werden heute mit drei Ventilen gebaut, während Tuben meist deren vier aufweisen. Über die Funktion der Ventile siehe Kapitel „Die Instrumente des heutigen Blasorchesters". Der Berliner W. Fr. Wieprecht (1802–1872, Reorganisator der preußischen Militärmusik) ist der Erfinder der Baßtuba, die er im Jahre 1835 zusammen mit dem Instrumentenbauer Moritz konstruierte, ein damals kühner Versuch, wenn man bedenkt, daß die Gesamtröhrenlänge der Tuba die stattliche Länge von ca. 550 cm beträgt. Die Tuba verdrängte schnell die bis dahin gebräuchliche Ophikleïde, die sich als letzte der Klappenhörner behauptete.

Richard Wagner (1813–1883) wurde im Jahr der Erfindung der Ventile geboren. Er wuchs also mit der Entwicklung der modernen Blechinstrumente auf. Die in seinen Opern vorgeschriebenen Blechblasinstrumente, bis hin zu den „Wagnertuben", sind quasi ein Spiegel der Entwicklung des Instrumentenbaues seiner Zeit.

Denis van Alsloot: Stadtpfeiffer

Von Spielleuten, Zünften und Stadtpfeifereien

Im Mittelalter begegnen wir den Possenreißern, Gauklern, Bänkelsängern, den Pfeifern und Spaßmachern, die vagabundierend von Stadt zu Stadt zogen. Da sie – nirgends seßhaft – keine Bürger waren, galten sie als ehrlos. Sie durften vor Gericht keinen Eid leisten noch irgendein Amt übernehmen. Um „ehrbare" Bürger zu werden, mußten sie also seßhaft werden und sich – wie es im Mittelalter Brauch war – zu Bünden zusammenschließen. Im Laufe der Zeit bildeten sich die verschiedensten

Gruppen streng organisierter Musikgemeinschaften, so im höfischen Dienste die Zunft der Trompeter und Pauker, im städtischen Dienste dagegen die Innung der Türmer und Stadtpfeifer, während im soldatischen Dienst die heute noch so genannten Trommler und Pfeifer zusammengeschlossen waren.

Wie streng die Zunft in bezug auf Lehrlingsausbildung war, zeigt uns die Tatsache, daß ein höfischer Trompeter erst nach sieben Jahren Berufsausübung (dazu die Lehrzeit) die Kunst des Blasens lehren durfte. Das Mitspielen in anderen Musikkameradschaften war sowohl den Lehrlingen wie den Herolden - bei Ausschluß aus der Zunft - untersagt. Die Trompeterkunst war damals die angesehenste; sie durfte nur bei Hofe gepflegt werden. Bürgerlichen Schichten war das Spielen von Trompeten untersagt, so auch den innungsmäßig zusammengeschlossenen „Stadtpfeifern", die sich deshalb der Zinken bedienen mußten. Schwere Strafen mußten von denen bezahlt werden, die sich - nicht zur Trompeterzunft gehörend - beim Spiel auf einer Trompete erwischen ließen. Erst im 18. Jahrhundert wurde sie nach und nach auch zu einem bürgerlichen Instrument.

Im Jahre 1288 wurde in Wien die erste Trompeterzunft, die *Nicolai-Brüderschaft*, gegründet, aus der sich (nach Friedrich Herzfeld) die heutigen Wiener Philharmoniker entwickelt haben sollen. Vor allem im 15. Jahrhundert entstanden zahlreiche privilegierte, mit besonderen Rechten versehene Trompeterzünfte. Niemand durfte damals Trompete blasen, der nicht einer Zunft angehörte. Als Lehrlinge wurden nur ehrbare und unbescholtene junge Männer aufgenommen, die nach einer strengen Lehrzeit von mehreren Jahren Prüfungen ablegen mußten, bei denen höchste musikalische Anforderungen gestellt wurden. Nach bestandener Prüfung bekamen die höfischen Trompeter Pferd, Straußenfeder und Degen, zum Zeichen, daß sie dem Offiziersstand angehörten. Ein im Kriege gefangener Trompeter konnte nur gegen einen Offizier ausgetauscht werden.

Da das Blasen auf den alten Naturtrompeten recht schwierig war (in den hohen Lagen als Clarinblasen bekannt), ist es verständlich, daß man eifersüchtig darauf bedacht war, daß sich nur ernsthafte Musiker dieses schönen und stolzen Instrumentes bemächtigten. Die berühmteste Kapelle der Trompeter- und Paukenzunft war die Hofkapelle Kaiser Maximilians (1519).

Den bürgerlichen Musikbedarf stellten die Stadtpfeifereien, die unter der Leitung des Stadtmusicus standen. Ihre Instrumente waren Zinken, Schalmeien und Posaunen, dazu kam die große Trommel (Pauken gehörten zur Trompeterzunft). Die Stadtpfeifer oder Zinkenisten versahen gewöhnlich noch Wächterdienste auf dem Turm oder der Stadtmauer. Ihr Musikdienst bestand im Abblasen vom Turm, im Mitwirken beim Gottesdienst, Tafelmusik bei Festlichkeiten, Trauermusik bei Begräbnissen sowie im Aufspielen zum Tanz bei bürgerlichen Anlässen. Der Stadtmusikus hatte das Recht, Lehrlinge auszubilden. Viele bedeutende Musiker und Komponisten hatten ihre erste Ausbildung den Stadtpfeifereien zu verdanken. Kein Geringerer als Johann Sebastian Bach (1685-1750) hatte seine Ahnen in den Reihen der Stadtpfeifer. In der Gegend um Erfurt waren so viele Musikanten aus der Bachschen Sippe tätig, daß man in dieser Gegend die Musiker einfach die „Bache" nannte, auch wenn sie ganz andere Namen trugen.

Waren die Instrumente der damaligen Zeit im Vergleich zu heute noch etwas primitiv, so stand die Literatur dafür auf einem hohen künstlerischen Niveau. Es war die Zeit, in der Ludwig Senfl (geb. 1490), Schüler von Heinrich Fink (1445–1527), Paul Hofhaimer (1459–1537), Johann Walther (1496–1570) und Heinrich Schütz (1585–1672) wirkten. Besonders genannt werden muß an dieser Stelle auch Johann Pezel (1639–1694), dem wir viele schöne Bläsermusiken verdanken.

Aus jener fruchtbaren Zeit stammen die Bläser-Suiten, Pavanen, Intraden, Kanzonen und Ritornelle, die Turm- und Festtagsmusiken, deren wir uns unbedingt wieder annehmen müssen. Was für kernige, echte Bläsermusiken sind dies doch im Vergleich zu den heute leider so vielgespielten flachen „Charakterstücken"! Viele Werke für Bläser gingen in den Wirren des Dreißigjährigen Krieges (1618–1648) verloren. Diese Kriegsjahre brachten den pfeifenden, blasenden und trommelnden Landsknecht hervor, den Vorfahren des Militärmusikers. Nach dem Vorbild der Stadtpfeifereien bildeten sich besonders an kleineren Orten, die sich keine Stadtpfeifer leisten konnten, allmählich gesellige Vereinigungen zur Pflege der Musik. In anderen Fällen traten der Stadtpfeiferei Musikliebhaber bei. So entstanden die Stadtkapellen und Musikvereine. Der älteste Musikverein wurde im Jahre 1620 in St. Gallen gegründet. In Süddeutschland bildeten sich Musikvereine, die heute zum Teil auf ein über 150jähriges Bestehen zurückblicken können. Besonders aber in der Zeit nach dem ersten Weltkrieg, also in den zwanziger Jahren unseres Jahrhunderts, entstanden allerorts Blasmusikvereine, die zum Teil ein beachtliches Niveau aufweisen. Diese sind nun wieder in großen Verbänden und Bünden zusammengeschlossen mit dem Zweck, die Volksmusik zu pflegen. Hier bedarf es allerdings noch einer großen und vielleicht nie endenden Anstrengung, bis es gelingen wird, den Zehntausenden von Volksmusikern klarzumachen, worin ihre kulturelle Aufgabe besteht.

Hans Burgkmair d. Ä.: Musizierende Reiter aus dem Triumphzug Maximilians I.

II. Die Instrumente des heutigen Blasorchesters

Vom geblasenen Ton

Die Blockflöte veranschaulicht sehr schön das Entstehen eines geblasenen Tones. Wenn wir auf ihr die Grifflöcher schließen, so ist der Luftraum innerhalb der Flöte am größten. Wir bekommen daher beim Anblasen den tiefsten Ton, der durch das Schwingen der im Flötenkörper enthaltenen Luftsäule entsteht. Die schwingende Luftsäule erstreckt sich vom Labium bis zum Ende der Bohrung. Öffnen wir nun das unterste Griffloch, so kann die Luft schon aus diesem entweichen, so daß die Luftsäule um den Abstand des Griffloches am Ende der Bohrung verkürzt wird, was zur Folge hat, daß der Ton höher wird: je länger das Rohr, desto tiefer der Ton.

Ein Ton läßt sich auch überblasen: durch scharfes Anblasen (Erzeugung eines schnelleren Luftstromes) entsteht statt des Grundtones ein höherer Naturton. Bei den Holzblasinstrumenten unterscheidet man solche, die in der Oktave überblasen (Flöten, Oboen, Saxophone, Fagotte) und solche, die in der Quinte über der Oktave (= Duodezime) überblasen (alle Klarinetten). Die Blechblasinstrumente lassen sich alle mit Leichtigkeit in der Reihenfolge der sogenannten Obertöne, auch Naturtöne genannt, überblasen. Dies sind die Töne, die beispielsweise auf einer Trompete „leer", d. h. ohne die Benutzung eines Ventiles, angeblasen erklingen.

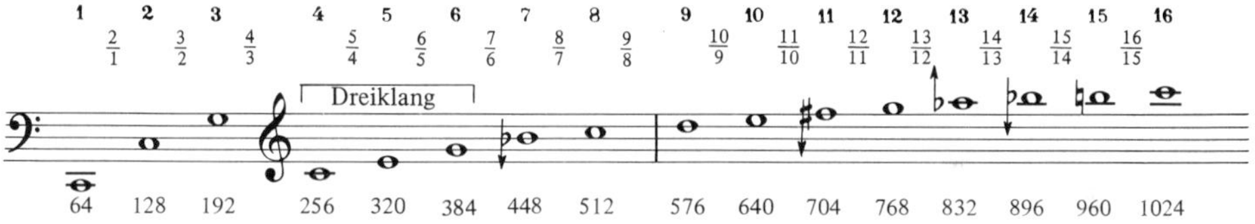

Die Teiltöne 2 bis 8 sind die gebräuchlichsten Naturtöne der Blechblasinstrumente (für Trompeten und Flügelhörner gilt die Obertonreihe eine Oktave höher geschrieben). Die Herolde des Mittelalters sollen imstande gewesen sein, bis zum 16. Oberton lückenlos zu spielen. Beim Clarinblasen[2] wurden erst die Töne vom 8. Oberton an benutzt.

Der Bläser kann also nach Belieben, lediglich durch den Ansatz, höhere oder tiefere Töne mit denselben „Griffen" hervorbringen. (Da viele Laienbläser eine unzureichende Schulung haben, kommt es mitunter vor, daß sie zwar den richtigen „Griff" für einen Ton benutzen, jedoch den falschen Ton „treffen". Gehörübungen in Verbindung mit Tonvorstellung könnten diese Fehler leicht beheben.)

[2] Viele Trompeter von heute wollen nicht so recht an die hohe Bläserkunst der Clarin-Bläser glauben. Man muß jedoch wissen, daß sich die Trompeter damals sozusagen spezialisierten (ähnlich wie heute noch die Hornisten). Die hohen Bläser übten jahrelang nur auf hohe und höchste Töne, bis sie zu dieser Kunstfertigkeit kamen, während die tiefen Lagen von den tiefen Bläsern gespielt wurden.

Eingangs sagten wir, daß die Baßtuba eine Röhrenlänge von 550 cm hat. Das Tenorhorn, das eine Oktav höher als die Tuba klingt, steht demnach im Verhältnis 1 : ½ (vgl. Teilton 1 und 2), wird also die halbe Röhrenlänge einer Baßtuba haben, während das Flügelhorn, das eine Oktav höher als das Tenorhorn klingt, auch nur halb so lang wie dieses ist (135 cm). Dieselben Maßverhältnisse (1 : ½) bestehen bei Klarinette und Baßklarinette, Fagott und Kontrafagott, Piccolo und Flöte usw.

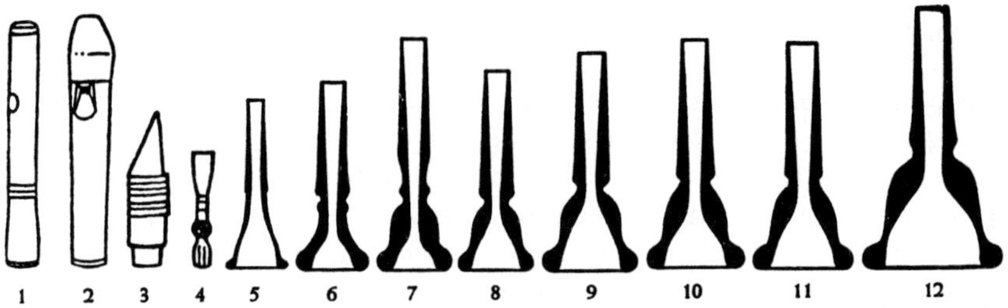

Mundstücke

1) Anblaseloch (Flötenkopf), 2) Labium (Blockflötenkopf), 3) einfaches Rohrblatt (Klarinettenschnabel), 4) doppeltes Rohrblatt (Oboenmundstück), 5) Waldhorn, 6) Flügelhorn, 7) Trompete, 8) Althorn, 9) Tenorhorn, 10) Posaune, 11) Baryton, 12) B-Tuba

Die Tonhöhe hängt also von der Größe eines Instrumentes ab, bzw. von der Größe der im Instrument schwingenden Luftsäule. Der Charakter des Tones aber ergibt sich aus der Art des Mundstückes (Kesselmundstück, Trichtermundstück, einfaches Rohrblatt, doppeltes Rohrblatt, Anblaseloch, Labium).

Reine und temperierte Stimmung

In der Abbildung S. 25 (Obertonreihe) sahen wir unter den Noten die angegebenen „fiktiven Schwingungszahlen", die sich als ganzzahlige Werte darstellen. Die Verdoppelung der Ausgangsschwingung des Tones C mit 64 Hz (= 64 Schwingungen in der Sekunde) ergibt die Oktave dieses Tones (128 Hz), die Vervierfachung die nächste Oktave (256 Hz) usw. Daraus ist abzulesen, daß sich die Oktaven in der Obertonreihe jeweils im Verhältnis 1 : 2 (mathematisch gesehen 2^n) verhalten, wie sich denn überhaupt unser Tonsystem (Melodik, Harmonik und Metrik) aus einfachen ganzzahligen Verhältnissen aufbaut. Halbieren wir z. B. die 64 Hz des Tones C, erhalten wir die untere Oktave dieses Tones, das ‚C (Kontra-C) mit 32 Hz, nach weiterer Halbierung das „C (Subkontra-C) mit 16 Hz. Hier ist der Punkt erreicht, wo die Schwingungen nicht mehr als Tonhöhe, sondern als Impulse der Schwingungsknoten, als metrisch wirkende Erscheinungen spürbar werden: bei weniger als 16 Schwingungen in der Sekunde (16 Hz) vermag unser Ohr die Druckimpulse der Schwingungsknoten aufzulösen. Umgekehrt ist folgender Effekt denkbar: würde ein Trommler jede Sekunde einen Schlag auf sein Instrument geben, würden wir das als Metrum verstehen. Würde er diese Schlagfolge verdoppeln oder vervierfachen, hätten wir noch das Gefühl eines metrischen Gebildes. Bei Verachtfachung würde die Schlagfolge schon als Wirbel erscheinen, bei weiterer Verdoppelung könnten wir schon nicht mehr unterscheiden, ob es sich um einen schnellen Wirbel oder um einen tiefen Ton handelt. Bei weiteren Verdoppelungen würden die Schlagfolgen wie Tonhöhen wirken. Wir sehen also hier den Zusammenhang zwischen Metrum und Tonhöhe.

Die Verdreifachung der Ausgangsschwingung von 64 Hz (C) ergibt laut Abbildung 192 Hz oder den Ton g°. Es ist die Quinte über der Oktave des Grundtones. Dieses Intervall ist stimmungsmäßig „rein", bezogen auf den Grundton. Das heißt nichts anderes, als daß diese Quinte zwar hörbar ist, aber vollkommen mit dem Grundton oder seiner Oktave (2. Oberton) verschmilzt. Bei der Verfünffachung der Schwingungszahl des Grundtones C erhalten wir den Ton e′ mit 320 Hz. Auch dies ist ein solches reines Intervall, eine ungetrübte Terz. Der besondere Reiz von sauber geblasener Blechmusik liegt gerade darin, daß die Intervalle der Oberton- oder Naturtonreihe in reiner Stimmung erklingen. Die gesamte Musik des Mittelalters war auf dieser reinen Stimmung aufgebaut. Dies war auch deshalb möglich, weil es die heute gebräuchlichen Dur- und Moll-Tonarten mit den Modulationsmöglichkeiten in andere Tonarten noch nicht gab.

Seit der Barockmusik bzw. dem „Generalbaß-Zeitalter" entwickelte sich unser Dur-Moll-System, das durch seinen Aufbau möglich macht, ohne Schwierigkeiten in andere Tonarten als die der Grundtonart zu wechseln. Hier nun zeigte es sich, daß die reine Stimmung zur Folge hat, daß von der Grundtonart weiter entfernte Tonarten enorm unsauber klingen. Ausgehend von C-Dur klingt in der reinen Stimmung die Quinte g noch sauber, sie verschmilzt wie ein Farbwert mit dem Grundton. In der Tonart Es-Dur ist dieses g die Terz. Da bei der reinen Stimmung die Folgen der Quinten (Quintenzirkel) rein sein sollen, ergibt sich bei einer Summierung, daß die entstehenden Töne bezogen auf den Ausgangston c immer höher werden, so daß nach einem Umlauf von zwölf Quinten, wenn also der Quintenzirkel sich wieder schließt, nicht der Ton c, sondern ein cis erklingt. Diese Erscheinung nennt man „pythagoreisches Komma". In Es-Dur ist also der Ton Es zu hoch, so daß der Dreiklang von Es-Dur (es–g–b) ganz unsauber klingt. Man hat sich mit der mitteltönigen Stimmung zu helfen versucht, indem man von c ausgehend drei Quinten nach oben und nach unten rein stimmte und ebenso die auf diesen Tönen stehenden Terzen. Aber auch dieser Versuch stellte sich im Sinne einer chromatischen Ausnutzung des Tonsystems als unbrauchbar heraus. Johann Sebastian Bach war es, der die zwölfstufige gleichschwebende Stimmung, die sogenannte „temperierte Stimmung", für sein musikalisch-kompositorisches Werk (u. a. *Das wohltemperierte Klavier*) zu Grunde legte, deren Erfindung Andreas Werckmeister zugeschrieben wird. Bei der temperierten Stimmung haben alle Halbtöne innerhalb der Oktave genau denselben Abstand, d. h., daß ihrem Abstand immer der gleiche Faktor zu Grunde liegt. Dieser Faktor ist die irrationale Zahl

$$\sqrt[12]{2} = 1{,}059463094\ldots.$$

Die temperierte Stimmung nimmt kleine Abweichungen von der reinen Stimmung zu Gunsten einer vollen harmonischen Ausschöpfungsmöglichkeit der zwölf Halbtöne (chromatische Skala) in Kauf. Sie ist bei Tasteninstrumenten verbindlich, bei Blasinstrumenten wie auch bei Streichern nur schwer zu realisieren.

Die Frage der reinen und temperierten Stimmung ist neben den Hörergebnissen auch ein mathematisches Problem, das hier nicht ausgebreitet werden kann. Die in Abbildung S. 25 angegebenen „effektiven Schwingungszahlen" geben im Gegensatz zu den fiktiven Schwingungszahlen, die das mathematische System gut überschaubar darstellen, die wirklichen Schwingungszahlen der Töne dieser Obertonreihe über C an. Die Verhältnisse der Faktoren, aus denen sich diese Schwingungszahlen errechnen, sind dieselben wie bei der fiktiven Zahlenreihe.

In der folgenden Tabelle werden die Schwingungszahlen der temperierten Stimmung und die Abweichungen zur reinen Stimmung aufgelistet innerhalb der Töne a° bis c″, bezogen auf den Kammerton a′ = 880 Hz bzw. auf den Ton c′ und dessen Tonleiter:

		temperiert	rein	Verhältnis zum Grundton c′
a°	=	440,00	436,04	
b°	=	466,16		
h°	=	493,88	490,56	
c′	=	523,25	523,25	1:1
cis′	=	554,37		
d′	=	587,33	588,64	9:8
dis′	=	622,25		
e′	=	659,26	654,08	5:4
f′	=	698,46	697,68	4:3
fis′	=	739,99		
g′	=	783,99	784,88	3:2
gis′	=	830,61		
a′	=	880,00 Kammerton	872,08	5:3
b′	=	932,32		
h′	=	987,75	981,12	15:8
c″	=	1046,49	1046,49	2:1

Mit dieser Auflistung lassen sich z. B. Tongeneratoren als Stimmgeräte auf die genauen Schwingungszahlen einstellen. Man sieht sehr deutlich, daß im Sinne einer reinen Stimmung der Kammerton a′ „nicht stimmt", wenn er auf einem C-Instrument gespielt würde.

Grundsätzliches über die Stimmung der Blasinstrumente

Man unterscheidet transponierende und nicht-transponierende Blasinstrumente. Alle Instrumente, die in C stehen, sind nicht-transponierend, d. h. der geblasene Ton klingt wie der notierte Ton. Alle Instrumente, die in B, Es, As, Des, A oder F stehen, sind transponierend. Eine Trompete (oder Klarinette) in B klingt einen Ganzton tiefer als notiert. Wenn man auf der B-Trompete den notierten Ton C bläst, so klingt der um einen Ton tiefer stehende Ton B. Bei der Des-Flöte klingt der geblasene

Ton C wie Des; beim Es-Horn klingt der geblasene Ton C wie der um eine Sexte tiefer stehende Ton Es, während er bei der Es-Klarinette wie der um eine kleine Terz höher liegende Ton Es klingt. (Siehe hierzu die Tabelle über den Umfang der Instrumente, S. 114 ff.)

Bei den Blechinstrumenten unterscheidet man weit- und engmensurierte. Zu den ersteren gehört die Gruppe der Bügelhörner (Flügelhörner, Tenorhörner, Baritone, Tuben), während Trompeten, Posaunen, Hörner zu den engmensurierten zählen. Je enger die Mensur (= Maß, Verhältnis der Weite zur Länge) eines Instrumentes ist, desto strahlender und „festlicher" wird der Ton. Weite Mensur dagegen ergibt einen weichen und runden Ton. Die Mensur bezieht sich also auf die Klangfarbe, nicht auf die Stimmung des Instruments.

Holzblasinstrumente

Die Holzblasinstrumente[3], umgangssprachlich auch kurz „Holz" (engl.: W.W. = Woodwinds) genannt, teilen sich in vier Hauptgruppen: Blockflöten (Schnabel- oder Kernspaltflöten), Querflöten (normalerweise „Flöten" genannt), Doppelrohrblattinstrumente (Oboenfamilie und Fagotte) und einfache Rohrblattinstrumente (Klarinetten und Saxophone). Auf die Familie der Blockflöten wird hier nicht eingegangen, weil sie nicht in den Bereich der Blasmusik fällt und in jeder Weise ein eigenständiges Leben führt. Höchstens tritt sie ja bei historischer Bläsermusik in Kombination mit alten, heute nur noch in Sonderfällen benutzten Holz- oder Blechblasinstrumenten. Die Blockflöte vermag sich auch kaum im Ensemble moderner Blasinstrumente dynamisch durchzusetzen. Ihr Feld ist die Kammermusik oder pädagogische Musik.

FLÖTEN

Kleine Flöte (Piccolo)

engl.: piccolo
ital.: ottavino
franz.: petite flûte
holl.: piccolo (kleine fluit)

Im Bereich der Blasmusik kennen wir das Piccolo in C und häufig noch das in Des stehende. Es ist das höchste Instrument bei der Blasmusik, ebenso im großen Orchester. Sein Ton ist sehr scharf und durchdringend, in den höchsten Lagen geradezu grell. Der Grundton des Piccolos ist d'' (als d' notiert, weil das C-Piccolo eine Oktave höher klingt, während das Des-Piccolo ½ Ton und eine Oktave höher klingt). Haben z. B. die B-Instrumente die notierte Tonart Es-dur, so erklingt Des-dur; folglich hätte das C-Piccolo in Des-dur zu blasen. Wird nun statt des C-Piccolos ein Des-Instrument verwendet, das einen Halbton höher klingt, so bekommt der Spieler die Tonart C-dur, was besonders bei technisch schweren Stellen vorteilhafter ist. Bei Marschmusik wird statt der großen Flöte stets das Piccolo verwendet, denn es übertönt mit Leichtigkeit ein im Fortissimo blasendes Orchester. Aber auch in Piano-

[3] Der Umfang aller Instrumente ist aus der Tabelle auf Seite 113 ff. zu ersehen.

stellen der Konzertmusik erzeugt es, etwa mit der Oboe gekoppelt, eine eigenartige, reizvolle Klangfarbe. Länge der Kleinen Flöte: 25 cm.

TROMMELFLÖTE

engl.: fife
ital.: flauto
franz.: fifre
holl.: pijper

Spielmannspfeife Holz und Metall

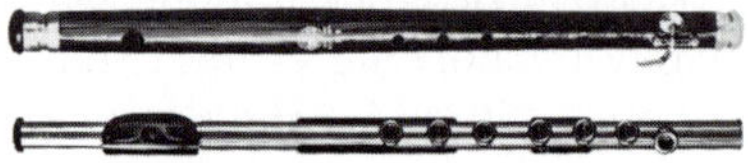

Tenorflöte

Die Trommelflöte oder auch Spielmannspfeife ist ein klappenloses Instrument aus Holz oder Kunststoff, das ausschließlich im Spielmannswesen verwendet wird. Sie entspricht der Kleinen Flöte, ist jedoch in Ces oder B, gelegentlich auch in C, Des und As gestimmt. Ihr Klang ähnelt dem Piccolo, ist aber nicht so geschmeidig. Neben diesem Sopranregister gibt es heute die Altflöte in Fes und die Tenorflöte in Ces. Letztere entspricht der Großen Flöte. Sie wurden zur Erweiterung des spielbaren Tonraumes und zur harmonischen Erweiterung gebaut und werden in diesem Sinne eingesetzt. Die Trommelflöten werden in der Regel chorisch besetzt.

GROSSE FLÖTE (Querflöte)

engl.: flute
ital.: flauto
franz.: flûte (grand flûte)
holl.: fluit (dwarsfluit)

Auch bei der Großen Flöte trifft man solche in C wie in Des stehende an. Mitunter bringen die Verlage die Flötenstimmen in beiden Tonarten heraus, weil hier keine einheitliche Besetzung bei den Kapellen gegeben ist. Es ist ratsam, Flötensoli ersatzweise auch in der Klarinettenstimme anzugeben, da sehr viele Blaskapellen keine Flöte besetzt haben. Die Flöten überblasen in die Oktave, und zwar vom d″ an (bis cis‴), vom d″ bis fis‴ in die Duodezime, die darüberliegenden Töne werden in die

Piccoloflöte
(Fabr. Buffet Cramporn, Typ Jack Left)

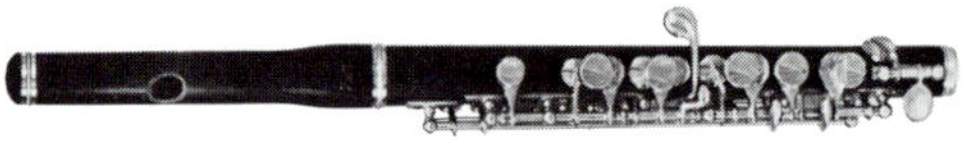

Große Flöte
(Fabr. Buffet Cramporn, Typ Cooper Scale)

Altflöte
(Fabr. Buffet Cramporn, Typ Jack Left)

Oktave der Oktave überblasen (System Boehm). Seit der Entwicklung des Boehm-Systems ist die Spieltechnik auf der Flöte fast unbegrenzt. Die moderne Flöte hat 14 Tonlöcher, die durch Klappen geschlossen werden. Davon werden einige als Trillerklappen verwendet. Manche Flöten können durch den sog. „H-Fuß“ verlängert werden, so daß als tiefster Ton das kleine h gespielt werden kann. Flöten werden aus Holz, Neusilber oder aus Silber hergestellt.

ALTFLÖTE
engl.: alto flute
ital.: flauto alto
franz.: flûte alto
holl.: altfluit

Die Altflöte steht in G, klingt also eine Quarte tiefer als notiert. Sie wird heute fast ausschließlich im Sinfonieorchester oder in der zeitgenössischen Kammermusik verwendet. Ihr Ton ist voller als der der Großen Flöte.

BASSFLÖTE
engl.: bass flute
ital.: flauto basso, flautone
franz.: flûte basse
holl.: basfluit

Die Baßflöte steht in C und klingt eine Oktave tiefer als notiert. Man trifft sie nur selten an. Ihr Ton ist sehr voluminös, dabei etwas rauchig.

Alle Flötenarten sind verkehrt-konisch gebohrt, d. h., daß sie sich vom Flötenende zum Anblaseloch hin verjüngen.

Doppelrohrblatt-Instrumente

OBOE (auch Hoboe)
engl.: oboe
ital.: oboe
franz.: hautbois (= hohes Holz)
holl.: hobo

Aus dem Namen geht hervor, daß das Instrument französischen Ursprungs ist: „Hohes“ Holzblasinstrument im Vergleich zum „tiefen“, dem Fagott. Es ist in seiner jetzigen Form etwa 300 Jahre alt und wird, wie auch das Fagott, aus Ahornholz gebaut. Die ersten Oboen hatten nur zwei Klappen, während die heutigen Instrumente 9–14 Klappen aufweisen. Das Boehmische Ringklappensystem wurde um 1840 von den Brüdern Triébert in Paris auf die Oboe übertragen. Wie oben bereits erwähnt, hat sich die Oboe aus der Schalmei entwickelt. Die Oboe hat einen herben, dabei in der tieferen Lage einen sehr innigen, in der höheren einen hell-scharfen Ton. Das kleine h ist der Grundton, doch gibt es auch Instrumente, die das kleine b erreichen. Im Gegensatz zu den Flöten, die verkehrt-konisch gebohrt sind, hat die Oboe konische Bohrung.

Oboe Oboe d'amore Englisch Horn

(Fabr. Josef Püchner, Nauheim)

Sie wird in der Oktave überblasen. Der Schallbecher ist glockenförmig. Die Oboe steht in C, ist also nicht transponierend. Die höchsten Töne (siehe Umfangstabelle) werden nur von erstklassigen Bläsern beherrscht. Die Tonerzeugung geschieht durch das Schwingen des Doppelrohrblattes (siehe hierzu auch S. 38), auch „Rohr" genannt. Länge der Oboe: 65 cm.

Bei der Blasmusik trifft man die Oboe nur in größeren Kapellen an, doch wäre es wünschenswert, wenn auch kleinere Kapellen – möglichst zwei – Oboen besetzen würden.

OBOE D'AMORE (Liebes-Oboe)
engl.: oboe d'amore
ital.: oboe d'amore
franz.: hautbois d'amour
holl.: oboe d'amore

Die Oboe d'amore steht in A, sie klingt also eine kleine Terz tiefer als notiert. Ihren Namen hat sie wegen der außerordentlichen Lieblichkeit ihres Tones. Sie findet im Blasorchester keine Verwendung. J. S. Bach setzte sie vielfach in seinen Kantaten ein. Schallbecher birnenförmig. Länge: 72,5 cm.

ENGLISCHHORN
engl.: english horn
ital.: corno inglese
franz.: cor anglais
holl.: althobo (engelse hoorn)

Das Englischhorn hat sich aus der Oboe da caccia (Jagdoboe), einem im 17. und 18. Jahrhundert sehr verbreiteten Instrument, entwickelt. Es steht in F, klingt eine Quinte tiefer als notiert. Das Englischhorn ist das Altinstrument der Oboenfamilie. Leider trifft man es in Blaskapellen kaum an, obwohl gerade sein Ton den Holzsatz einer Blaskapelle ganz außerordentlich bereichern würde. Das Englischhorn wird spieltechnisch genauso behandelt wie die Oboe. Sein Klang ist jedoch viel üppiger und farbenreich. Der Schallbecher ist birnenförmig gebaut. Länge: 90 cm.

HECKELPHON
engl.: heckelphone
ital.: heckelphon
franz.: heckelphone
holl.: heckelfoon

Das Heckelphon ist das Bariton-Instrument des Oboenregisters. Es wird nach seinem Erbauer, Wilhelm Heckel, benannt. Es klingt eine Oktave tiefer als die Oboe, wie es auch deren entsprechenden Umfang hat. Es wird im Violinschlüssel notiert. Es hat einen kugeligen Schallbecher und eine Länge von 138,5 cm. Wegen seiner Länge wird es mittels eines Stachels, ähnlich dem Violoncello, auf dem Boden aufgesetzt. In selbst reich besetzten Blaskapellen ist es leider nicht besetzt. Es ist daher auch nicht ratsam, diesem Instrument in Blasmusikkompositionen Solo-Aufgaben zu geben.

Zu erwähnen ist noch das kleine Heckelphon, das wie das Englischhorn in F steht, aber eine Oktave höher als dieses klingt. Neuerdings wurde sogar eine Baßoboe in F entwickelt, die eine Oktave tiefer klingt als das Englischhorn. Inwieweit sich diese beiden Instrumente durchsetzen werden, bleibt abzuwarten.

Fagott

engl.: bassoon
ital.: fagotto
franz.: basson
holl.: fagot

Das Fagott ist, wie die Oboe, ein durchgehend konisch gebohrtes Doppelrohrblattinstrument. Es entwickelte sich im Frühbarock aus dem Dulzian und dem Ranckett. Ein S-förmiges Metallrohr, auf das das „Rohr“ aufgesteckt wird, dient zum Anblasen des Instruments. Es taucht in den letzten Jahren immer öfter in Blaskapellen auf. Sein Ton ist in den tieferen Lagen kräftig und vollklingend, von einer eigenartigen, dunklen Farbe, in der Mittellage weich und warm und in der hohen Lage ziemlich dünn und spitz. Staccato geblasen, wirkt es sehr humorvoll. Notiert wird es in C, klingt also wie geschrieben. Hohe Lagen werden teils im Tenor-, teils im Violinschlüssel geschrieben, während es sonst im Baßschlüssel notiert wird. Seine Vervollkommnung fand es durch den Instrumentenbauer Joh. Adam Heckel († 1877). Noch heute baut die Firma Heckel Fagotte von Weltruf. Die Zahl der Klappen stieg von 2 (im 17. Jahrhundert) auf 18. Da das Fagott in der Blasmusik noch verhältnismäßig selten besetzt ist, wird man gut daran tun, Solostellen evtl. dem Baryton mit einzuzeichnen. Eine allgemeine Verbreitung dieses Baßinstrumentes des „Holz“-Registers ist anzustreben. Länge: 259 cm.

Kontrafagott

engl.: double bassoon, contrabassoon
ital.: contrafagotto
franz.: contrebasson
holl.: kontrafagot

Das Kontrafagott wird wie das Fagott notiert, klingt aber eine Oktave tiefer. Es reicht hinab bis zum Subkontra-A. Der Größe des Instruments entsprechend ist auch das Doppelrohrblatt fast doppelt so groß wie das des Fagotts. Seine Wirkung im Holzbläsersatz ist ähnlich der des Kontrabasses bei den Streichern. Es ist daher auch vornehmlich im Ensemble einzusetzen. Soloaufgaben verbieten sich im Blasorchester allein deshalb, weil es so gut wie nie besetzt ist.

Fagott Kontrafagott

(Fabr. Josef Püchner, Nauheim)

SARRUSOPHON
engl.: sarrusophone
ital.: sarrusofono
franz.: sarrusophone
holl.: sarrusofoon

Der französische Instrumentenbauer W. Sarrus brachte 1863 dieses Instrument heraus, das, weitmensuriert und konisch gebaut, von der Sopran- bis zur Kontrabaßlage den Versuch darstellt, eine Familie der Metalloboen zu entwickeln. In der französischen Militärmusik konnten sich nur das Baß- und das Kontrabaßsarrusophon durchsetzen, die, analog zur Baßtuba, in einer gewundenen Form mit nach oben gerichtetem, ausladendem Schalltrichter gebaut wurde. Das Baßinstrument steht in B, das Kontrabaßinstrument in Es oder C. Damit gehört es zu den transponierenden Instrumenten, die im Violinschlüssel geschrieben werden. Die Grifftechnik entspricht der der Oboe. Der Klang ist sehr kräftig, ähnlich dem des Saxophons.

Eine Sonderform stellen die Rothophone dar, die zwar zu den Doppelrohrblattinstrumenten zählen, aber mit Saxophongriffweise gespielt werden. Diese Instrumentenfamilie findet man heute noch in Südamerika. Für das Blasorchester in unseren Breiten haben beide Familien keine Bedeutung.

Wilhelm Busch drückte die Schwierigkeiten, Holzblasinstrumente zu blasen, so aus:

Er entlocket dem Fagott
Töne, die es garnicht hot.

Einfache Rohrblatt-Instrumente

KLARINETTEN

Die Klarinetten sind die wichtigsten Holzblasinstrumente in der Blasmusik. Kapellen oder Orchester mit 12, 15 oder 18 Klarinetten sind durchaus keine Seltenheit. Die Es-Klarinette wird meist einzeln besetzt. Ihr fallen die höchsten Töne zu. In italienischen Blaskapellen, selten dagegen in Deutschland, ist auch die kleine As-Klarinette üblich. Die am meisten verbreiteten B-Klarinetten werden in der Regel dreifach (Klarinette I, II und III in B) besetzt, also chorisch. Als Minimum darf man bei jeder kleinsten Kapelle zwei B-Klarinetten voraussetzen. Sie sind die „Violinen" der Blasorchester. Klarinetten in A, C und D werden in der Blasmusik wegen der vorherrschenden B-Tonarten nicht besetzt. Von allen Holzblasinstrumenten ist die Klarinette die jüngste Gattung. Sie wurde von J. Chr. Denner im Jahre 1690 erfunden. Alle Klarinetten, außer die C-Klarinette, zählen zu den transponierenden Instrumenten. Weitere Sonderformen werden im weiteren Verlauf dieser Ausführungen behandelt.

Über den Bau einer Klarinette

Die Klarinette besteht aus folgenden Teilen: dem Mundstück oder „Schnabel", dem Kopfstück oder „Birne", dem zylindrischen Oberstück, dem leicht konischen Unterstück und dem Schallstück oder „Stürze".

Hergestellt wird die Klarinette aus dem südafrikanischen Grenadilleholz, das spezifisch schwerer ist als Wasser. Dieses Holz eignet sich wegen seiner Härte und

Feinporigkeit besonders gut zum Bau dieses Instruments. Der Instrumentenbauer bezieht sein Holz in der Form von Rohlingen, vierkantige Hölzer in der Länge eines Klarinettenmittelteiles. Dieser Rohling wird vorgebohrt und jahrelang gelagert. Da er noch vierkantig ist, wird er als „Kantel" bezeichnet. Nach eingehender Prüfung auf seine Verwendbarkeit wird der Kantel auf der Drehbank ausgebohrt, und zwar mit einer zylindrischen Bohrung. Dann werden die Kanten auf die genaue Wandstärke

Johann Christoph Weigel d. J.: Klarinettist

abgedreht, geschliffen und poliert. Mit Hilfe einer Spezial-Kopiermaschine werden nun die Gewindelöcher für die „Säulen" gebohrt. Dies sind die Lagerböcke, die der Aufnahme der Klappenmechanik dienen und die auf dem Ober- und Unterstück befestigt werden. Mit größter Sorgfalt muß dann die Bohrung der Tonlöcher und „Brillen" durchgeführt werden, da die Intonation des Instrumentes davon abhängt. Dann wird die Innenbohrung des Korpus fertig ausgerieben und feinpoliert. Die mit Neusilberringen versehene „Birne", die „Stürze" und das Mundstück werden sorgfältig eingepaßt. Neuerdings wird der gesamte Korpus auch aus einem speziellen Kunststoff hergestellt.

Von einer guten Verarbeitung des Klappenmechanismus hängt die leichtgängige Spielbarkeit des Instruments ab. Gute Instrumente sollten möglichst handgeschmiedete Klappen haben. Alle Klappen müssen innen mit einer Filzeinlage versehen sein, über die Ziegenleder gespannt ist, damit sie nach der Montage die Tonlöcher völlig luftdicht verschließen. Damit ein geräuschloser Gang erzielt wird, werden die Gegenseiten der Klappen mit Kork versehen. Eine Nadel- oder Flachfeder drückt die Klappe nach ihrer Betätigung wieder in die Ruhe- oder Ausgangslage. Im Gegensatz zu den anderen Holzblasinstrumenten wird die Klarinette ja in der Duodezime (Quinte der Oktave) überblasen. Der Tonlöcher- und Klappenmechanismus ist daher komplizierter als bei der Flöte oder Oboe. Die Klarinette erfordert zum Spielen der vollständigen chromatischen Skala 18 Tonlöcher, von denen mindestens 13 mit

Klappen versehen sind. Jeder Ton hat seinen eigenen Griff. Moderne Instrumente haben bis zu 22 Klappen, u. a. spezielle Trillerklappen.

Der Schnabel, auf dem das „Blatt" befestigt wird, wird teils aus Holz, Kautschuk oder Plexiglas hergestellt. Kautschukschnäbel haben den Vorteil, daß sie sich nicht verziehen. Dadurch sind sie unempfindlich gegen Feuchtigkeit und Temperaturschwankungen. Wie für alle Holzblasinstrumente gibt es bei den Klarinetten und auch bei den Saxophonen das „Blatt". Zu „schwere" oder zu „leichte"[4] Blätter können das Blasen zur Qual werden lassen. Jeder Bläser wird daher gut daran tun, sich das Blatt auszuwählen, das am besten seinem Ansatz entspricht. Schlechte oder beschädigte Blätter haben erheblichen Einfluß auf die Tonreinheit und die Tonqualität. Zu schwere Blätter feilt man mit einem Schachtelhalm ab, bis sie den Erfordernissen entsprechen. Zu leichte Blätter oder an der Blattspitze beschädigte schneidet man mit dem sogenannten Blattschneider ab. Nasse Blätter klebt man zum Trocknen mit etwas Speichel auf ein Glasplättchen, damit sie sich nicht verziehen.

Alle Blätter und Rohre (bei den Oboen und Fagotten) werden aus dem „Rohrholz" hergestellt, einer Schilfart, die in Südfrankreich und Spanien sowie in Nordafrika wächst. Der botanische Name für das Rohrholz ist *Arundo donax.* Auch das sogenannte Calamus (zu deutsch: Rohr, Halm), ebenfalls eine Schilfart, wird für diese Zwecke verwendet. Die meisten Berufsbläser stellen ihre Rohre und Blätter selbst her. Für Laienbläser ist dies jedoch nicht zu empfehlen, da eine jahrelange Übung dazu nötig ist. Während bei den Doppelrohrblatt-Instrumenten (Oboe, Fagott usw.) die beiden Blätter aufeinanderschlagen und so den Ton erzeugen, gehören die Klarinetten und Saxophone zu den Instrumenten mit aufschlagender Zunge. Das „Blatt", das auf dem Schnabel befestigt[5] wird, liegt auf der sogenannten „Bahn" auf. Diese ist leicht gewölbt, so daß das Blatt zwischen den Lippen des Bläsers und der gewölbten Bahn hin- und herflattern kann. Dadurch wird der Luftstrom in schnellem Wechsel unterbrochen und wieder freigegeben, und es wird die im Instrumentenrohr befindliche Luftsäule zum Schwingen und somit der Ton zum Klingen gebracht.

Bei der Beschaffung von Blättern wie auch bei der eines neuen Mundstückes sollte man den Rat eines Fachmannes einholen, weil dadurch Intonationsmängel vermieden werden können.

KLARINETTE in B (auch in C oder A) bzw. in Es (auch in As oder D)

engl.: clarinet
ital.: clarinetto
franz.: clarinette
holl.: klarinet

Wegen ihrer günstigen Spiellage in den B-Tonarten wird neben der immer seltener verwendeten Es-Klarinette nur die B-Klarinette in der Blasmusik verwendet. In der tiefen Lage, die man Schalmei-Register nennt, klingen die Töne ungemein weich und

[4] Die Begriffe „leicht" und „schwer" beziehen sich auf den zu leichten oder zu schweren Ansatz. Bei zu leichtem Ansatz ist der Ton durch den Lippendruck kaum zu modulieren, bei zu schwerem muß mit den Lippen zu stark gepreßt werden.

[5] Schnurbefestigung ist der Schraubenbefestigung vorzuziehen, weil sie elastischer ist.

Schnittzeichnungen der Holzblasinstrumente

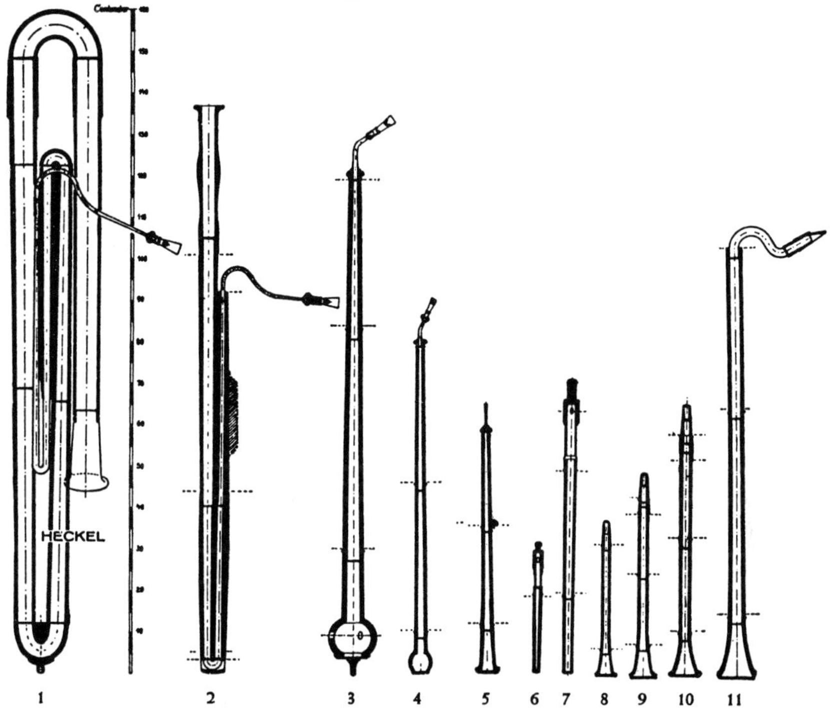

1 Kontrafagott (KB)
2 Fagott (KB)
3 Heckelphon (KB)
4 Englisch-Horn (KB)
5 Oboe (KB)
6 kleine Flöte (VKB)
7 große Flöte (VKB)
8 As-Klarinette (ZB)
9 Es-Klarinette (ZB)
10 B-Klarinette (ZB)
11 Baß-Klarinette (ZB)

KB = konische Bohrung; VKB = verkehrt konische Bohrung;
ZB = zylindrische Bohrung.

(Abdruck dieser Tabelle mit freundlicher Genehmigung der Instrumentenfabrik Wilhelm Heckel, Biebrich/Rh.-Wiesbaden.)

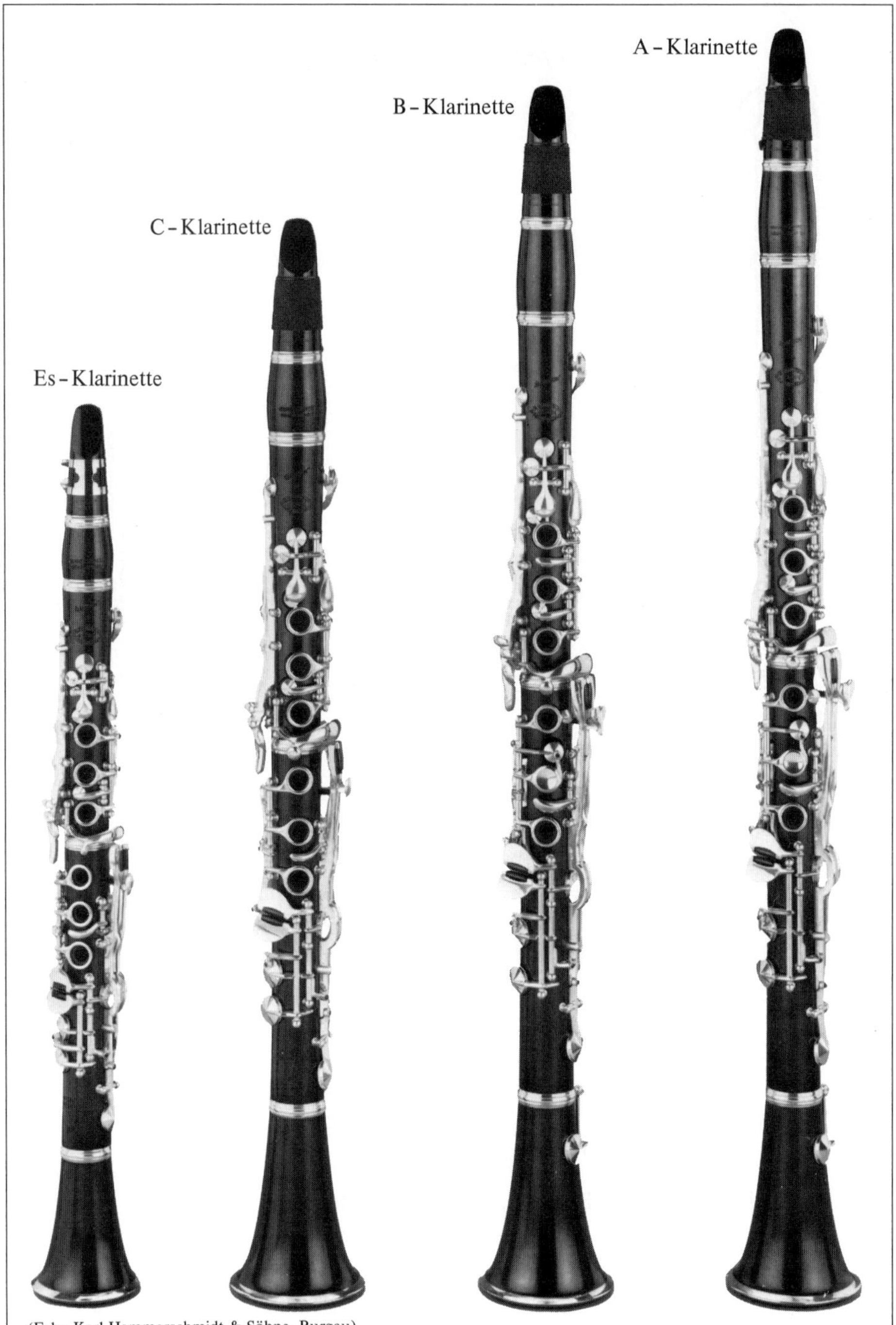

(Fabr. Karl Hammerschmidt & Söhne, Burgau)

voll, im Mittelregister (die notierten Töne fis', g', gis', a' und b') etwas schlaff und ausdruckslos. Blühend und kräftig wie bei keinem anderen Blasinstrument sind die Töne des eigentlichen „Klarinettenregisters“ von h' bis c'''. Die darüberliegenden Töne des „Hohen Registers“ sind schrill oder schreiend und im piano schwer zu blasen. Schwer zu greifen ist der Übergang von der Mittellage zum Klarinettenregister, z. B. a'–h', weil beim h' sämtliche Klappen mit einem Griff plötzlich gedeckt werden müssen. Franz Schubert schrieb über dieses zu seiner Zeit in Blüte kommende Instrument: „Wer die Klarinette seelenvoll bläst, scheint der ganzen Welt, ja den himmlischen Wesen selbst, eine Liebeserklärung zu machen.“

Die Register der Klarinette in ihrer Notation

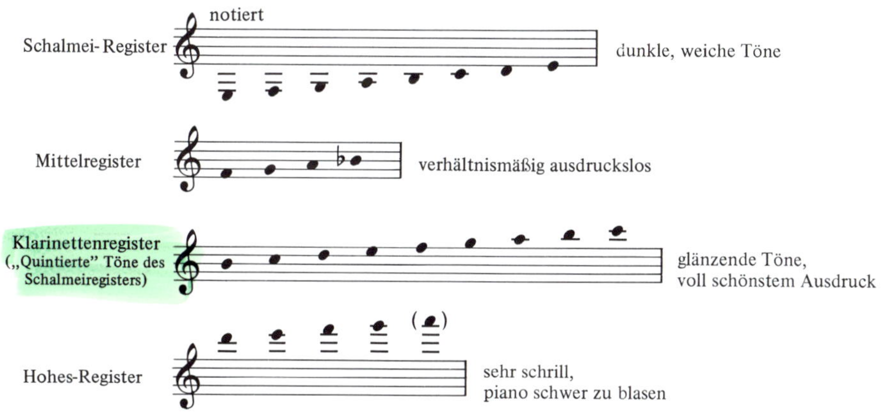

Die D-, Es- und As-Klarinetten werden auch als kleine, die A-, B- und C-Klarinetten als große bezeichnet.

Die As-Klarinette klingt eine kleine Sexte höher als notiert.
Die Es-Klarinette klingt eine kleine Terz höher als notiert.
Die B-Klarinette klingt einen Ganzton tiefer als notiert.
Die A-Klarinette klingt eine kleine Terz tiefer als notiert.
Die C-Klarinette klingt wie geschrieben.

Längenmaße der Klarinetten:

As-Klarinette	37 cm
Es-Klarinette	48 cm
D-Klarinette	52,5 cm
B-Klarinette	67 cm
A-Klarinette	70,5 cm

Altklarinette in Es
engl.: alto clarinet
ital.: clarinetto contralto
franz.: clarinette alto
holl.: altklarinet

Sie steht in Es und klingt eine große Sexte tiefer als notiert. Das Notenschriftbild entspricht dem der Es-Klarinette. In Europa ist sie selten zu finden, spielt aber in den amerikanischen Klarinettenchören in der Altlage eine wichtige Rolle.

Bassetthorn in F (seltener in Es), auch Bassettklarinette
engl.: basset horn, „corno di bassetto"
ital.: corno di bassetto
franz.: cor de basset
holl.: bassethoorn

Das Bassetthorn in F klingt eine Quinte tiefer als notiert. Es wurde in der frühen Klassik als Orchesterinstrument (Mozart: Requiem) oder auch als Kammermusikinstrument eingesetzt. Es hat einen dunklen, leicht rauhen Klang. Mit Ausnahme einiger zeitgenössischer Werke fand es aber keinen Einzug in das gebräuchliche Instrumentarium, auch nicht in die Blasmusik. Die Länge des Instruments beträgt 106 cm.

Bassklarinette in B
engl.: bass clarinet
ital.: clarinetto basso, clarone
franz.: clarinette basse
holl.: basklarinet

Dieses Baßinstrument der Klarinettenfamilie klingt eine Oktave tiefer als die B-Klarinette, hat den selben Umfang und wird im Violinschlüssel notiert. Sie erhielt im Wagner-Orchester wichtige Aufgaben (*Tristan*), fand zunehmend Einzug ins moderne Sinfonieorchester und hat heute in vielen Blasorchestern ihren festen Platz. Sie hat einen dunklen, verhaltenen Ton und wirkt im forte geblasen bedrohlich. Ihre Länge beträgt 134 cm.

Kontraaltklarinette in Es
Das Instrument, das in amerikanischen Klarinettenchören gebräuchlich ist, klingt eine Sexte und eine Oktave tiefer als notiert. Sie wird wie das Baritonsaxophon notiert, reicht aber ein Sexte tiefer.

Kontrabassklarinette in B
engl.: double-bass clarinet, contrabass clarinet
ital.: clarinetto contrabbasso
franz.: clarinette contrebasse
holl.: kontrabasklarinet

Das tiefste Instrument der Klarinettenfamilie klingt zwei Oktaven tiefer als die B-Klarinette. Es wird selten im sinfonischen Orchester, manchmal in den amerikanischen Klarinettenchören eingesetzt. Weich und vibratolos geblasen, erinnert es an weiche, tiefe Orgelregister. Die Länge des Instrumentes beträgt 276 cm. Notiert wird es, wie alle Klarinetten, im Violinschlüssel.

(Fabr. Karl Hammerschmidt & Söhne, Burgau)

SAXOPHONE

Im Gegensatz zu den Klarinetten sind die Saxophone konisch gebohrt, weshalb sie nicht „quintieren“ (= überblasen in der Duodezime) wie die Klarinetten, sondern wie die Flöten oder Oboen in der Oktave überblasen werden. Adolphe Sax, der berühmte französische Instrumentenbauer, -entwickler und -verbesserer, baute das erste Saxophon 1846. Wie die Klarinetten gehört es ebenfalls zu den einfachen Rohrblattinstrumenten. Obwohl es aus Blech gefertigt wird, zählt es doch zu den Holzblasinstrumenten, nicht nur wegen der Tonerzeugung, sondern auch wegen der dem „Holz“ vergleichbaren Klangcharakteristik. Wir sehen daraus, daß das Material, aus dem ein Instrument hergestellt wird, eine relativ geringe Rolle bei der Tonerzeugung spielt. Maßgebend für den Klang eines Instrumentes bzw. für den Toncharakter ist die Anblaseart oder der Aufbau des Mundstückes (vergl. auch die Zinken, die aus Holz gebaut sind, aber ein Mundstück ähnlich dem der Trompete haben). Alle Saxophone werden im Violinschlüssel notiert und werden in sechs verschiedenen Größen gebaut.

Sopraninosaxophon in Es

engl.: sopranino saxophone
ital.: sassofono sopranino
franz.: saxophone sopranino
holl.: sopraninosaxofoon

Es klingt eine kleine Terz höher als notiert. Es wird selten eingesetzt (Frankreich, USA) und hat für die Blasmusik keine Bedeutung.

Sopransaxophon in B

engl.: soprano saxophone
ital.: sassofono soprano
franz.: saxophone soprano
holl.: sopraansaxofoon

Das kurz auch „B-Sopran“ genannte Instrument klingt wie die Klarinette einen Ganzton tiefer als notiert. Es findet vornehmlich in den verschiedenen Formationen des Jazz (Sidney Bechet) bis hin zur Big Band Verwendung wegen seines im Forte kräftigen und dominierenden Tones. Gelegentlich wird es auch im Blasorchester eingesetzt.

Altsaxophon in Es

engl.: alto saxophone, am.: alto sax
ital.: sassofono contralto
franz.: saxophone alto
holl.: altsaxofoon

Das kurz auch „Es-Alt“ genannte Instrument ist wohl das beliebteste, weil typischste seiner Familie. Im Jazz unentbehrlich, fand es in Deutschland über die Luftwaffenkapellen Einzug in die Blasmusik und ist heute aus unseren Kapellen oder Orchestern nicht mehr wegzudenken. Es klingt eine große Sexte tiefer als notiert.

(Fabr. Julius Keilwerth, Nauheim)

Baritonsaxophon
in Es

Tenorsaxophon
in B

(Fabr. Julius Keilwerth, Nauheim)

Tenorsaxophon in B
engl.: tenor saxophone
ital.: sassofono tenore
franz.: saxophone ténor
holl.: tenorsaxofoon

Es klingt eine Oktave tiefer als das Sopransaxophon. Wegen seiner spielerischen Geläufigkeit findet es, ähnlich wie das Altsaxophon, häufige und wichtige Aufgaben im modernen Blasorchester.

Baritonsaxophon in Es
engl.: baritone saxophone
ital.: sassofono baritono
franz.: saxophone baryton
holl.: baritonsaxofoon

Es klingt eine große Sexte und eine Oktave tiefer als notiert.

Bassaxophon in B
engl.: bass saxophone
ital.: sassofono basso
franz.: saxophone basse
holl.: bassaxofoon

Es klingt zwei Oktaven tiefer als das Sopransaxophon und ist das Baßinstrument dieser Instrumentengruppe. Wegen seiner relativen Unhandlichkeit hat es sich weniger durchsetzen können. Noch tiefere Saxophone sind eher zu den Kuriositäten des Instrumentenbaues zu zählen.

Es wäre wünschenswert, in den Blaskapellen zwei „Es-Alt“ und ein Tenor-Sax zu besetzen. Der Quintettsatz (zwei Es-Alt, zwei B-Tenor und ein Es-Bariton), wie er in der Big Band üblich ist, ist heute in großen Blasorchester-Besetzungen, besonders in amerikanischen, eingeführt. In Deutschland ist auch der Quartettsatz eingeführt (zwei Es-Alt, ein B-Tenor und ein Es-Bariton).

Blechblasinstrumente

Diese zweite große Gruppe der Blasinstrumente wird umgangssprachlich kurz „Blech“ genannt, wobei das „schwere Blech“ (engl.: L.B. = Low Brass) Posaunen und Tuben umfaßt. Man unterscheidet zwei Arten: engmensurierte und weitmensurierte Instrumente. Engmensurierte Instrumente verlaufen zylindrischer. Sie dürften ihre Urbilder in hohlen Bambusrohren, Schilfrohren usw. haben, während weitmensurierte konischer verlaufen und, wie eingangs dargestellt, im Tierhorn ihre Vorfahren haben. Je enger die Messingröhre eines Instrumentes gebaut ist (Mensur = Maß), desto schärfer und heroischer wird der Ton (Trompete, Fanfare, Posaune), und je weiter die Mensur ist, desto weicher wird der Ton (Flügelhorn, Bariton, Tuben).

Eine besondere Eigenart der Blechblasinstrumente besteht darin, daß sie sich leicht überblasen lassen, und zwar in der Reihenfolge der Obertöne der Naturtonreihe.

Während für die meisten Musiker die Lehre von den Obertönen eine lediglich theoretische Angelegenheit ist, arbeitet der Blechbläser nur mit Obertönen, denn er vermag ja überhaupt keine anderen Töne als diese hervorzubringen. Da auf den meisten Blechblasinstrumenten der eigentliche Grundton kaum, wenigstens nicht brauchbar, anspricht, werden sie auch „Halbinstrumente" genannt, weil die Hälfte der Luftsäule, die Oktave des eigentlichen Grundtones, als erster brauchbarer Ton den Grundton bildet. Der eigentliche Grundton wird auch „Pedalton" genannt.

Naturtöne, die auf jedem Blechblasinstrument überblasen werden können:

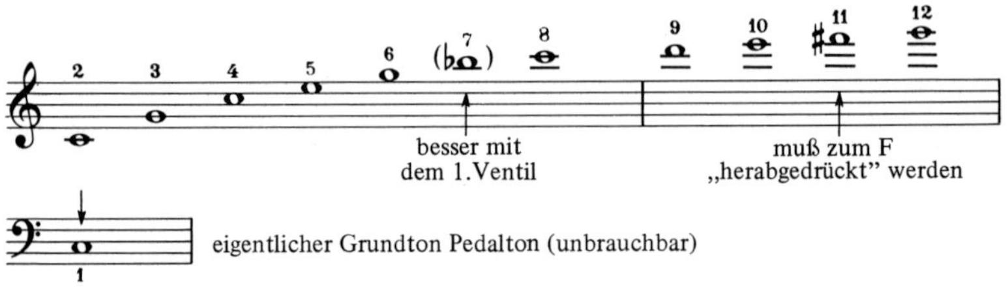

Auf jedem Ventil oder jeder Ventilkombination überblasen die Obertöne in der entsprechenden Reihenfolge. Wir kennen in der Regel drei Ventile (Bässe und Baryton auch vier). Durch das Niederdrücken des ersten Ventils wird die Luft durch den Ventilbogen umgeleitet, was einer Verlängerung der Luftsäule um 1/8 der Rohrlänge gleichkommt. Dies bezweckt, daß sämtliche Naturtöne um einen Ganzton vertieft werden (b, f', b', d'', f'', b''). Das Niederdrücken des zweiten Ventils verlängert die Luftsäule um 1/15, was zur Folge hat, daß die Naturtöne um einen Halbton erniedrigt werden (h, fis', h', dis'', fis'', h''). Das dritte Ventil senkt die Stammnaturtöne um 1 1/2 Töne (kleine Terz), wie das gleichzeitige Drücken des ersten und zweiten Ventils zusammen (a, e', a', cis'', a''). Ventil 1 und 3 zusammen niedergedrückt ergibt die Tonfolge g, d', g', h', d''; endlich können alle drei Ventile niedergedrückt werden = 1 + 1/2 + 1 1/2 = drei Ganztöne, wodurch die letzte Lücke in der chromatischen Tonleiter mit den Tönen fis, cis', fis', ais', cis'' geschlossen wird. (Die angegebenen Töne beziehen sich auf die Notierung [Klang: siehe Umfangstabelle S. 114 ff]).

Bei den Zugposaunen (seit dem 15. Jahrhundert gebräuchlich) haben wir denselben Vorgang, nur daß hier durch das Ausziehen die Verlängerung der Luftsäule erfolgt. Das Gesetz der Obertöne bleibt selbstverständlich dasselbe (siehe unter Posaune). Jeder „Zug" oder „Platz" erniedrigt um einen Halbton. Eine Posaune hat sieben „Züge" oder „Plätze", wie die Ventilinstrumente sieben Griffmöglichkeiten haben.

Der Tonumfang auf den Blechblasinstrumenten ist nicht für alle Spieler derselbe; es ist eine Frage des Ansatzes. Er wird auch oft verschieden angegeben. Besonders die Blechblasinstrumente sind sowohl nach der Höhe wie nach der Tiefe sehr empfindlich. Auch sind Höhe und Tiefe bei Blechblasinstrumenten vom Mundstück abhängig (Bohrung). Man kann nicht höchste und tiefste Töne in ein und derselben Stimme verlangen. In der Mittellage klingen alle Instrumente am besten. Bei sich zu oft wiederholenden höchsten bzw. tiefsten Tönen sollte der Komponist möglichst das Register wechseln und diese Stellen Instrumenten einzeichnen, die ihrer Tonlage nach hierfür geeigneter sind. – Man kann von einem Chorsopran oder Chortenor auch nicht zu lange höchste Töne verlangen, sondern wird sich dem durchschnittlichen Leistungsvermögen anpassen müssen. Ebenso empfiehlt es sich mit den Blasinstrumenten zu verfahren, wobei natürlich nicht gesagt sein soll, daß man extreme Töne überhaupt vermeiden soll. Der Tonumfang der Blasinstrumente ist aus der Tabelle Seite 121 ersichtlich.

Die Herstellung der Metallblasinstrumente

Auch heute, im Zeitalter der Maschine, ist der Bau von Blechblasinstrumenten noch eine Handwerkskunst, obwohl im Sinn einer industriellen Fertigung und einer verbindlichen Intonation immer mehr Arbeitsvorgänge maschinell vorgenommen werden. Der reine Handwerksberuf findet nur noch in Reparaturbetrieben statt.

Bei dem zur Verarbeitung kommenden Material handelt es sich um folgende Kupferlegierungen:

Messing (Kupfer-Zink-Legierung mit 50 bis 72 % Kupfergehalt), Goldmessing (Tombak, Kupfer-Zink-Legierung mit 85 bis 90 % Kupfergehalt), Neusilber (Kupfer-Zink-Nickel-Legierung).

Die Qualität des Materials richtet sich nach der Höhe des Kupfergehaltes. Je mehr Kupfer enthalten ist, um so zäher und beanspruchbarer ist das Material beim Treiben, Hämmern und den anderen Arbeitsvorgängen. Neusilber wird auf Grund seiner größeren Härte zumeist für die Herstellung der besonders stark beanspruchten Teile (Züge, Ventile sowie Stützen) verwendet.

Folgende Teile werden einzeln hergestellt und später zusammengebaut:

Schallstück (Becher)	konisch gedrückt
Korpus	konisch
Züge und Zugbogen (Bügelzeug)	zylindrisch
Mundrohr	zylindrisch oder konisch
Stützen	
Ventile mit Druckwerk	

1. Herstellung der konisch gedrückten und konischen Teile

Die Grundform wird nach entsprechenden Schnittmustern (siehe Abbildung) aus

dem Blech in Stärken von 0,42 bis 0,50 mm (je nach Instrument) ausgeschnitten, gefaltet, an einer der Längsseiten gezahnt, über- bzw. ineinandergesteckt und unter Verwendung von Silber- oder Messinglot durch eine Erhitzung auf ungefähr 850 Grad hart gelötet. Dieses Hartlöten ist dem Schweißen von unedlen Metallen gleichzu-

setzen. Das damit gewonnene plattgedrückte Rohr wird auf einer konischen Eisenstange in die benötigte runde Form gehämmert. Beim konisch gedrückten Teil (Schallstück) erfolgt die Erweiterung des Trichters durch Treiben (Hämmern). Anschließend wird der Becher auf eine sich drehende Holz- oder Metallform aufgedrückt und erhält so seine endgültige Form.
Die so gewonnenen geraden Teile werden nun je nach Form des Instrumentes gebogen. Um Knicke zu vermeiden, werden die Rohre mit Blei ausgegossen. Die durch das Biegen entstandenen Falten werden ausgerieben und ausgehämmert. Durch Erhitzen des Werkstückes wird das Blei dann wieder entfernt.

2. Herstellung der zylindrischen Teile

Während bis zum Ende des vergangenen Jahrhunderts die zylindrischen Rohre auf die oben erläuterte Art wie die konischen Teile vom Instrumentenmacher aus dem Blech selbst gewonnen werden mußten, kann heute das zylindrische Rohr in allen Durchmessern und Wandungsstärken als „nahtlos gezogenes“ Rohr von den Metallwerken bezogen werden. Aus diesen Rohren werden innerer und äußerer Zug sowohl des Hauptzuges als auch der einzelnen Ventilzüge, die strammzügig ineinanderpassen müssen, abgeschnitten. Der Zugbogen (Bügelzeug) wird ebenfalls aus dem nahtlos gezogenen zylindrischen Rohr angefertigt, wobei das Biegen mit Hilfe von Blei in der gleichen Weise durchgeführt wird, wie das oben bei den konischen Teilen erläutert wurde. In diesen Zugbogen werden nun an beiden Enden die inneren Züge eingelötet. Im Gegensatz zum Hartlöten des Schallstückes und der konischen Teile werden diese Lötungen im Weichlötverfahren unter Verwendung von Zinn bei einer Temperatur von ca. 280 Grad durchgeführt. Mittels Zinn hergestellte Lötungen geben bei einer zwar im Gegensatz zum Hartlötverfahren weniger intensiven Bindung jederzeit die Möglichkeit, die so zusammengelöteten Teile mittels Erwärmung wieder abzulöten, was für die Durchführung von Reparaturen, Einsetzen neuer Teile sehr wichtig ist.

3. Ventile mit Druckwerk

Die Ventile und ihre Aufgabe wurden oben erläutert. Im modernen Instrumentenbau werden Perinettventile (z. B. bei Jazztrompeten) und Zylinderventile verwendet. Der Umstellvorgang der Zylinderventile (Wechsel) entspricht im Prinzip einem Stellhahn, wie er z. B. bei Badebrausen Verwendung findet. Die an dem Druckwerk angebrachte Feder bringt den Wechsel immer wieder in seine Grundstellung zurück.

Die gewonnenen Einzelteile werden nun aneinandergestoßen und unter Verwendung von über die Zusammenstoßstelle (Anstoß) gehenden Röhren (Zwingen) weich verlötet.

4. Stützen

Stützen, die je nach Ausführungsart mehr oder weniger kunstvoll gearbeitet sind, bilden die Verstrebung der einzelnen Teile und geben dem ganzen Instrument seinen Halt.

Die Schlußbehandlung erfolgt durch Schleifen mit feiner Schmirgelleinwand und anschließendem Polieren, meist als Grundpolitur mit einer Maschine (Schwabbel) und mit der Hand unter Verwendung von Kalk (wienern) und Stearinöl nachpoliert.

5. Länge der verschiedenen Instrumente

(Gesamtrohrlänge vom Mundstück an)

Es-Piston (Kornett)	98 cm	B-Bariton	268 cm
C-Trompete	116 cm	C-Ventilposaune	241 cm
C-Flügelhorn	115 cm	B-Ventilposaune	271 cm
B-Trompete	131 cm	B-Zugposaune	271 cm
B-Flügelhorn	130 cm	C-Waldhorn	243 cm
D-Trompete	104 cm	B-Waldhorn	275 cm
F-Trompete	177 cm	F-Waldhorn	373 cm
Es-Trompete	202 cm	Es-Waldhorn	421 cm
F-Althorn	177 cm	C-Tuba	494 cm
Es-Althorn	201 cm	F-Tuba (Wagnertuba)	363 cm
C-Baßtrompete	246 cm	Es-Tuba	403 cm
B-Baßtrompete	270 cm	B-Tuba	553 cm
B-Tenorhorn	269 cm		

Weitmensurierte Blechinstrumente

FLÜGELHÖRNER (Familie der Bügelhörner)

Flügelhorn in Es (Es-Piston)[6]

engl.: soprano cornet
ital.: flicornino
franz.: petit bugle
holl.: bugel in Es

Es ist das höchste Blechinstrument. Das g″ entspricht dem c‴ des B-Flügelhornes. Bei großer Besetzung kann es fehlen, da in diesem Falle genügend Klarinetten für die höchsten Lagen zur Verfügung stehen. Bei reiner Blechbesetzung ist es allerdings dringend nötig, da es die höchsten Lagen leichter als die B-Flügelhörner bewältigt.

Flügelhorn in B (B-Piston)[6]

engl.: bugle, auch fluegelhorn
ital.: cornino
franz.: bugle à pistons
holl.: bugel in Bes

Das Flügelhorn ist – neben dem Holzsatz – das melodieführende Instrument des Blasorchesters. Sein Ton ist weich (weite Mensur) und warm, dagegen fehlt ihm der schmetternde Ton der Trompete. Es spricht leicht an und eignet sich daher gut für schnelle Figuren. Es wird doppelt besetzt (Flügelhorn I und II in B), wobei beide meist zwei- und dreifach vertreten sind (ablösen bei längeren Werken). Die höchsten

[6] In Deutschland nennt man Flügelhörner zuweilen auch „Pistons". Das ist eigentlich falsch; denn der ganze Name des Instrumentes ist Cornet à pistons, zu deutsch: Hörnchen (cornet) mit Ventilen (pistons). Dieser Name wurde dem Instrument im Gegensatz zum ventillosen Naturhorn gegeben. Da er sich jedoch so sehr eingebürgert hat, wollen wir ihn zuweilen auch benützen.

Flügelhorn in B

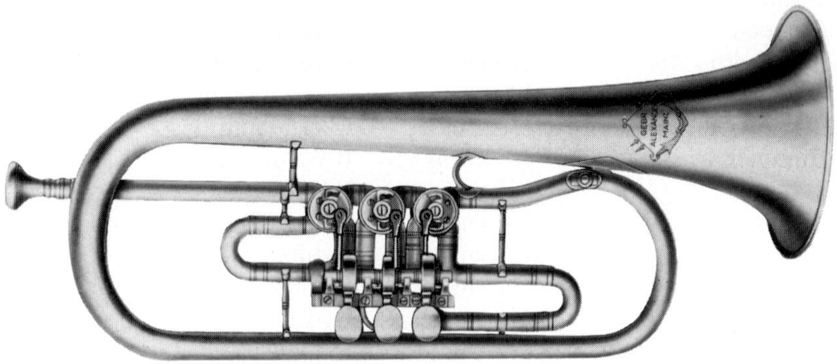

Althorn
in Es

(Fabr. Gebr. Alexander, Mainz)

Töne a″, b″ und c‴ sollte man nicht zu oft verlangen, da auch die besten Bläser keinen so ausdauernden Ansatz haben. (Vergleiche die Höhen der Singstimmen Sopran, Tenor.) Die unter dem c′ liegenden Töne klingen nicht mehr besonders gut; diese Lage besetzt man besser mit dem Tenorhorn oder Althorn.

CLAIRON (sprich klärong)
engl.: clarion
ital.: chiarina
franz.: clairon
holl.: clairon (signaal hoorn)

Das Clairon stellt die Urform der Bügelhörner dar. In Frankreich ist es besonders in den sogenannten „Clairon-Märschen“ beliebt. Das Instrument ist ventillos und steht in B. In Deutschland wird es auch Signalhorn genannt, auf dem, wie auf den Fanfaren, nur die Naturtöne geblasen werden können. Zu dieser Instrumentengruppe zählt auch das „Fürst-Pless-Horn“, wogegen die „Parforce-Hörner” zu den Waldhörnern zu rechnen sind.

Parforce-Horn (außen), Fürst-Pless-Horn (innen)

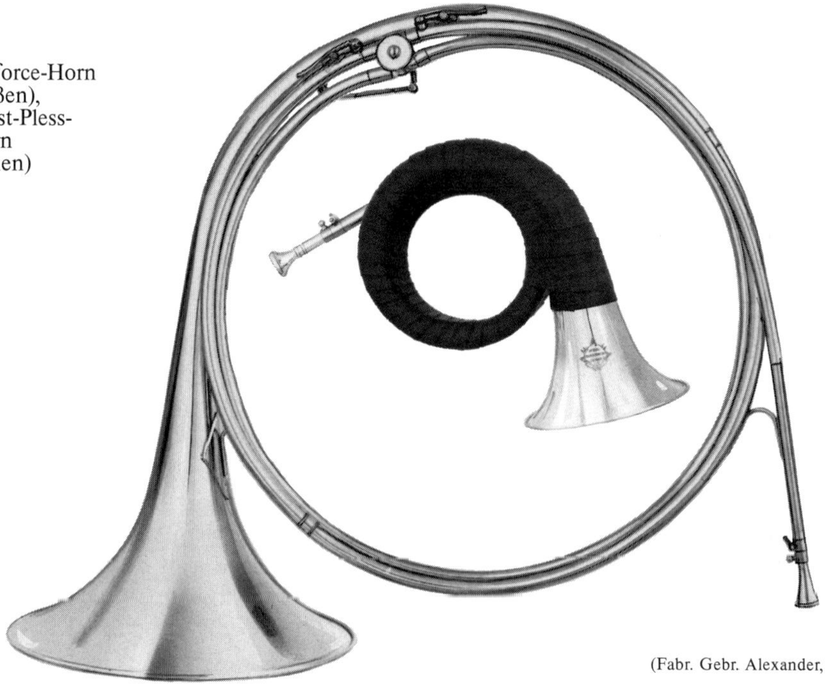

(Fabr. Gebr. Alexander, Mainz)

ALTHORN IN ES (Horn)
engl.: horn
ital.: corno alto
franz.: alto
holl.: eshoorn, althoorn

Die Althörner (neuerdings in Waldhornform gebaut, jedoch rechtsgriffig) werden mindestens zu zweien, häufig aber auch drei- oder vierfach besetzt. Im Blasorchester sind es vorwiegend Füllinstrumente (nachschlagend bei Marsch und Walzer), denn sie haben einen etwas stumpfen Klang und entsprechen nicht dem des Waldhornes, der viel modulationsfähiger ist. Althörner klingen eine Sext tiefer als notiert. Das 1. Horn kann gelegentlich als Solohorn auftreten. Auch Hornquartette sind von schöner Wirkung. Horn I und III werden hoch notiert, Horn II und IV tief.

Durch das ständige Spielen von einfachen Begleitfiguren (Nachschläge) sind viele Hornisten von Laienkapellen nicht imstande, schwierigere Passagen oder Figuren zu spielen. Solche Stellen vertraut man besser dem 1. Tenorhorn an, das neben den Flügelhörnern melodieführend ist. Allerdings überträgt man in der originalen Blasmusik speziell dem 1. Hornisten anspruchsvollere Stimmen (siehe amerikanische und holländische Blasmusikwerke).

TENORHORN IN B (Baßflügelhorn)
engl.: baritone
ital.: corno tenore
franz.: baryton
holl.: bariton (tenorhoorn)

Das Tenorhorn ist traditionsweise dreifach besetzt (Tenorhorn I, II und III in B). Das 1. Tenorhorn ist melodieführend. Es kann mit dem 1. Flügelhorn oktaviert werden. Es entspricht etwa (wie das Bariton) der Stellung des Violoncellos im Orchester. Doppelt so lang wie das Flügelhorn, klingt das Tenorhorn eine Oktav tiefer als jenes. Sein Ton ist sehr weich und modulationsfähig und spricht bis in die höchsten Lagen sehr leicht an. Daher werden Nebenmelodien vorzugsweise dem 1. Tenorhorn übertragen, während das 2. und 3. Tenorhorn - wie die Es-Hörner - als Begleit- und Füllinstrumente behandelt werden. In neueren Kompositionen findet man auch etwas anspruchsvollere Stimmen, obgleich ihre Verwendung rückläufig ist.

DIE TUBEN (ebenfalls Bügelhörner)

BARITON IN B (Tenortuba), ältere Schreibweise „Baryton“
engl.: euphonium, tenor tuba, baritone
ital.: eufonio, flicorno basso
franz.: euphonium, tuba ténor, basse à piston
holl.: tuba (tenor tuba)

Das Bariton hat eine noch weitere Mensur als das Tenorhorn, weshalb es auch weicher klingt. Es steht in B und wird im Baßschlüssel notiert (Deutschland), allerdings (siehe Fußnote) wie ein C-Instrument, also nichttransponierend. Dagegen wird es in der Schweiz wie das Tenorhorn bei uns behandelt, also in B notiert (transponie-

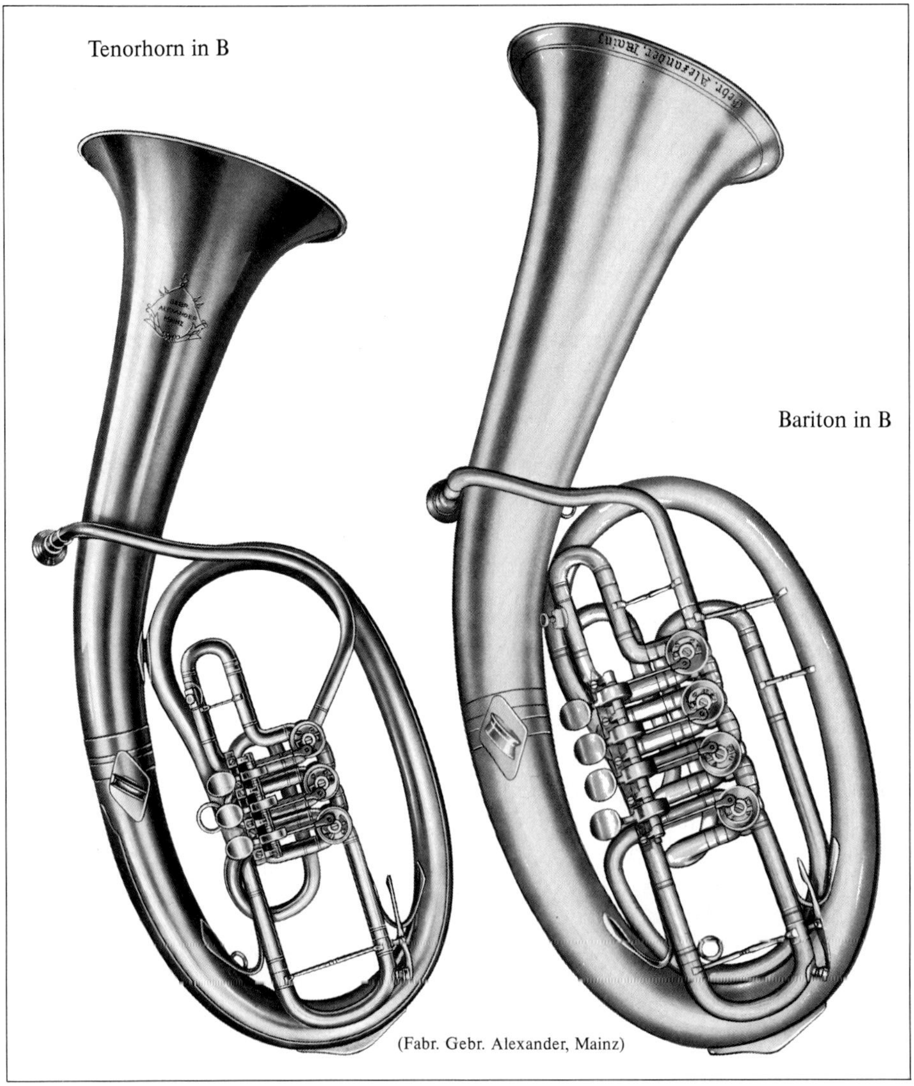

(Fabr. Gebr. Alexander, Mainz)

rend). Dem Bariton fallen die verschiedensten Aufgaben zu. Teils beteiligt es sich am melodischen Geschehen (ähnlich dem 1. Tenorhorn), teils aber auch am harmonisch-rhythmischen, wobei man ihm gerne Vor- und Nachschläge gibt:

Baritonstimme (C-Notation)

Dieselbe Stimme in B notiert

Tuba in Es (Es-Baß oder Baß I)[7]
engl.: bass in E♭
ital.: flicorno basso
franz.: bombardon en Mi♭
holl.: esbas

Die Tuben bilden das Baßregister der Blaskapelle und zählen zur Familie der Bügelhörner wegen ihrer Bauart. In der Regel werden die Es-Tuba und die B-Tuba unisono (d. h. im Einklang) geschrieben, wobei die Es-Tuba, sofern es die Lage zuläßt, oktavierend zum B-Baß höhere Passagen übernimmt:

Heute kommt an Stelle der Es-Tuba auch die im Symphonieorchester gebräuchliche F-Tuba in Verwendung, die sich durch bessere Stimmung auszeichnet.

Tuba in B (B-Baß oder Baß II)[7]
engl.: bass in B♭
ital.: flicorno basso
franz.: bombardon en Si♭
holl.: besbas

Das Wort Baß kommt von Basis = Grundlage, Fundament. Die B-Tuba ist das tiefste Instrument des Blasorchesters. Sie wird als nichttransponierend, also in C notiert (siehe Fußnote 7). Entstanden ist die Tuba im Jahre 1835 (Wieprecht). Für die B-Tuba gilt dasselbe, was über die Es-Tuba gesagt ist. Erwähnt sei noch für vierventilige Bässe, daß das vierte Ventil dieselbe Funktion hat wie Ventil 1 und 3 zusammen (Ventil 4 = 1 + 3; 2 + 4 = 1 + 2 + 3).
Kaiserbass
Seit 1883 gibt es diese sogenannte besonders weitmensurierte und daher einen sehr vollen Klang erzeugende B-Tuba.
Da die Tuben fast ausschließlich in den tiefen Lagen spielen, sollte man keine zu hohen Töne von ihnen verlangen, denn viele Laienbläser sind kaum imstande, diese Noten zu lesen, geschweige denn zu blasen.

Beide Bässe werden wie C-Bässe geschrieben. Nicht nur in der Schweiz wird der Es-Baß auch im Violinschlüssel geschrieben, in Frankreich, Belgien und Luxemburg ist noch der transponierte Baßschlüssel in Es und B verbreitet (siehe Tabelle S. 58).

[7] Große Unsicherheit herrscht oftmals in den Bläserkreisen über die Bässe. Sie heißen Es- oder B-Baß und werden wie C-Bässe geschrieben. Dies scheint viel komplizierter, als es in Wirklichkeit ist, denn die Bassisten lernen ihre „Griffe“ bereits transponiert. Der B-Bassist greift seine B-dur-Tonleiter genau so wie der B-Trompeter seine C-dur-Leiter, die ja auch wie B-dur klingt. Der Es-Bassist greift seine Es-dur-Leiter so wie der Es-Hornist seine C-dur-Leiter, die – wie beim Es-Baß – als Es-dur erklingt. Also: Der Es-Baß ist ein Es-Baß, weil sein Grundton Es ist, und der B-Baß ist ein B-Baß, weil sein Grundton B ist. Genauso ist es bei F-Bässen, die da und dort angetroffen werden. Übrigens werden Posaunen auch in C notiert, obwohl es nach ihrem Grundton B-Instrumente sind.

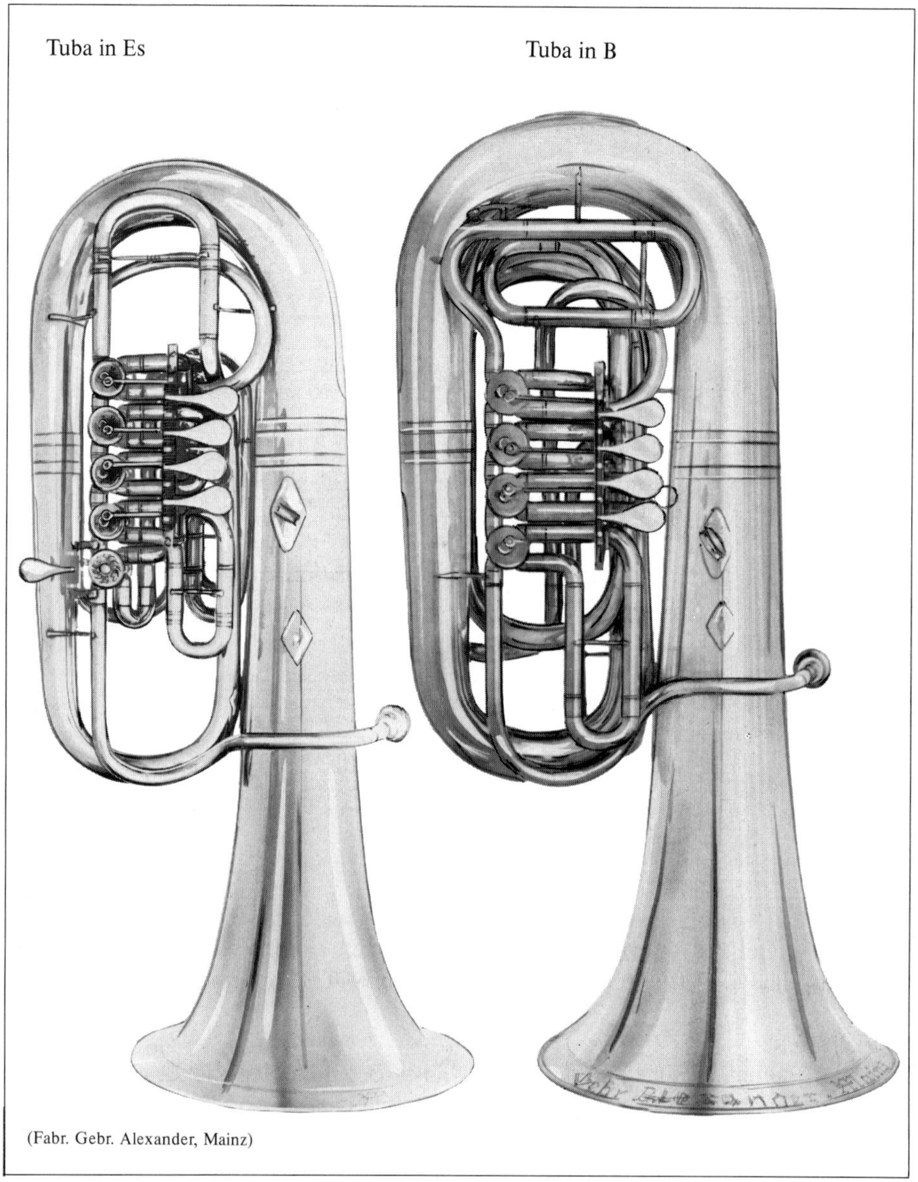

(Fabr. Gebr. Alexander, Mainz)

Sehr lange Töne auf Bässen auszuhalten (Orgelpunkte) ist wegen des großen Luftverbrauchs nicht möglich. Der Komponist sorge daher für die Möglichkeit des getrennten Atmens:

Notationsarten für Tuben in den verschiedenen Ländern:

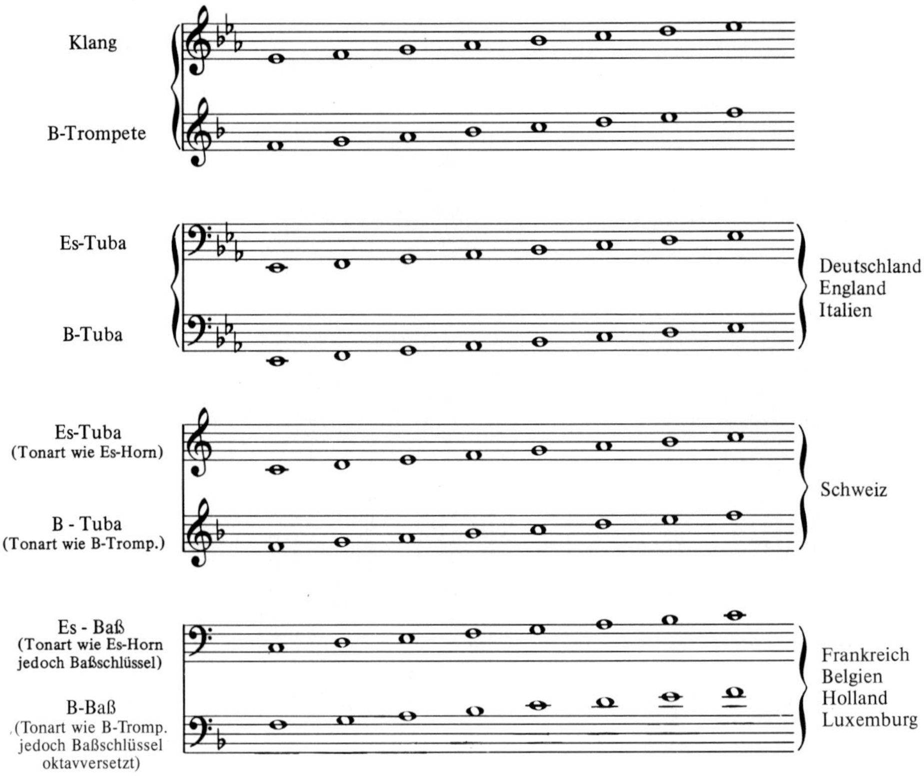

Helikon

Das Helikon ist eine B-Tuba, die besonders bei der Kavalleriemusik verwendet wurde, weil der Spieler das schwere Instrument umhängen kann. Es wird heute noch in manchen Blaskapellen gespielt, übrigens gern auch in Posaunenchören.

Sousaphon

Nach dem amerikanischen Komponisten Sousa benannte Tuba in B, deren Bauart der des Helikon entspricht, die aber einen größeren, nach vorn gerichteten Schallbecher hat. Das Sousaphon findet in den Blaskapellen immer mehr Freunde, die sich vorwiegend der unterhaltenden, „amerikanischen" Blasmusik widmen.

Amerikanische Instrumentenbauer fertigten sogar einen Subbaß und einen Subkontrabaß mit ca. 17 m Rohrlänge. Doch liegt für solche Monstren kein musikalisches Bedürfnis vor, höchstens ein optisches.

Engmensurierte Blechinstrumente und noch gebräuchliche Naturinstrumente

Trompete in B
engl.: trumpet
ital.: tromba
franz.: trompette
holl.: bestrompet

Wenn heute von der Trompete gesprochen wird, so versteht man darunter die in B stehende, dreiventilige langgestreckte Trompete. Sie wird spiel- und grifftechnisch genauso gehandhabt wie das oben beschriebene Flügelhorn. Durch die enge Mensur hat sie jedoch eine wesentlich andere Klangfarbe als dieses. Der Ton der Trompete ist festlich und glänzend und von einer geradezu stählernen Härte, während der Ton des Flügelhorns dagegen weich und nicht so profiliert ist. Es ist daher nicht verwunderlich, wenn die Komponisten wichtige Partien der Trompete übertragen, deren Aufgabe es ist - wie Riemann sagt -, „zu künden und zu offenbaren, nicht aber wie gewöhnlich Sterbliche zu reden und zu singen". In den Blaskapellen wird die Trompete dreifach besetzt (Trompete I, II und III in B), häufig wird die erste doppelt besetzt, damit sich die Bläser bei größeren Werken ablösen können. Bei Instrumentationen für Bläser muß darauf geachtet werden, daß man Trompeten besser mit Posaunen koppelt (enge Mensur), Flügelhörner dagegen mit Tenorhörnern und Bariton. Das Mundstück des Flügelhorns ist mehr trichterförmig, das Trompetenmundstück kesselförmig. Die hohen Trompeter verwenden vorteilhafter ein Mundstück mit niedrigem Kessel und enger Bohrung; dadurch sprechen sehr hohe Töne leichter an. Für tiefe Trompeter ist ein Mundstück mit tiefem Kessel vorteilhafter. Dies muß bei Blasmusikkompositionen berücksichtigt werden, weil tiefe Töne auf einem zu engen Mundstück ausgesprochen matt und flach klingen. Bei Quartettbesetzung sollte man niemals Trompeten und Flügelhörner mischen, da sonst der Gesamtklang sehr uneinheitlich wird.

Das Schlaginstrument zur Trompete ist die Pauke. (Mit „Pauken und Trompeten", dagegen „mit Trommeln und Pfeifen".)

Kornett
engl.: cornet
ital.: cornetta
franz.: cornet à piston
holl.: cornet

Der Name des Instrumentes kommt von „Cornette" = Hörnchen. Das Kornett, bei uns fälschlicherweise „Piston" genannt, was „Ventil" heißt, ist ein Mittelding zwischen Flügelhorn und Trompete. Es hat nicht den strahlenden Klang der Trompete, aber auch nicht die Weichheit des Flügelhorns. Es steht in B und wird in Deutschland entweder statt Flügelhorn oder statt der Trompete gebraucht, während es in England zusätzlich noch zwei- bis dreifach besetzt wird, also ein drittes Sopranregister der Blechinstrumente bildet. Dagegen übernimmt es in amerikanischen und holländischen Ausgaben sowohl die Funktion der Trompete wie die des Flügelhorns.

Trompete in Es (Alttrompete)

engl.: alto trumpet
ital.: tromba alta
franz.: alto trompette
holl.: estrompet

Die Es-Trompete ist in Deutschland kaum noch besetzt. Früher wurde sie als 3. und 4. Trompete verlangt, doch werden hierfür heute auch B-Trompeten genommen. Die Es-Trompete wird wie das Es-Piston notiert, doch klingt sie eine Oktave tiefer als dieses. Stimmen für Es-Trompete, die für B-Trompete umgeschrieben werden sollen, müssen eine Quarte höher geschrieben werden (statt Es-dur also in As-dur; statt B-dur in Es-dur usw.).

Fanfare in Es

engl.: fanfare
ital.: fanfara
franz.: fanfare
holl.: bazuin in Es (natuurtrompet)

Fanfaren sind in Es stehende, lange Naturtrompeten ohne Ventile mit sehr enger Mensur. Somit sind auf ihnen nur die Naturtöne zu spielen, die bei gutem Können des Bläsers allerdings bis zum 12. Oberton im Sinne des Clarinblasens, eventuell noch höher, führen. Im Blasorchester werden sie nur noch bei den „Fanfarenmärschen" verwendet, sonst sind sie das Hauptinstrument der Fanfarenkorpses.

Die Fanfare ist das letzte Abbild der im Mittelalter von den Herolden geblasenen Naturtrompete. Leider ist die Kunst des vollendeten Spiels auf diesen prächtigen Instrumenten verlorengegangen.

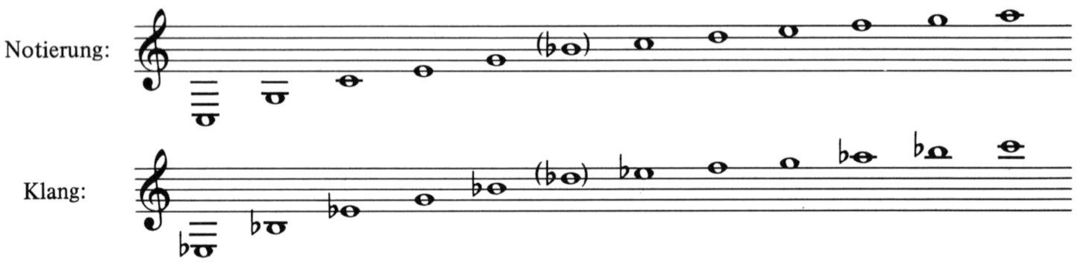

Eine Sonderform ist die „Fanfarentrompete", die mit Pumpventilen ausgestattet ist, so daß man auf ihr wie auf einer Trompete spielen kann. Das Instrument wurde speziell für Fanfarenzüge aus optischen und klanglichen Gründen entwickelt, bietet es doch die Möglichkeit, auch andere Töne als die der Naturtonreihe zu spielen (siehe auch „Aida-Trompete").

Trompete in B mit Drehventilen

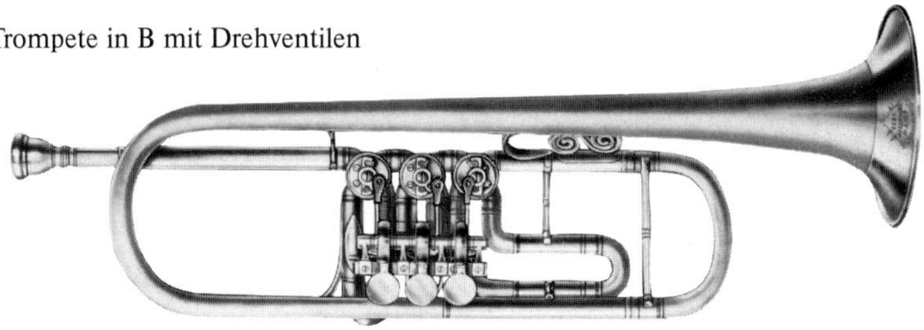

Trompete in B mit Pumpventilen

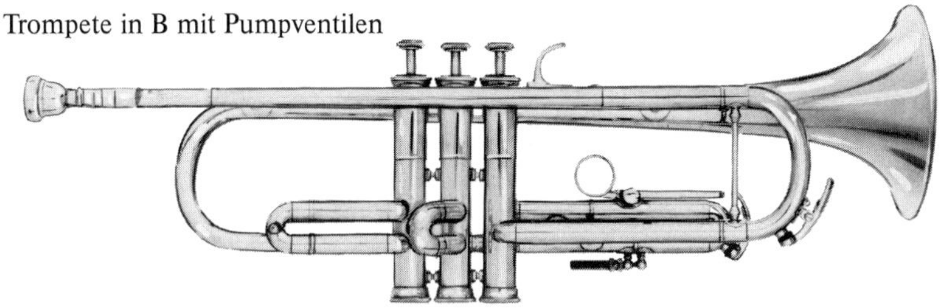

Kornett in B

Baßtrompete in B

Fanfare in Es

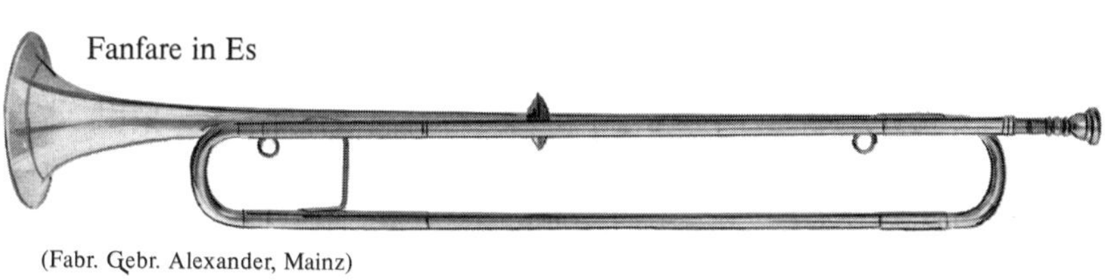

(Fabr. Gebr. Alexander, Mainz)

Interieur einer franz. Werkstatt für Blechinstrumente,
Paris, 18. Jahrh.

Aida-Trompete

Guiseppe Verdi ließ für seine Oper „Aida“ Trompeten in langgestreckter Form bauen, die mit einem Ventil, das dem des 1. Ventils unserer Trompeten entspricht, versehen sind. Außer der Naturtonreihe ist somit die um einen Ganzton erniedrigte Reihe zu spielen. Die Aida-Trompeten stehen in As und H, weil dies die Tonarten in dem berühmten „Aida“-Festmarsch sind.

Basstrompete in B

engl.: bass trumpet
ital.: tromba bassa
franz.: trompette basse
holl.: bastrompet

Das volltönende Instrument ist das tiefste der Trompetenfamilie. Es klingt eine Oktave tiefer als die Trompete in B, wird aber wie diese im Violinschlüssel notiert. Sie kommt gelegentlich in großen Besetzungen vor. Richard Wagner gab ihr interessante Aufgaben im *Ring des Nibelungen*, Leoš Janáček ebenso in seiner *Sinfonietta.* Die Baßtrompete grundiert in anderer, klanglich geschlossenerer Weise, als es eine Posaune oder ein Horn könnte, das Trompeten-Register.

ZUGPOSAUNE (normal Posaune genannt)
engl.: trombone
ital.: trombone (d. h. große Trompete)
franz.: trombone
holl.: trombone

Die Zugposaune ist das älteste Blechblasinstrument, auf dem die chromatische Skala gespielt werden kann. Sie ist seit dem 15. Jahrhundert bekannt und hat ihre Form nur ganz wenig verändert. In früheren Jahrhunderten wurde sie familienweise gebaut (Diskant-, Alt-, Tenor- und Baßposaune). Erhalten blieb bis zum heutigen Tag die Tenorposaune in B. Sie wird als nichttransponierendes Instrument behandelt (also in C), siehe Fußnote auf Seite 56. Ihr festlich-feierlicher Ton gibt der Blaskapelle gewissermaßen das „Pedal". In der Regel werden drei Posaunen besetzt, die teils am Melodiegeschehen (besonders die I.) beteiligt sind, zumeist aber füllend und verstärkend eingesetzt werden. Posaunen werden am vorteilhaftesten mit Trompeten gekoppelt, weil beide engmensuriert sind. Die Posaune läßt als einziges Blasinstrument ein Glissando zu.

In Deutschland wird für Posaune im allgemeinen im Baßschlüssel geschrieben, während die Schweizer Posaunisten im Violinschlüssel und in B-Stimmung spielen (also transponierend wie Tenorhörner), in den BENELUX-Ländern im Baßschlüssel, aber in B-Stimmung, wie auch beim Bariton und den Bässen. Pedaltöne nennt man die unter dem eigentlichen Grundton Kontra-B noch spielbaren Töne, die einen darin sehr geübten Bläser verlangen (es ist – wenn das nicht paradox wäre – eine Art „Clarinblasen" in der Tiefe).

Zugposaune in B
(Fabr. Gebr. Alexander, Mainz)

VENTILPOSAUNE

Die Ventilposaune hat sich in Deutschland nicht recht eingebürgert. Sie ist der Form nach eine Posaune, der Spielart nach ein Tenorhorn. Auch klanglich steht sie etwa zwischen Zugposaune und Tenorhorn. Die Notation ist dieselbe wie die der Posaune (d. h. sie wird teils im Baß-, teils im Violinschlüssel notiert), sie steht ebenfalls – wie Tenorhorn und Zugposaune – in B.

Tenorbaßposaune
(Fabr. Gebr. Alexander, Mainz)

BASSPOSAUNE (Tenorbaßposaune)
engl.: bass trombone
ital.: trombone basso
franz.: trombone basse
holl.: bastrombone

An Stelle der veralteten Baßposaune verwendet man heute die sogenannte „Quartposaune“. Es ist eine Zugposaune mit eingebautem Ventil (Verlängerungsstück), das mit dem Daumen bedient wird und das Instrument eine Quarte tiefer, nach F, stimmt. Dadurch wird als tiefster Ton das Kontra-H erreicht. Durch den Quartzug entstehen wiederum ganz andere Naturtonreihen, die, wenn sie richtig ausgenützt werden sollen, einen darin sehr gewandten Spieler verlangen. Die Quartposaune rangiert meist als Posaune III. Das Quartventil wurde 1839 von Sattler in Leipzig erfunden.

Um in tieferen Lagen sauber spielen zu können, wurde auch eine „Quintposaune“ entwickelt, die besonders in Sinfonieorchestern Verwendung findet.

Singuläre Bedeutung im Werk Richard Wagners (*Ring des Nibelungen*) hat die „Kontrabaßposaune“, die eine Oktave tiefer als die Tenorposaune steht. Ihr Pedalton ist das Subkontra-B.

WALDHORN IN F (auch einfach „Horn“)
WALDHORN IN B
engl.: horn, french horn
ital.: corno
franz.: cor
holl.: waldhoorn (hoorn)

Das Waldhorn in F ist das im Ton weichste und „blühendste“ von allen Blechblasinstrumenten. In Blaskapellen trifft man es noch relativ selten an, weil hier vielfach noch das Althorn in Es wegen seiner leichteren Spielbarkeit dominiert. Klanglich ist das Waldhorn dem härter klingenden Althorn vorzuziehen, doch ist es wesentlich heikler (Kickser) zu blasen, weil die Töne leicht überschlagen, genauer gesagt, weil die Naturtöne, wie bei den hohen Lagen des Clarinblasens, viel enger beieinanderliegen und daher schwerer zu treffen sind. Denn der Pedalton ist das Kontra-F, der erste gebrauchsfähige Grundton das F. Die normale Spiellage liegt aber viel höher, etwa zwischen c^{0} und c'', also im diatonischen Bereich der Obertonreihe.

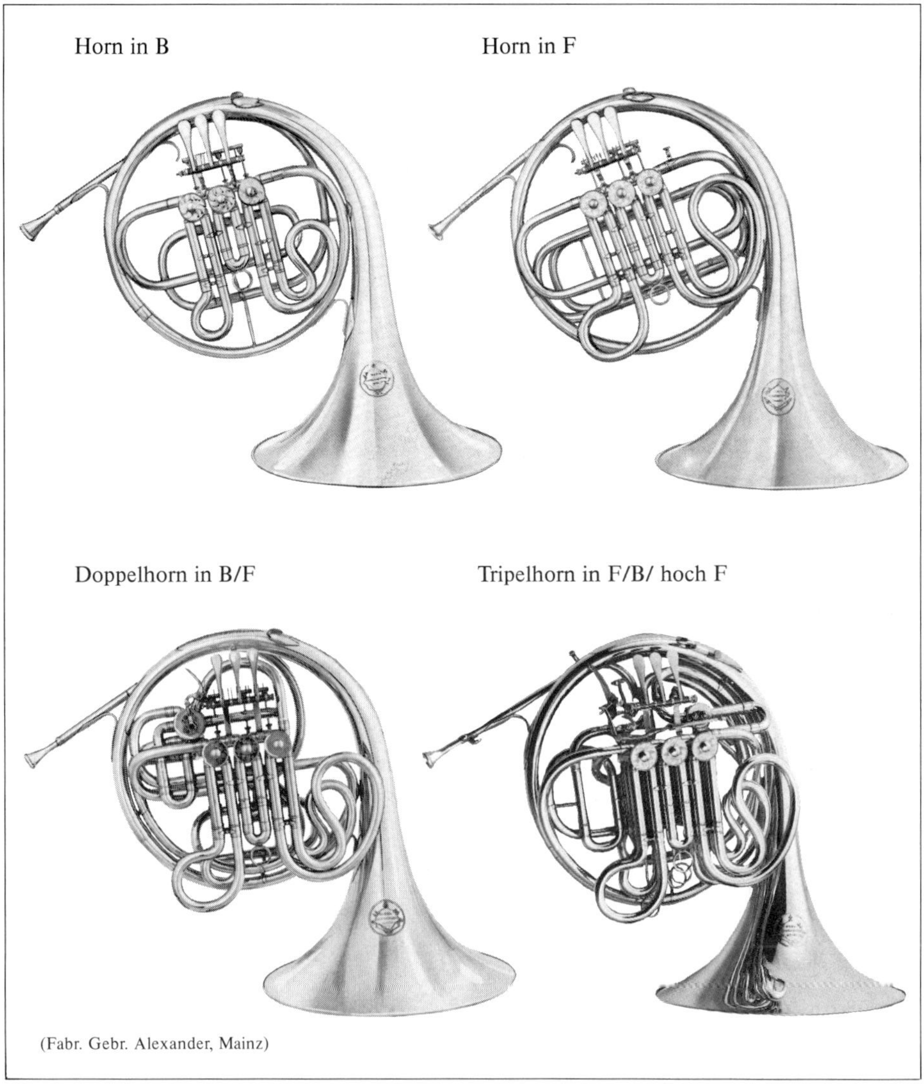

(Fabr. Gebr. Alexander, Mainz)

Das Horn in F wird eine Quinte höher notiert als es klingt. Da die Stimmen bei tiefen Lagen im Baßschlüssel notiert werden, muß besonders darauf hingewiesen werden, daß für den Baßschlüssel die „Quinttransposition" genauso gilt wie für den Violinschlüssel. Früher gab es auch die Quarttransposition, bei der im Baßschlüssel die Töne eine Quarte tiefer notiert wurden als sie klingen. Aus lesetechnischen Gründen ist man aber völlig davon abgekommen. Diese alte Quarttransposition kann gelegentlich bei tiefen Stellen auch in der Blasmusik einmal vorkommen.

Das Horn in B liegt mit seinem Grundton eine Quarte über dem des Hornes in F. Es spricht in der höheren Lage leichter an als das Horn in F. Deshalb ist es für die

Verwendung im Blasorchester das ideale Instrument. Die Waldhörner sind „linksgriffig“ im Gegensatz zu den Althörnern.

Das Waldhorn wird heute vielfach als „Doppelhorn“ in F und hoch-B gebaut. Mit einem Daumenventil wird der Grundton F auf den eine Quarte höher liegenden Grundton B umgeschaltet, so daß man in den höheren Lagen besser treffen und dadurch sicherer blasen kann. Für hohe Hornpartien, wie sie in der Barockmusik vorkommen, wurden hoch-B/hoch-F-Hörner entwickelt. Die neueste Erfindung ist das „Tripelhorn“, das von F auf hoch-B und hoch-F umschaltbar ist.

Das Waldhorn ist wohl das einzige Instrument, auf dem der Spieler oft transponieren muß. Bevor es die Ventile gab, wurden je nach der Grundtonart Stimmbügel zwischen Instrument und Mundstück eingesetzt, mit denen man, je nach ihrer Länge, den Grundton Halbton-stufenweise erniedrigen konnte. Es gab daher Hörner in F, E, D, C, B usw. Bei den heute allgemein gebräuchlichen Ventilhörnern müssen diese Stimmungen durch das Transponieren vorgenommen werden.

Da in der Blasmusik die Hörner (wegen der oft noch verwendeten Althörner) in Es notiert werden, muß schon beim Erlernen des Instrumentes darauf geachtet werden, daß der Transpositionsvorgang dem Spieler klargemacht wird.

Eine besondere Eigenart ist das „Stopfen“ der Töne. Hierbei schiebt man die rechte Faust in die Stürze, was einer Verkürzung der Röhre gleichkommt. Man muß deshalb gleichzeitig bestimmte Ventile oder das hierfür eigens eingebaute „Stopfventil“ greifen, damit die „gestopften“ Töne intonationsrein kommen. Gestopfte Töne haben einen eigenartig gedämpften, leicht verzerrten Klang, der u. a. für Echo- oder Fernklang-Wirkungen eingesetzt wird.

Ob im Solo oder im Terzett- oder Quartettsatz geblasen, füllt das Horn mit seiner enormen Modulationsfähigkeit die Mittellage in jedem Ensemble. Wegen dieser Erscheinung wird es auch das „Orchesterpedal“ genannt. Gerade auch wegen dieses Vorzuges sollte es im Blasorchester unverzichtbar werden, zumal es für besonders musikalisch begabte Spieler vielleicht das lohnendste aller Blechblasinstrumente ist, eröffnet es doch auch manche berufliche Karriere in Symphonieorchestern.

Die Dämpfer

Die Dämpfer oder Sordinen (von ital. sordino) bewirken bei den Blechblasinstrumenten, daß der geblasene Ton nicht nur leiser wird, sondern auch seine Klangfarbe verändert. Die einzelnen Dämpfertypen verursachen unterschiedliche Effekte. Gebraucht werden sie ausschließlich bei den engmensurierten Instrumenten wie Trompete, Posaune und gelegentlich beim Waldhorn, denn hier entfalten sie ihre spezielle Wirkung. Die Dämpfer bestehen aus Holz oder Leichtmetall und werden in die Stürze eingeschoben. Das Herausfallen wird dadurch vermieden, daß ein Korkring oder Stege aus Kork sich in das Innere der Stürze einklemmen.

Die besonderen Klangfarben des gedämpften Trompeten- oder Posaunentones beim Einzelinstrument wie auch im (dreistimmigen) Satz wurden bisher nur im Jazz und der Big Band sowie im Sinfonieorchester bei moderneren Werken genutzt, selten in der Sololiteratur. Gerade aber im Blasorchester sollte der Dämpfer immer mehr Verwendung finden, denn er erweitert die klangfarblichen Möglichkeiten erheblich.

Folgende Dämpferformen sind gebräuchlich:

HUSH-HUSH
Dieser Typus macht den Ton leise und etwas dunkel, wobei die Klangcharakteristik des Normalklanges am wenigsten verändert wird, weshalb er auch als Übungsdämpfer in bewohnten Häusern verwendet wird. In der Regel wird er aus Plastik gefertigt.

STRAIGHT
Der „Straight", aus Holz hergestellt, erzeugt einen leisen und spitz-scharfen Ton, der ein wenig an einen Oboenton erinnert. Er hat eine konische Bauform und wird auch „Spitzdämpfer" genannt.

WOW-WOW
Mit diesem Dämpfer kann man Lautstärke und Klangfarbe verändern, indem man die geschlossene Handfläche der Finger näher oder weiter von der Schallöffnung des Dämpfers entfernt hält. Durch Verschließen oder Öffnen des Dämpfers während des Blasens eines Tones oder einer Passage kann man Effekte erzielen, die an das Lachen eines Menschen erinnern, eine besonders im Jazz beliebte Form der Verwendung. Der Wow-Wow wird aus Aluminium gebaut.

HUSH-CUP
Diese Form des Dämpfers ist eine Art Mischung aus dem Hush-Hush und dem Straight, wobei der „Cup" oder „Hut" mittels eines Gewindes näher oder weiter vom Schalltrichter des Instrumentes plaziert werden kann, was Einfluß besonders auf die Klangfarbe hat, die nicht so spitz, dafür etwas wärmer ist.

Hush-Hush (Fabr. GEWA) Straight (Fabr. Engemann) Wow-Wow (Fabr. GEWA) Hush-Cup (Fabr. GEWA) Whisper (Fabr. Spirak)

WHISPER
Der aus Pressmasse hergestellte Dämpfer hat eine stark dämpfende Wirkung, die es ermöglicht, daß man auf ihm sozusagen flüstern oder wispern kann (daher auch der Name).

Auch ohne Dämpfer können Dämpfungseffekte bei Trompeten, Hörnern und Posaunen erreicht werden, so bei der Trompete durch das Bewegen der Handfläche vor dem Schall oder bei der Posaune durch das „Blasen in einen Hut", eine Technik, die schon längere Zeit bekannt ist und ebenfalls im Jazz (Dixieland) eingesetzt wurde. Hierbei handelt es sich um Wow-Wow-Effekte. Bleibt zu erwähnen, daß es für Baßtuben ebenfalls einen Dämpfer gibt (obwohl weitmensuriert), der aus dem „Straight" entwickelt wurde und in erster Linie die Dynamik des Instrumentes beeinflußt.

Schlaginstrumente im modernen Blasorchester

(Peter Hudec)

Einführung

Schlaginstrumente mit ihrer instrumentalen und spieltechnischen Vielfalt im Rahmen der jüngsten musikalischen Entwicklung sind im Bereich der Blasmusik zu einem bedeutenden und wesentlichen Faktor geworden. Zu den traditionellen Instrumenten kommen heute das „Drum-Set“ und die Effekt- und Percussionsinstrumente hinzu. Durch das große Instrumentarium werden die Klang- und Ausdrucksmöglichkeiten des Blasorchesters erheblich gesteigert.

Großes Schlagzeug

„Entstehung und Werdegang der Schlaginstrumente, die uns heute begegnen, sind mit der Entwicklungsgeschichte von Völkern und Rassen aller Erdteile verbunden. Die Ergebnisse der wissenschaftlichen Forschungen sind ebenso interessant wie aufschlußreich und in der einschlägigen Literatur erschöpfend niedergelegt.“ (Peinkofer/Tannigel)

Das folgende Kapitel beinhaltet eine Übersicht und Kurzdarstellung der gebräuchlichsten Schlaginstrumente im modernen Blasorchester. Dabei sind berücksichtigt die Nennungen dieser Instrumente in englischer, italienischer, französischer und holländischer Sprache, Beschreibungen, Anschlagsarten, Notation und Tips, sofern sie bei den einzelnen Instrumenten gegeben werden sollten. Weiterhin sind bei jedem Instrument angegeben das Notationssymbol und eine entsprechende bildliche Darstellung, bei der die Haltung des Instrumentes und die Handhabung der verschiedenen Anschlagsmittel deutlich zu erkennen sind.

Es versteht sich, daß in diesem Kapitel nur solche Schlaginstrumente behandelt werden, die nach der heutigen Erfahrung in der Praxis Verwendung fanden und finden.

Einteilung der Schlaginstrumente

Man unterscheidet sie nach zwei Kriterien:

I. Nach dem Material für die Tonerzeugung, durch welches sie zum Klingen gebracht werden

1. Fellinstrumente oder Membranophone
Bongos, Congas, große Trommel, kleine Trommel, Landsknechtstrommel, Pauken, Rahmenschellentrommel (Tambourin), Rührtrommel, Timbales, Tomtoms.

2. Idiophone (Selbstklinger)
a) Metallinstrumente
Amboß, Becken, Flexaton, Glocken, Glockenspiel, Gong, Röhrenglocken, Schellen, Tamtam, Triangel, Vibraphon.
b) Holzinstrumente
Claves, Holzblock, Kastagnetten, Marimbaphon, Peitsche, Ratsche, Tempelblock, Xylophon, Xylorimba.

II. Instrumente mit bestimmter und unbestimmter Tonhöhe

1. Instrumente mit bestimmter Tonhöhe
Flexaton, Glocken, Glockenspiel, Gong, Marimbaphon, Pauken, Röhrenglocken, Schellen, Vibraphon, Xylophon, Xylorimba.

2. Instrumente mit unbestimmter Tonhöhe
Becken, Guiro, große Trommel, Kastagnetten, kleine Trommel, Maracas, Peitsche, Ratsche, Rührtrommel, Sirene, Triangel, Tamtam.

3. Instrumente mit bestimmter Tonhöhe, die jedoch wie solche mit unbestimmter Tonhöhe behandelt werden
Amboß, Bongos, Claves, Congas, Gong, Holzblock, Schellen, Tempelblock, Timbales, Tomtoms, Kuhglocken.

Nach aller Erfahrung finden nur die oben genannten Instrumente im Bereich des Blasorchesters Verwendung. Natürlich ist das Reservoir an Schlag- und Effektinstrumenten erheblich größer. Erläuterungen zu diesem Instrumentarium findet man in der einschlägigen Spezialliteratur für Schlaginstrumente (siehe Literaturliste auf Seite 219).

Notationsformen des Schlagzeugs im Blasorchester

Das traditionelle Blasorchester-Schlagzeug (Drei-Mann-Besetzung) setzt sich aus der kleinen Trommel, der großen Trommel und dem Doppelbecken zusammen. Lese- und schreibtechnisch hat sich bewährt, die kleine Trommel mit den Notenstielen nach oben zwischen die dritte und vierte Linie, von unten gezählt, zu plazieren. Die große Trommel wird zwischen die erste und zweite Linie notiert, das Doppelbecken in Kreuznotierung unter die erste Linie.

Notation der traditionellen Drei-Mann-Besetzung

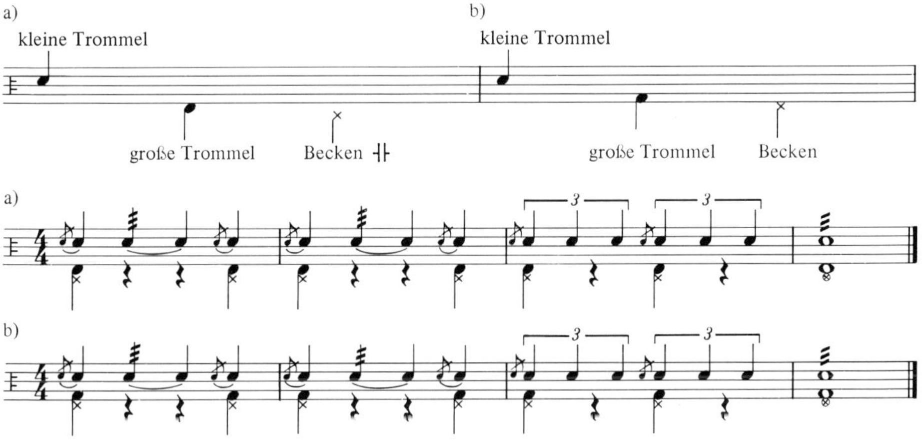

Erweiterte Schlagzeugbesetzung

Bei den erweiterten Besetzungen wird die traditionelle Drei-Mann-Besetzung ebenfalls auf dem Fünfliniensystem, wie schon beschrieben, notiert. Alle weiteren hinzutretenden Instrumente werden, je nach ihren Funktionen, auf Einzellinie oder Fünf-Linien-Rastral notiert.

Beispiel:

Alle Stabspiele (Lyra, Glockenspiel und Xylophon) werden entsprechend ihrer chromatischen Spielweise mit vorgegebenem Violinschlüssel notiert.

Die Pauken werden, wie üblich, mit Baßschlüssel im Rastral entsprechend ihren Tonhöhen notiert.

Instrumente unbestimmter Tonhöhe, die paarweise (Bongos, Congas und Tomtoms) oder als Satz (Tempelblocks, Tomtoms) Verwendung finden, werden im Rastral zwischen die Notenlinien notiert. Bei paarweisen Instrumenten notiert man am besten das höhere Instrument zwischen die vierte und fünfte, das tiefere zwischen die erste und zweite Linie.

Sonder- oder Effektinstrumente wie Triangel, Guiro, Maracas, Schüttelrohr, Cabasa, Claves und Kastagnetten notiert man am günstigsten auf einer Einzellinie, wobei das zu benutzende Instrument durch Namensbezeichnung oder Instrumentensymbol vorbezeichnet wird.

Drum-Set

Die Notation des Drum-Sets ähnelt der traditionellen Drei-Mann-Besetzung. Da große Trommel und Hi-Hat mit den Füßen gespielt werden, hat es sich bewährt, sie an derselben Position im Notensystem zu notieren, nähmlich unter der ersten Linie. Wechsel zwischen großer Trommel und Hi-Hat werden durch Kopf- und Kreuznotierung dargestellt. Eine Sonderform der Hi-Hat-Notierung ist die über der ersten Linie (Beckenlinie) dann, wenn das Hi-Hat eine führende Rolle einnimmt. In diesem Fall wäre es lesetechnisch ganz ungünstig, wenn es unter der fünften Linie neben der Stimme der großen Trommel notiert würde. Notationsbeispiel siehe Seite 83.

Die Instrumente des Schlagzeugs

engl.: percussion
ital.: batteria, percussione
franz.: batterie, percussion
holl.: slagwerk

Entsprechend ihrer Stellung in der Geschichte der Blasmusik werden die Instrumente in „traditionelle Schlaginstrumente" und „moderne Schlaginstrumente" unterteilt. Zu letzteren zählt auch die Gruppe der lateinamerikanischen Instrumente. Die Gliederung der folgenden Instrumentendarstellung entspricht der Häufigkeit ihres Vorkommens.

Drum-Set

Traditionelles Instrumentarium

GROSSE TROMMEL [gr. Tr.]
engl.: bass drum
ital.: gran cassa
franz.: grosse caisse
holl.: grote trom

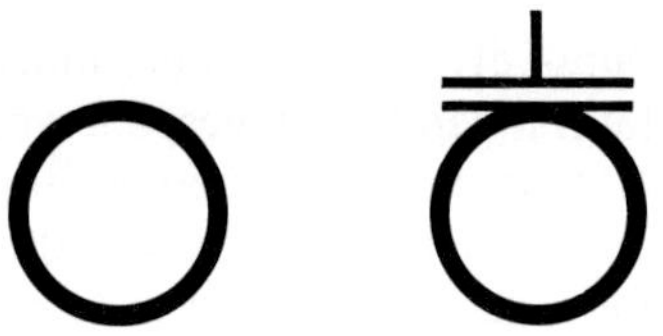

ohne mit aufgeschnalltem Becken

Die große Trommel gehört zu den alten, klassischen Schlaginstrumenten, wie sie in Europa schon im Mittelalter und in der türkischen Janitscharen-Musik weit verbreitet war. Die große Trommel bestimmt im Blasorchester den Hauptpulsschlag und ist beim Marsch für das gleichmäßige Tempo maßgebend. Man unterscheidet heute zwei Typen:

1. Die große Trommel mit Seilzugspannung oder durchgehenden Flügelschrauben, die den Nachteil haben, daß beide Felle die gleiche Spannung erhalten.
2. Die große Trommel mit Einzelspannschrauben, die ein klangreines Spannen und Aufeinanderabstimmen der Felle ermöglicht. Die Tonhöhe sollte tief und unbestimmt sein.

Zwei Bauarten sind heute gebräuchlich:

1. Die Marschtrommel, die einen Durchmesser von 70 cm oder 28 Zoll hat und eine Breite (Zargenhöhe) von 30 cm oder 12 Zoll. Die Marschtrommel wird aus Gründen der Witterungsunempfindlichkeit mit Plastikfellen bespannt.
2. Die Konzerttrommel hat einen Durchmesser bis zu 100 cm oder 40 Zoll und eine Breite von 45 cm oder 18 Zoll. Sie ist in der Regel mit Naturfell bespannt. Die große Konzerttrommel sollte in ihrem Anschlagswinkel verstellbar sein, damit eine schnelle, rhythmische Passage ähnlich wie bei der Pauke leichter gespielt werden kann.

Die große Trommel wird in der Mitte des Felles angeschlagen. Als Anschlagmittel verwendet man den großen Trommelschlägel in weicher oder harter Ausführung. Der Anschlag erfolgt durch eine runde Bewegung von unten nach oben auf das Zentrum des Felles. Hinweis: Zur Ausführung eines Wirbels auf der großen Trommel benutzt man Paukenschlägel.

Notationsbeispiel:

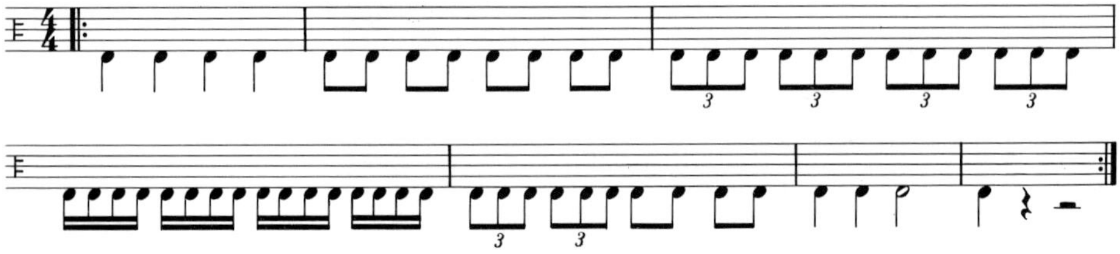

KLEINE TROMMEL [kl. Tr.]
engl.: snare drum
ital.: tamburo (militare),
tamburo piccolo, cassa chiara
franz.: caisse claire
holl.: kleine trom

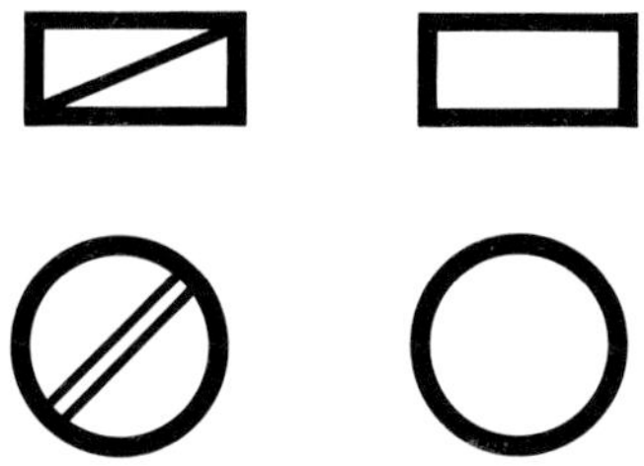

Die kleine Trommel ist als Marschinstrument schon sehr alt. Sie wurde gern zusammen mit den Trommelflöten eingesetzt. Sie hat einen Standarddurchmesser von 45 cm oder 14″. Das Instrument ist zylindrisch gebaut und hat eine unterschiedliche Zargenhöhe. Die kleine Trommel wird heute fast ausschließlich mit Plastikfellen bespannt, denn diese sind strapazierfähiger und gegen Witterungseinflüsse unempfindlich. Der englische Ausdruck „Snare drum“ rührt daher, daß der spezielle und typische

Große Trommel

Kleine Trommel

Klang durch Schnarrsaiten hervorgerufen wird, die über das Unterfell gespannt sind. Diese Schnarrsaiten sprechen auf den Schlag an und erzeugen so das typische klirrende Geräusch.

Wird das Instrument in der traditionellen Haltung beim Marschieren gespielt, so ist es um 45° seitlich geneigt. (Siehe auch Abbildung.) Die andere, waagrechte Haltung ist ebenfalls möglich.

Die kleine Trommel wird normalerweise in der Mitte des Felles angeschlagen. Je nach dynamischen Erfordernissen kann man das Instrument aber auch mehr am Rand anschlagen, wodurch der Ton leiser, aber auch heller wird. Eine Besonderheit dieses Instrumentes ist es, daß die Trommelstöcke sehr schnell auf dem Fell repetieren können. Diese spieltechnische Gegebenheit erlaubt es, auf der kleinen Trommel den sogenannten Wirbel (Roll) zu spielen. Ein Schlagzeuger in Amateurkapellen erlernt den Wirbel leichter, wenn er Spring- oder Prallschläge verwendet. Man schlägt die Trommel einmal und läßt den Schlägel repetieren oder nachspringen. So wie der Pauker nach der Qualität des gespielten Tones beurteilt wird, wird der Snare Drum-Spieler nach der Qualität seines Wirbels beurteilt. Neben dem Wirbel, dessen Ausführung lang Übung voraussetzt, sollten dem Schlagzeuger die Grundschläge, auch „Rudiments“ genannt, bekannt sein. Eine oft verwendete Spielart ist der „Rim shot“, bei dem der Rand und das Fell gleichzeitig mit einem Stock angeschlagen werden. Ein ähnlicher Effekt wird erreicht, wenn man den Stock mit der Hand auf das Fell legt, wobei die Stockspitze etwa 1 cm vom Trommelrand entfernt sein soll, wobei der Schaft des Stockes über den Trommelrand hinaussteht und auf den Trommelrand geschlagen wird. Dieses klangliche Ergebnis kann auch als Ersatz für Claves genommen werden (siehe beim Bossa nova).

Notationsbeispiel:

1. Locke

Der Lockmarsch

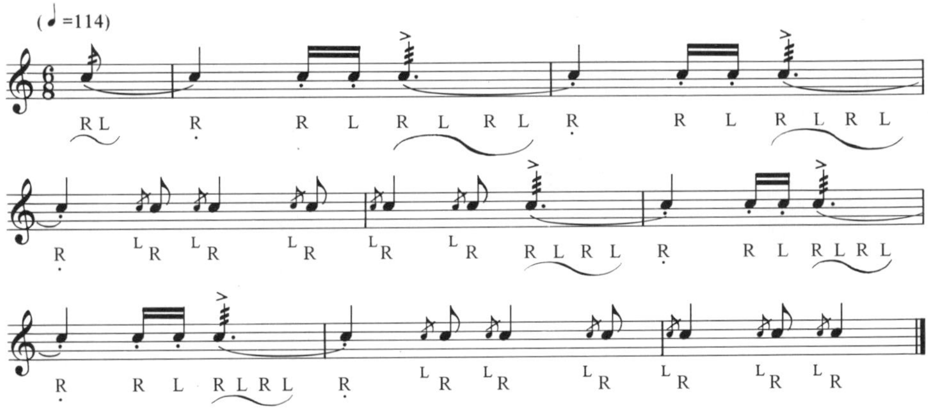

2. Das Einschlagen

Das Einschlagen vor Beginn der Musik erfolgt mit acht Takten des alt-österreichischen Fußmarsches.

*) Im Gegensatz zur Notation der kleinen Trommel werden große Trommel und Becken in ¢ notiert.

DIE BECKEN (Tschinellen) [M. Bck., M. Cymb.]

Marsch- oder Doppelbecken
engl.: cymbals
ital.: piatti, cinelli
franz.: cymbales
holl.: bekkens

Marschbecken

Die Doppelbecken gehören zum traditionellen Instrumentarium des Blasorchesters. Ihre Verwendung reicht weit in die Geschichte zurück und steht in Verbindung mit dem Umgang und der technischen Entwicklung der Metalle. Der Ursprung der

Becken dürfte in Asien liegen, denn es haben sich sowohl in China wie auch in der Türkei unterschiedliche Beckenformen entwickelt. Die chinesischen Becken haben hochgebogene Ränder, die der türkischen sind flach. Zwei gebräuchliche Formen des Spielens gibt es: Beide Becken mit den Händen gehalten, werden gegeneinander geschlagen oder ein Becken waagerecht auf eine große Trommel montiert, das andere mit einer Hand gehalten und daraufgeschlagen. Große Trommel mit aufgeschnalltem Becken wird auch als Gran Cassa bezeichnet. Heute besetzt man beide Instrumente in der Regel mit zwei Spielern, weil dann der Beckenspieler die Dynamik und das Abdämpfen besser dosieren kann.

Der Durchmesser der Becken schwankt zwischen 39 und 50 cm, wobei die größeren Maße wegen ihrer größeren Klangfülle bei großen Kapellen sinnvoll sind. Becken müssen im richtigen Winkel gegeneinandergeschlagen werden, weil sonst ein luftleerer Raum durch die Verdrängung der Luft beim Zusammenschlagen entstehen kann, durch den die Becken vorübergehend aneinanderhaften. Die Tonhöhe wird durch Dicke und Durchmesser bestimmt. Wenn ein „Beckenwirbel à zwei" vorgeschrieben ist, werden die beiden Becken in schnellstmöglicher Geschwindigkeit gegeneinander zu schlagen, wobei sich die Ränder nur wenig voneinander entfernen sollen.

Notation 

Beispiel

Der türkische Knoten, von unten gesehen:

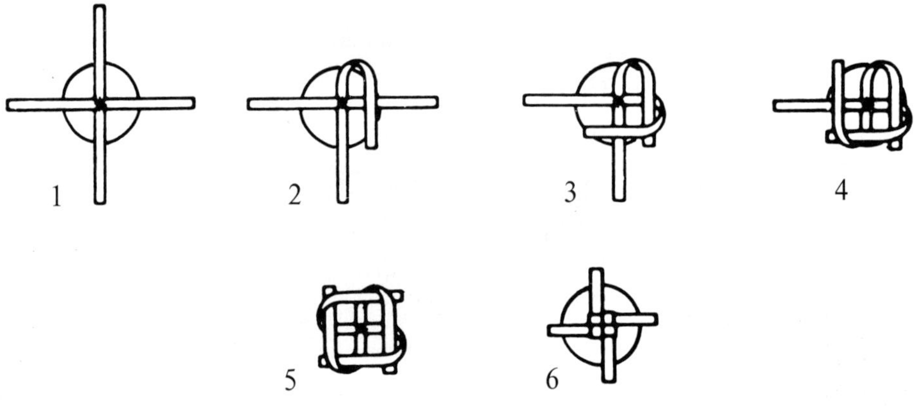

Die Pauken (Kesselpauken) [Pk.]

engl.: kettle-drums
ital.: timpani
franz.: timbales
holl.: pauken

Die Pauken, meist paarweise verwendet, waren schon im 13. Jahrhundert in Europa bekannt. Beheimatet sind sie im Orient. Bei der alten Zunft der Pauker und Trom-

Hebel-Maschinenpauke

Pedalmaschinenpauke

peter war die Pauke der Trompete gleichwertig. Lange Zeit bildeten die Pauken das Baßinstrument der Bläser. Heute erfüllen sie häufig nur rhythmische Funktionen.

Pauken werden entweder aus Kupferkesseln oder aus Fiberglas gefertigt, wobei die Klangunterschiede minimal sind. Das Schlagfell, aus Kalbs- oder Eselshaut, heute auch aus Kunststoff, wird über den oberen Rand gespannt, meist über einen Ring, der durch eine mechanische Vorrichtung vergrößert oder verkleinert werden kann, so daß das Fell mehr oder weniger gespannt ist. Dadurch ergeben sich die Tonhöhenunterschiede. Somit zählt die Pauke zu den Instrumenten mit bestimmter Tonhöhe. An der Unterseite der Kessel befindet sich ein Luftloch, das die Schwingungen des angeschlagenen Fells erst ermöglicht.

Die Kesseldurchmesser der gebräuchlichen Pauken betragen 26″ und 29″. Tiefe Instrumente haben 32″, hohe 23″. Die Aufstellung der Pauken erfolgt, im Gegensatz zu der Tonhöhenverteilung bei Stabspielen und Klavier, so, daß die hohe Pauke links steht, die tiefe Pauke rechts. Umgekehrt ist die Aufstellung der Pauken in den USA und im Ostblock.

Es gibt folgende Paukentypen:
Schraubenpauken,
Hebel-Maschinenpauken,
Drehkesselpauken,
Pedalmaschinenpauken.

Beim Blasorchester werden meist nur zwei Pauken eingesetzt. Früher bezeichnete man diese als G- und C-Pauke. Diese Bezeichnung resultiert noch aus der Zeit Beethovens, als die Notation im Baßschlüssel mit C und G erfolgte, während die wirkliche Stimmung (z. B. D und A oder B und Es) wie bei den transponierenden Instrumenten am Anfang des Werkes vorgeschrieben wurde.

Es gibt zwei grundlegende Faktoren beim Paukenspiel:
Die Schlagtechnik
und
das Stimmen des Instruments.

Haltung der Schlägel

Welcher Grundgriff beim Halten der Schlägel auch verwendet wird, die Hauptelemente der Schlagtechnik bleiben konstant: Die Finger führen die Hauptbewegung aus, und dann die Handgelenke. Der Schlägel darf nicht zu sehr festgehalten werden, damit er leicht vom Fell zurückfedern kann. Nur beim Staccato muß der Schlägel fest in der Hand fixiert sein.

Ein Paukenwirbel wird durch eine rasche Folge von Wechselschlägen (RLRL) ausgeführt, nicht durch Doppelschläge (RRLL) wie beim Wirbel der kleinen Trommel. Ein nicht notierter Abschlag darf auch nicht gespielt werden. Die Schnelligkeit des Wirbels steigert sich je nach Spannung der Felle (tief = langsamer, hoch = schneller). Die Pauken werden mit Handballen oder Fingern abgedämpft. Wie und wann abgedämpft wird, ergibt sich aus dem musikalischen Zusammenhang. Das Abdämpfen wird in der Paukenstimme nicht angezeigt.

Das Stimmen der Pauke

Das Stimmen der Pauke ist ein hörsensibler Vorgang, weil die vorgeschriebenen Töne genau stimmen müssen. Besonders heikel ist das Umstimmen während eines Stückes, denn die exakte Tonhöhe der neuen Stimmung kann nur durch ganz leises Anschlagen überprüft werden, wobei man das Ohr ganz nahe an das Fell halten muß. Aus diesem Grunde wurden die Tonanzeiger entwickelt, mit denen man nach genauer Einstimmung eines Tones den Punkt auf der Tonhöhenskala einstellen kann. Dennoch sollte sich der Spieler aber mehr auf sein Gehör als auf seine Augen verlassen und eventuell die genaue Tonhöhe nachkorrigieren. Je leiser die Pauke angeschlagen wird, um so genauer ist die Tonhöhe zu hören. Übliche Anschlagmittel sind die Paukenschlägel, deren verschieden große Köpfe aus Filz, Flanell, seltener aus Holz oder Kunststoff, auch Leder, in verschiedenen Größen bestehen (siehe auch unter Schlägel, Seite 105 ff.). Angeschlagen wird die Pauke, zum Spielen und Stimmen, eine Handbreit vom Rand.

Umfang und Notation:

Beispiel:

Die Lyra [Ly.]

engl.: lyre
ital.: lira
franz.: lyre
holl.: lyra

Das Wort „Lyra“ hängt mit dem Wort „Leier“ zusammen, weil es in der äußeren Form diesem alten Saiteninstrument ähnelt. Die Lyra ist ein tragbares Glockenspiel, das aus zwei Reihen abgestimmter Metallplatten besteht, wobei die Anordnung der Platten

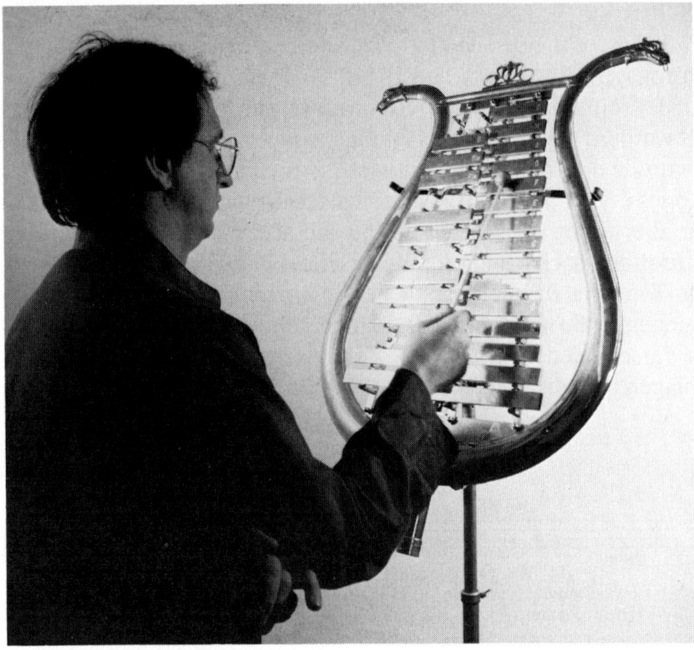

Lyra

der Tastatur des Klaviers gleicht. Rechts liegt die Reihe der C-Dur-Tonleiter, links die Halbtöne. Die Lyra wird mit einem speziellen Schlägel angeschlagen. In der Regel bei der Marschmusik eingesetzt, übernimmt sie meistens die Melodie. Beim Fehlen einer Lyrastimme kann die der Oboe verwendet werden. Der hohe Klang übertönt mühelos den vollen Orchesterklang des Blasorchesters.

Notationsbeispiel siehe bei Glockenspiel, Seite 88.

Das kombinierte Schlagzeug (Drum-Set)

engl.: drum-set
ital.: drum-set
franz.: drum-set
holl.: drum-set

Neben dem traditionellen Schlagzeug (große Trommel, kleine Trommel, Becken) findet man in vielen Kapellen auch das „Drum-Set“, besonders bei den Kapellen, die auch modernere Unterhaltungsmusik und dem Jazz verpflichtete Stücke spielen. Für einen „modern sound“ ist es unerläßlich. Es sollte aus folgendem Grundinstrumentarium bestehen:

Große Trommel (22″ x 14″, wegen des größeren Sounds auch 24″ x 14″)
Kleine Trommel (14″ x 5¾″)
Hänge-Tom-Tom (13″ x 9″)
Hänge-Tom-Tom (14″ x 10″)
Stand-Tom-Tom (16″ x 16″)

Dazu kommen eine Fußmaschine für die große Trommel, ein Ständer für die kleine Trommel, ein Hi-Hat (Charleston-Maschine), zwei Hi-Hat-Becken (14″), ein Becken mit Ständer (Ride Medium, ca. 20″ bis 22″), ein (hängendes) Becken mit Ständer (Crash/Thin, 15″) und eine Kuhglocke (cowbell).

Notation:
1 große Trommel
2 Hi-Hat
3 Stand-Tom-Tom
4 kleine Trommel
5 Hänge-Tom-Tom
6 Becken
7 Kuhglocke

Notationsbeispiele:

Beat

Swing

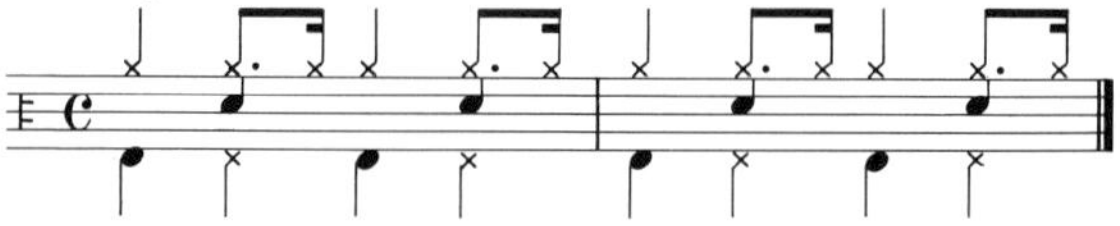

Zum traditionellen Schlaginstrumentarium treten also beim Drum-Set einige Instrumente hinzu, die nachfolgend erläutert werden.

DIE BECKEN (hängende Becken) [Bck./Cymb.]
engl.: cymbals
ital.: piatti
franz.: cymbales
holl.: bekken

Die Becken ähneln in ihrer Bauart den schon beschriebenen Gegenschlagbecken, sind jedoch auf einem Ständer montiert und werden mit einem Schlägel (Holz, Filz oder Besen) angeschlagen. Dadurch werden auch Tremoli (Wirbel) und schnelle rhythmische Passagen möglich, die auf dem viel schwerfälligeren Gegenschlagbecken nicht ausgeführt werden können. Da die Becken je nach ihrem Durchmesser und ihrer Materialstärke unterschiedliche Höhen und Klangfarben haben, können sie dementsprechend auch zu mehreren „instrumentiert werden". Entsprechend ihren Klangqualitäten werden sie auch in den verschiedenen Musikstilen eingesetzt:

CRASH: Rasch ansprechendes, dünnes oder mitteldünnes Becken.

CRASH RIDE: Eine Verbindung zwischen Crash und Ride.

FLAT RIDE: Das Becken ist frei von Obertönen, gut geeignet für Studioarbeit. Populäre Größen: 18″, 20″ und 22″.
MINI CUP CRASH: Ein Becken mit besonders kleiner Kuppe, gut geeignet für kleine Combo-Besetzungen.
MINI CUP RIDE: Ein spezielles Ride-Becken mit kleiner Kuppe, das einen obertonarmen Klang hat.
PANG: Becken mit chinesischem Profil (vollkommen flacher Rand). Für tiefe Klangfarben geeignet.
PING RIDE: Ein mittelschweres Becken, bei dem die hoch klingenden Schlag- und Pingtöne sich aus den gedämpften Obertönen gut abheben.
RIDE MEDIUM: Ein mittelschweres Becken, dessen Obertöne so angelegt sind, daß sie bei anhaltendem Beat klar hervortreten.
ROCK CRASH: Etwas stärker gebaute Crash-Becken, die besonders für laute Musik geeignet sind.
ROCK RIDE: Extra schwere Becken mit großem Klangvolumen und hellem, hohem Ride.
SIZZLE: Mitteldünne bis mittelschwere Becken, die mit losen Nieten versehen sind.
SPLASH: Kleines, dünnes Spezialbecken für Crash-Arbeit, das rasch anspricht.
SWISH: Sizzle-Becken mit chinesischem Profil, für Spezialeffekte geeignet.
THIN FAST CRASH: Etwas dünner als das Crash-Becken. Es spricht sofort an mit starkem Ton und schnellem Verklingen.

Hängendes Becken

Hi-Hat

Becken mit Charleston-Maschine [Hi-Hat]

engl.: hi-hat pedal
ital.: charleston
franz.: hi-hat pédal
holl.: hi-hat

Das Hi-Hat ist eine Art Gegenschlagbecken, bei dem das eine Becken auf einem Ständer fest montiert ist. Das andere Becken schlägt mittels eines im Ständerrohr geführten Rundeisen, das durch ein Fußpedal bedient wird, auf das festmontierte auf. Gespielt wird nach Anweisung mit geschlossenem oder offenen Becken. Je nach Musikart (Marsch, Rock usw.) verwendet man schwere oder leichte Becken.

Stand-Tom-Tom

2 Hänge-Tom-Toms

Das Tom-Tom [TT]

engl.: tom-tom
ital.: tom-tom, tamburo muto
franz.: Tom-Tom
holl.: tom-tom

Tom-Toms sind Trommeln, die eine höhere Zarge als die kleine Trommel haben und nicht mit Schnarrsaiten bespannt sind. Ihr klar zeichnender Klang, obertonreich und trocken, ergibt relativ bestimmbare Tonhöhen, so daß sich dieses Instrument für das Zusammenstellen in Sätzen gut eignet. Bekannt sind die Fill-ins auf drei oder vier, manchmal noch mehr Tom-Toms. Die kleineren werden zu zweien an einem Ständer aufgehängt, die großen haben eigene Standfüße. Ihre Größe schwankt zwischen 12′ x 8′ und 16′ x 16′. In der Regel werden sie mit Holzschlägeln gespielt, erzielen aber auch mit Filzschlägeln schöne Wirkungen.

Notation:

Weitere Schlag- und Effektinstrumente des modernen Blasorchesters

Der Sound des modernen Blasorchesters ist durch eine Menge von Instrumenten erweitert worden, die zum Teil in den Werken der klassischen modernen Symphonik vorkommen, zum Teil typische Vertreter europäischer und außereuropäischer Folklore sind, ohne die solche Musik nur unzureichend wiedergegeben werden kann. Allerdings handelt es sich um Zusatzinstrumente, die nicht jede Kapelle haben muß, und deren Spiel sachgemäß gehandhabt werden muß. Die Photographische Darstellung dieser Instrumente zeigt in jedem einzelnen Fall die genaue Handhabung und Haltung, die für den optimalen Klang dieser Instrumente äußerst wichtig sind. Da eine systematische Ordnung dieser Instrumente sehr schwer ist, werden sie im Folgenden in alphabetischer Reihenfolge behandelt. Notationsbeispiele und Einsatzmuster sind auf den Seiten 107 ff. dargestellt.

Agogo-bells [AGB]
engl., ital., franz., holl.: agogo-bells

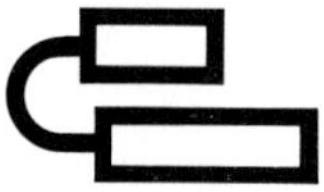

Ein Paar, durch einen gebogenen Eisenbügel versetzt nebeneinanderliegende, konisch gebaute Eisenglocken. Sie werden mit einem Holz- oder Metallstab angeschlagen und erzeugen einen hohen, durchdringenden Klang. Verwendung bei brasilianischer Folklore.

Bongos [B]
engl.: bongo drums
ital.: bongo
franz.: tambour Bongo
holl.: bongo(s)

Durch einen Holzsteg verbundenes Paar von Trommeln, die nur mit einem Schlagfell überspannt sind. Normalerweise werden die beiden Trommeln zwischen den Knien gehalten, sind heute aber oft auch auf einem Ständer montiert. Der Ton soll hoch und trocken sein. Gespielt werden sie mit den Fingern oder den Handflächen, aber auch mit Schlägeln. Trotz ihrer nicht genau bestimmbaren Tonhöhe stehen sie etwa im Intervall einer Quart. Notation wie bei Tom-Toms.

Cabasa (Cabaza), Afuché [A]
engl.: cabasa, cabaca, chequeré
ital.: cabasa
franz.: calebasse
holl.: cabasa

Die Cabasa ist in ihrer Urform ein Kürbis mit rauher Oberfläche, der mit einem Perlennetz überspannt ist. Dieses Netz wird in der Hand gedreht, wodurch sich ein leicht rasselnder Klang ergibt. Die moderne Cabasa, Afuché genannt, besteht aus einem Holzzylinder, der eine metallene, genoppte oder geriffelte Oberfläche hat, über die ein Kettenwerk gelegt ist. Sie wird mit der einen Hand am Griff hin und her gedreht, mit der anderen wird das Kettenwerk auf den Zylinder gedrückt. Dadurch entsteht ein hell rasselnder, bei schneller Drehung leicht zischender Klang.

Agogo-Bells

Bongos

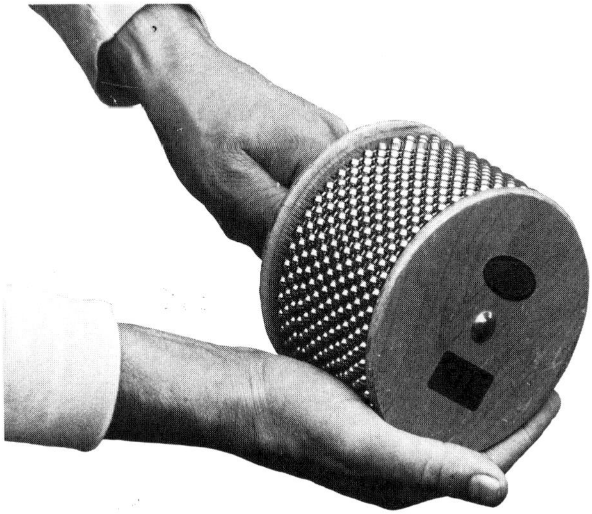

Cabasa

DER GONG [Gg]

engl., ital., franz., holl.: gong

Der Gong ist grundsätzlich verwandt mit den Becken-Instrumenten und dem Tam-Tam. Er besteht aus einer kreisrunden Bronzeplatte, die an den Rändern ein wenig umgebogen ist und die meistens in der Mitte einen Buckel hat. Im Gegensatz zum Tam-Tam hat der Gong eine ziemlich genau bestimmbare Tonhöhe, weswegen er auch in verschiedenen Tonhöhen (von C bis f''') gebaut wird. Er wird mit einem weichen Klöppel angeschlagen und erzeugt einen lang nachklingenden, vollen Ton. Im Blasorchester wird er selten verwendet und darf nicht mit dem Tam-Tam verwechselt werden.

Notationsbeispiel

GUIRO (Gurke) [Guiro]

engl.: guiro, gourd, scraper
ital.: guiro
franz.: güiro
holl.: guiro

Die Guiro ist ursprünglich eine ausgehöhlte Kalebasse oder Kürbisfrucht, die auf der Oberseite Einkerbungen hat. Mit einem Holzstäbchen kann man über diese Kerbungen streichen, wodurch ein kratzendes Geräusch entsteht. Heute wird die Guiro auch aus anderen Materialien gebaut. Ihre Länge beträgt zwischen 30 und 60 cm, der Durchmesser 4 bis 10 cm. Das Instrument wird in der einen Hand gehalten, mit der anderen wird das Holzstäbchen, auch Schraper genannt, bedient.

Der meist verwendete Rhythmus bei lateinamerikanischer Musik ist aus den Beispielen für Percussions-Ensemble auf Seite 107 ff. zu ersehen.

DER HOLZBLOCK [Holzbl.]

engl.: (chinese) wood-block, clog box
ital.: cassettina, blocchetto
franz.: bloc de bois, caisse chinoise
holl.: (Chine) houtblok

Das Instrument ist chinesischer Herkunft. Es besteht aus einem rechteckigen Holzstück aus Palisander, Jacaranda oder Nußbaum, das eine schlitzartige Aushöhlung hat und einen hellen, etwas trockenen Klang erzeugt. Es wird mit Trommelstöcken, Xylophon- oder Gummischlägeln angeschlagen. Oft wird es paarweise oder in ganzen

Sätzen von bis zu fünf Holzblöcken verwendet, die verschiedene, nicht bestimmbare Tonhöhen haben. Der Holzblocksatz wird dann auf einem Gestell montiert. Notationsbeispiele siehe Seite 107 ff.

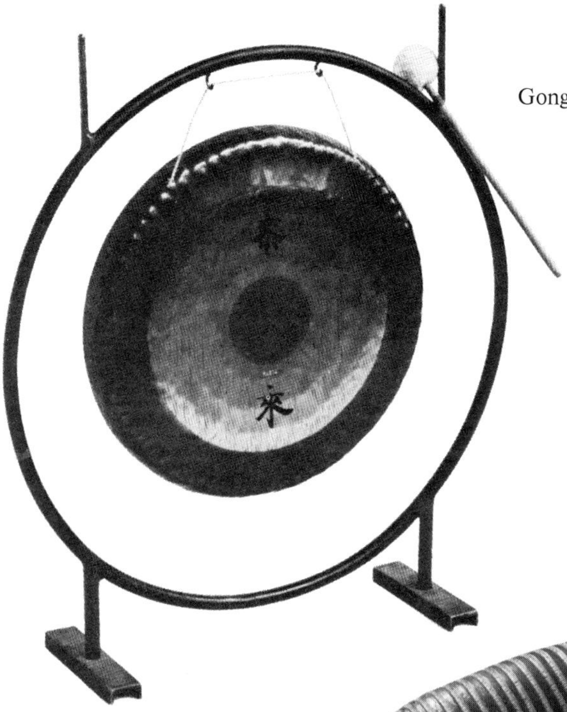

Gong

Guiro

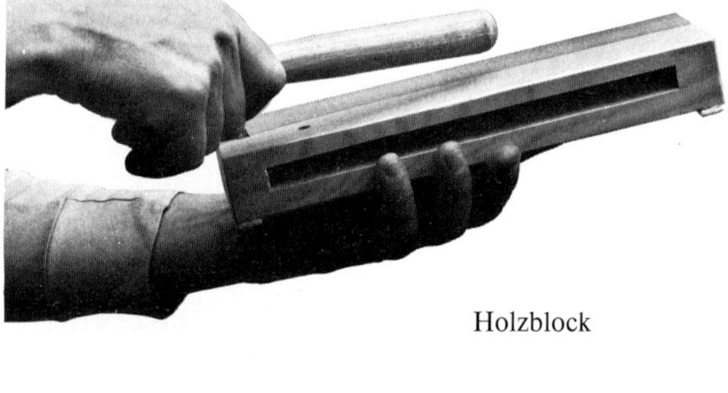

Holzblock

Die Kastagnette [K/Cast.]

engl.: castanet
ital.: castagnetta
franz.: castagnette
holl.: kastagnetten

Das ursprüngliche Volksinstrument sind die Fingerkastagnetten, die, paarweise, mit beiden Händen gespielt werden. Ihr Einsatz ist für kurze Effekte unpraktisch. Sowohl in der Volks- wie in der Konzertmusik werden ihr längere Passagen zugewiesen, da sie erst hier ihren typischen, schnell-klappernden Klang entfalten kann. Da nur sehr wenige Schlagzeuger die Spieltechnik beherrschen, wurde die Orchesterkastagnette, auch Kastagnettenmaschine genannt, entwickelt, bei der die beiden schalenartigen Holzbrettchen gegen ein Stielbrett wechselseitig schlagen. Gespielt wird sie ebenfalls mit den Händen. Bei schnellen Wechseln können auch weiche Paukenschlägel benutzt werden. Notationsbeispiele siehe Seite 107 ff.

Kastagnettenmaschine

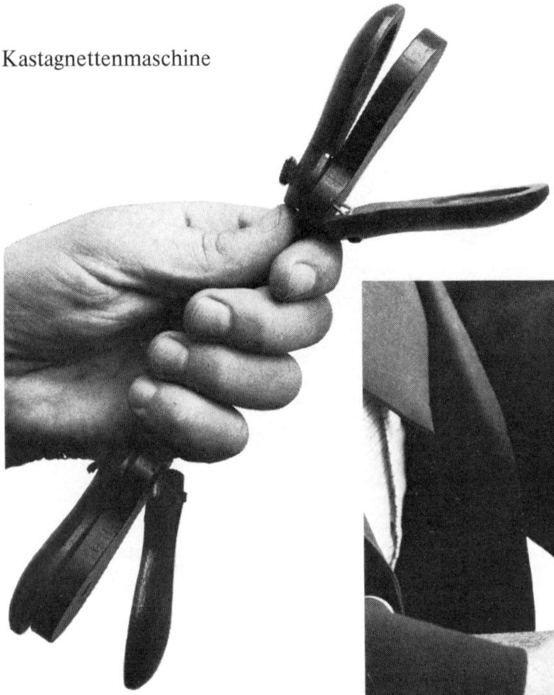

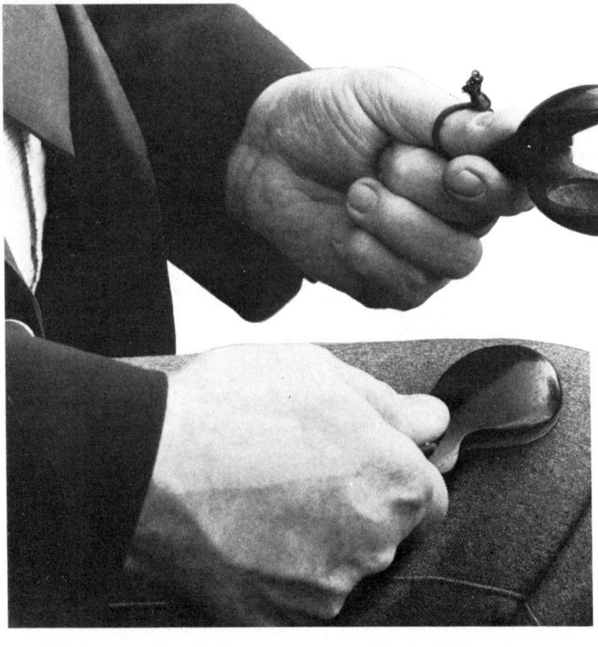

Fingerkastagnetten

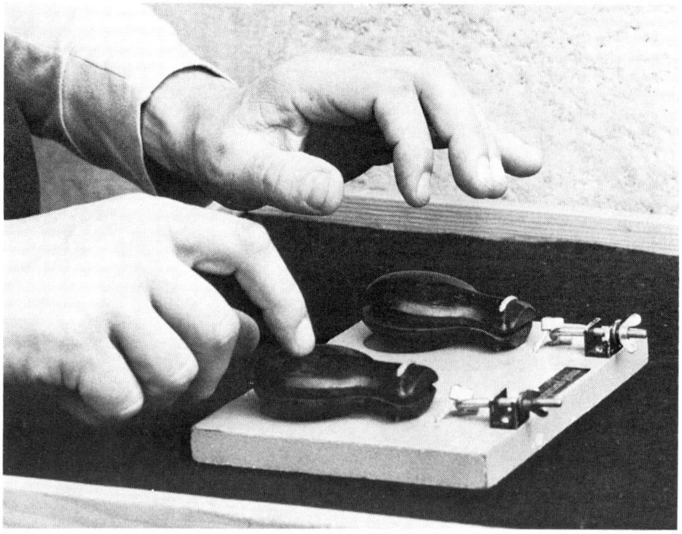

Kastagnettenbrett

Kuhglocke

Die Kuhglocke [CB]

engl.: cow bell
ital.: campanaccio
franz.: cloche de vache
holl.: koebel (koeklok)

Die Kuhglocke ist ein gradwandiges, leicht konisches Instrument aus der Familie der Tierschellen, allerdings ohne Klöppel. Als Material kommen Eisen, Messing oder Kupfer in Frage. Sie wird in der Hand gehalten oder beim Drumset an der großen Trommel befestigt und mit einem Holzschlägel angeschlagen. Sie hat einen etwas trockenen, in der Tonhöhe nicht genau zu identifizierenden Klang. Sie kann auch zu Sätzen zusammengefaßt werden. Länge zwischen 10 und 20 cm. Es gibt auch gestimmte Kuhglocken.

Maracas

2-händig

1-händig

Die Maracas [MC]

engl., ital., franz., holl.: maraca

Die Maraca besteht aus dem Hohlkörper einer kleinen Kürbisfrucht, aber auch aus Holz oder Kunststoff, der an einem Stiel befestigt ist und der mit Körnern oder Steinchen gefüllt ist. Das Instrument wird paarweise mit beiden Händen gespielt. Durch Schütteln oder Drehen wird die Füllung an die Innenwandung geschlagen, wodurch das typische, hellzischende Schüttelgeräusch erzeugt wird. Oft wird ein hoch- und ein tiefklingendes Instrument genommen, wobei man mit dem tieferen den Grundrhythmus, mit dem hohen Zwischenschläge spielt. Der Hohlkörperdurchmesser beträgt zwischen 6 bis 9 cm, die Länge mit Griff zwischen 21 und 32 cm. Das Instrument wird auch „Rumbakugel“ genannt. Notationsbeispiele siehe Seite 107 ff.

Die Peitsche [P]

engl.: whip, slapstick
ital.: frustra
franz.: fouet
holl.: zweep

Die Pferde- oder Rinderpeitsche ist wegen ihres lautknallenden Klangs, der im Ohr über die Schmerzgrenze gehen kann, schon früh in die Musik von Reitervölkern eingegangen. Heute wird die klangliche Wirkung durch zwei plangeschliffene Holzbretter erzeugt, die, an einer Schmalseite mit einem Drehscharnier befestigt, gegeneinander geschlagen werden. Ihre musikalische Wirkung kommt bei schnellen Tanzformen besonders zur Geltung.

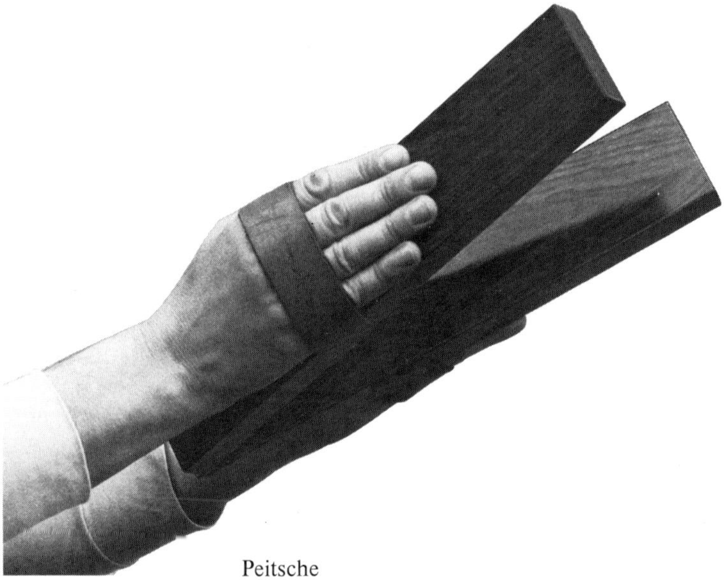

Peitsche

Die Röhrenglocken [Röhrgl.]

engl.: tubular bells, chimes
ital.: campane (tubolari)
franz.: chloches tubulaires
holl.: buisklokken

Das beliebte Orchesterinstrument wurde erfunden, um den Klang von Kirchenglocken zu imitieren. Lange Metallröhren, die an der oberen Seite verschlossen sind, werden auf exakte Tonhöhen gestimmt, wodurch sich eine chromatische Tonleiter in der

Klaviertastatur ergibt. Die Röhrenglocken werden an einem Gestell aufgehängt, das mit einem Dämpfungsmechanismus versehen ist. Sie umfassen in der Regel zwei Oktaven und werden mit einem speziellen Hammer angeschlagen.

Notationsbeispiel

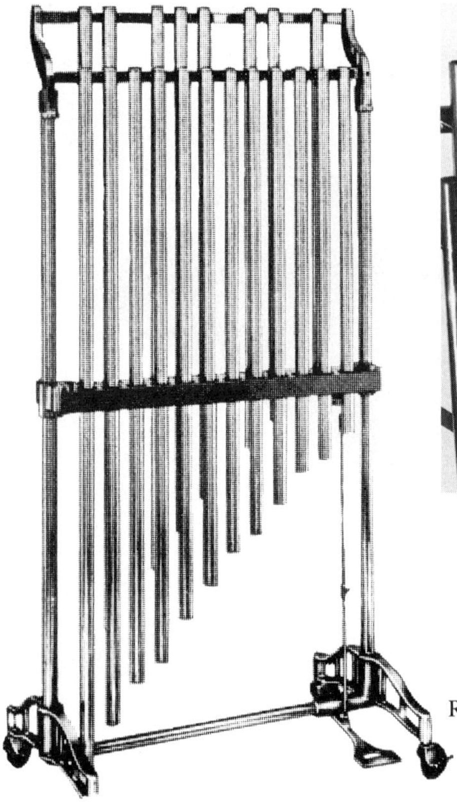

Röhrenglocken

Detail mit Anschlagsart

Die Rahmen-Schellentrommel [Tamb. d. basque]
engl.: tambourine
ital.: tamburo basco, tamburello
franz.: tambour de basque
holl.: tamboerijn

Die Rahmen-Schellentrommel hat wohl ihren Ursprung in der baskischen Volksmusik, weswegen sie auch baskische Trommel genannt wird. Im Volksmund wird sie auch Tamburin genannt. Sie besteht wie der Schellenring aus einem runden Holzring, der auf der oberen Seite mit einem Fell überzogen ist. An dem Ring sind paarweise Schellen befestigt, die gegeneinander schlagen. Gegenüber ist ein Haltegriff in den Ring eingelassen. Man spielt das Instrument mit den Fingern, der flachen Hand und mit der Faust, wodurch die Schellen gleichzeitig zum Klingen gebracht werden. Notationsbeispiel siehe Seite 107 ff.

Rahmen-Schellentrommel

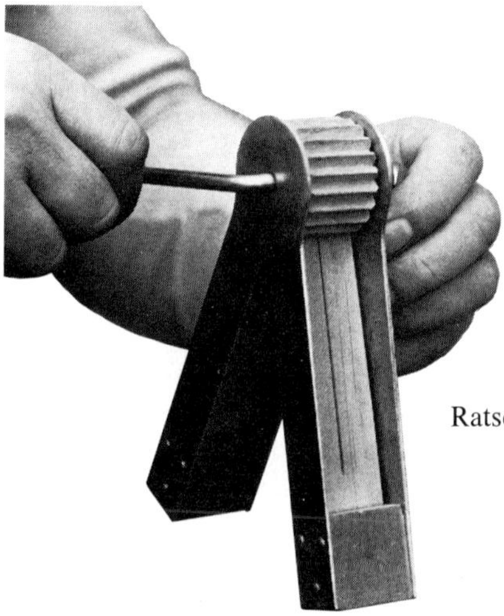

Ratsche

Die Ratsche [R]

engl.: ratchet, rattle
franz.: crécelle
ital.: raganella
holl.: radel

Die Ratschen gehören von altersher zu den Lärminstrumenten. Bis heute gebräuchlich sind sie ja in der allemannischen Fastnacht. Im Orchester werden sie eingesetzt, wenn man ein gleichmäßig knatterndes, laut rasselndes Geräusch hervorrufen will. Der Ton wird erzeugt, in dem ein auf einem Resonanzkörper befestigtes, unter Spannung stehendes Holzblatt in die Kerben eines Zahnrades rastet und dadurch ein knallendes Geräusch erzeugt. Durch schnelles Drehen der Ratsche entsteht auf diese Weise das Knattern.

Der Schellenring [S.r.]

engl.: wrist bells
ital.: sonaliera
franz.: collier de grelots
holl.: schellen

Der Schellenring, auch Schellenreif, Schellenband oder Schellenkranz genannt, ist ein geschlossener, kreisrunder Holzring, an dem gegenschlagende, leicht gekrümmte, dünne Metallscheibchen befestigt sind. Das Instrument wird mit der einen Hand gehalten, mit der anderen schlägt man auf den Kranz, wodurch ein vielfaches, helles Metallgeräusch unbestimmbarer Tonhöhe entsteht. Der Kranz hat einen Durchmesser von 20 bis 25 cm. Er wird gerne bei der Tanzmusik eingesetzt. Notationsbeispiel wie bei Rahmen-Schellentrommel.

Schellenringe

Das Schüttelrohr [T]

engl.: shaker
ital.: tubo
franz.: batteur
holl.: shaker

Das Schüttelrohr (chocallo, tubo) besteht aus einer mit Steinchen oder Schrot gefüllten Metallröhre, die an beiden Enden geschlossen ist. Es kann mit beiden Händen oder einhändig gehalten und mit kurzen Bewegungen zum Klingen gebracht werden. Der Durchmesser beträgt ca. 5 cm, die Länge zwischen 20 und 35 cm. Aus Holz oder Bambus gefertigt wird es „Tubo“ genannt und hat einen weicheren Ton. Ein beliebtes Instrument für lateinamerikanische Rhythmen intimeren Charakters. Notationsbeispiele siehe Seite 107 ff.

Schüttelrohr

beidhändig

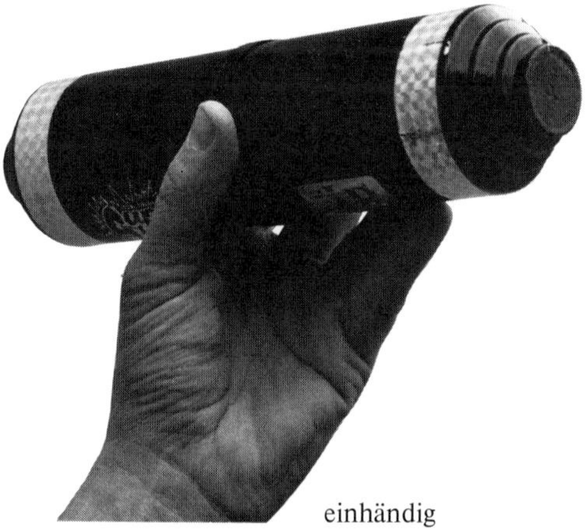

einhändig

Das Tam Tam [TM]

engl.: tam tam, gong
ital.: tam tam
franz.: tam tam
holl.: tam tam

Das Tam Tam ist grundsätzlich mit den Becken verwandt und ähnelt dem Gong, wobei das Tam Tam keine bestimmbare Tonhöhe hat. Sein Ursprung liegt in Ostasien, wo es besonders in der Tempelmusik verwendet wurde und wird. Das Tam Tam wird aus gehämmerten Metallegierungen hergestellt und besteht aus einer großen, runden Metallplatte, die am Rand umgebogen ist. Sein Ton baut sich, mit einem weichen und großen Filzschlägel angeschlagen, sukzessive auf und erreicht einen ins Dämonische gehenden Klang von theatralischer Wirkung und enormer Lautstärke. Aber auch im Pianissimo hat es eine Wirkung des Unheimlichen. Das Tam Tam wird in sehr unterschiedlichen Größen gebaut, etwa von 40 cm bis 1,50 m Durchmesser. Verwandt mit dem Tam Tam ist der Gong, der im Zentrum einen Buckel hat und auf Tonhöhen gestimmt wird.

Tam Tam

DER TEMPELBLOCK [TB]

engl.: temple block, wood-block
ital.: testa di morto, blocchi di legno
franz.: Temple-bloc
holl.: tempelblok

Dieses Instrument, das gerne in Sätzen von 4 bis 6 Stück verwendet wird, stammt aus Korea. Es ist eine nußartige Holztrommel mit einem Schlitz oder einer Öffnung an der Vorderseite. Je nach Größe hat es unterschiedliche, allerdings nicht direkt bestimmbare Tonhöhen und wird als Satz etwa im Terzabstand zusammengestellt. Angeschlagen wird es mit Hartfilz-, Gummi-, Vibraphon- oder Trommelschlägeln und erzeugt einen weichen bis trockenen, etwas knackenden Ton.

Notationsbeispiel

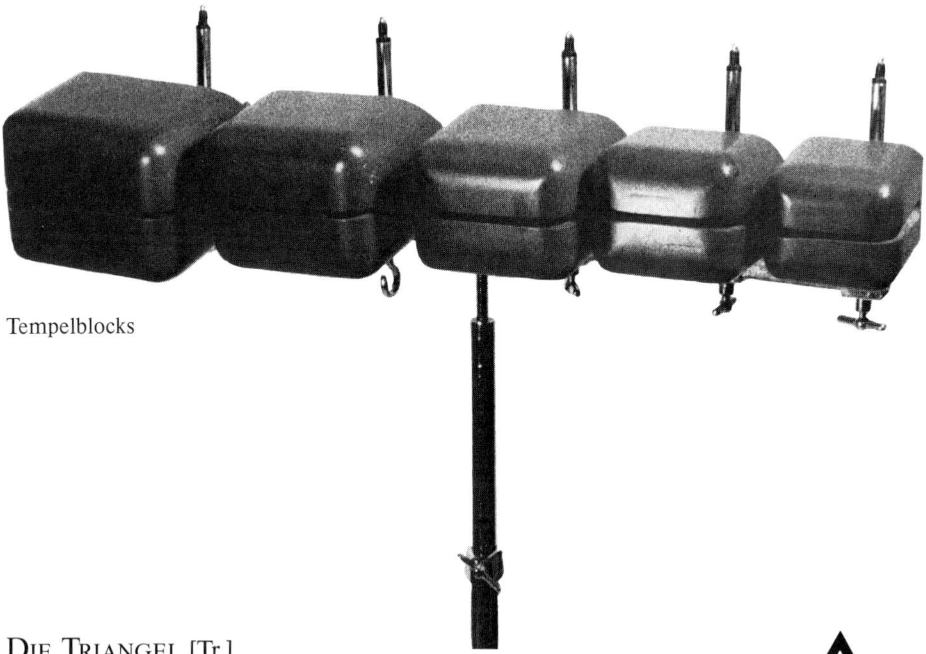

Tempelblocks

Die Triangel [Tr.]

engl.: triangle
ital.: triangolo
franz.: triangle
holl.: triangel

Die Triangel (auch der oder das) ist ein gleichseitig dreieckig gebogener Metallstab, der mit einem dünnen Metallstab angeschlagen wird und einen hochklingenden, glöckchenähnlichen Klang erzeugt, der deutlich vernehmbar ist. Einzelschlag wie Tremolo sind von glitzerndem Ton. Die Triangel gibt es in verschiedenen Größen, entsprechend ist der Klang etwas höher oder tiefer. Notationsbeispiel siehe Seite 107 ff.

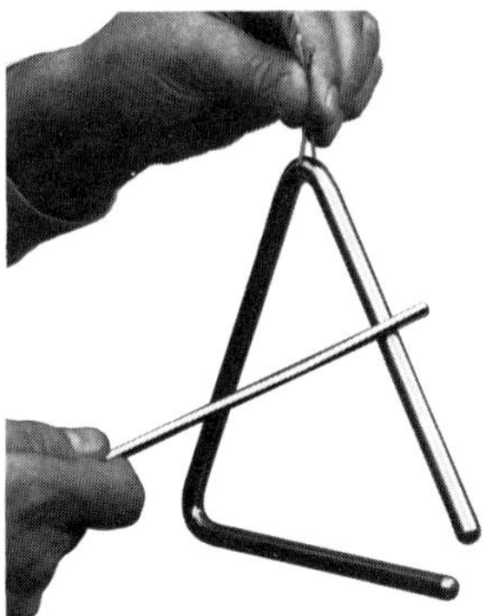

Triangel (Normalhaltung)

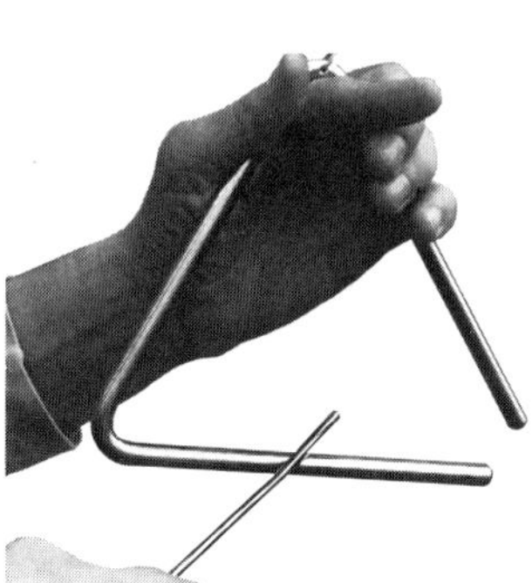

Triangel (gedämpft)

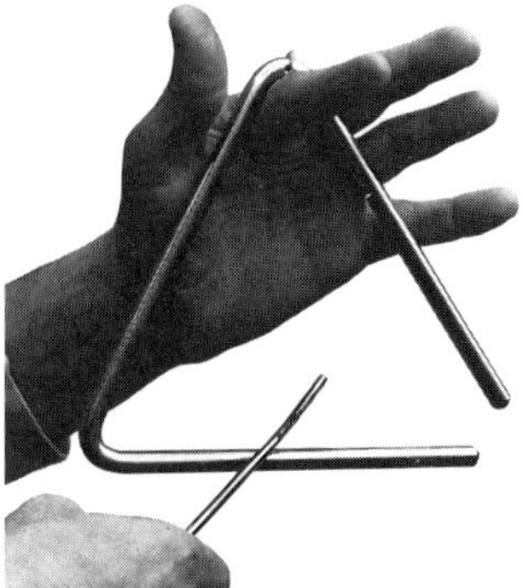

Triangel (offen)

Vibra Slap [VS]

engl., ital., franz., holl.: vibra slap

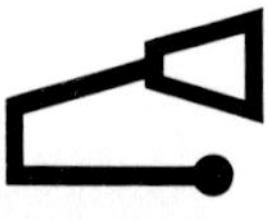

Ursprünglich besteht dieses Instrument aus den Kinnbacken eines Esels oder Zebras (Quijada), dessen lockere Zähne beim Anschlagen ein scharfes Rasseln erzeugen. Die moderne Bauart sieht einen Drahtbügel vor, an dessen einem Ende ein trapezförmiger Holzkörper befestigt ist, mit beweglichen Stiften darinnen. Am anderen Ende des Bügels ist eine Holzkugel angebracht, auf die man federnd aufschlagen kann, womit ein ähnlich klanglicher Effekt erreicht wird wie mit der Quijada. Das Instrument findet Anwendung in der Tanz- und Folkloremusik. Notationsbeispiel siehe Seite 107 ff.

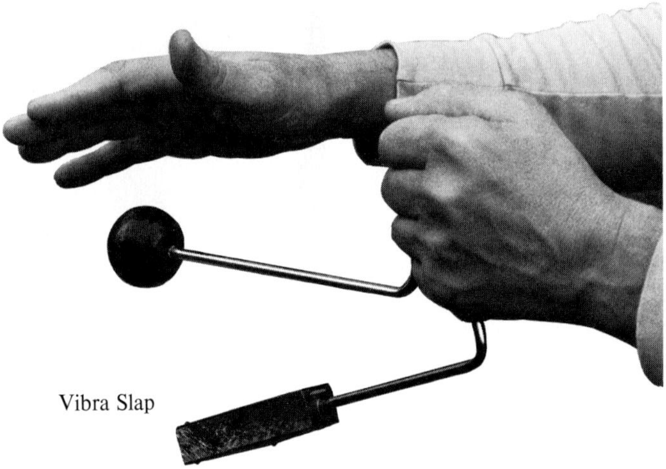

Vibra Slap

Das Vibraphon [Vibr.]

engl.: vibraphone
ital.: vibrafono
franz.: vibraphone
holl.: vibrafoon

Das Vibraphon gehört zu den Mallet-Instrumenten und hier speziell zu den Metallophonen. Es besteht aus unterschiedlich langen, chromatisch gestimmten Metallplatten, die, entsprechend der Klaviertastatur angeordnet, auf einem Gestell aufgebracht sind. Unter den Platten sind tonverstärkende Röhren als Resonanzkörper angebracht. An den oberen Enden der Röhren (offen oder gedeckt) kann man durch einen Motor Metallscheiben in Rotation bringen, wodurch die spezielle Vibrato-Wirkung entsteht, die durch unterschiedliche Rotationsgeschwindigkeiten geregelt werden kann. Weiterhin ist ein Dämpfungsmechanismus vorgesehen, der mit dem Fuß bedient wird.

Die Entwicklung des Jazz ist ohne dieses Instrument kaum denkbar (Lionel Hampton), denn sein weicher, einschmeichelnder und runder Ton ist besonders gefühlvoll und sinnlich. Gespielt wird es mit zwei oder vier garnumwickelten Schlägeln. Der Tonumfang reicht vom f° bis f''', d. h., er hat drei Oktaven.

Notationsbeispiel

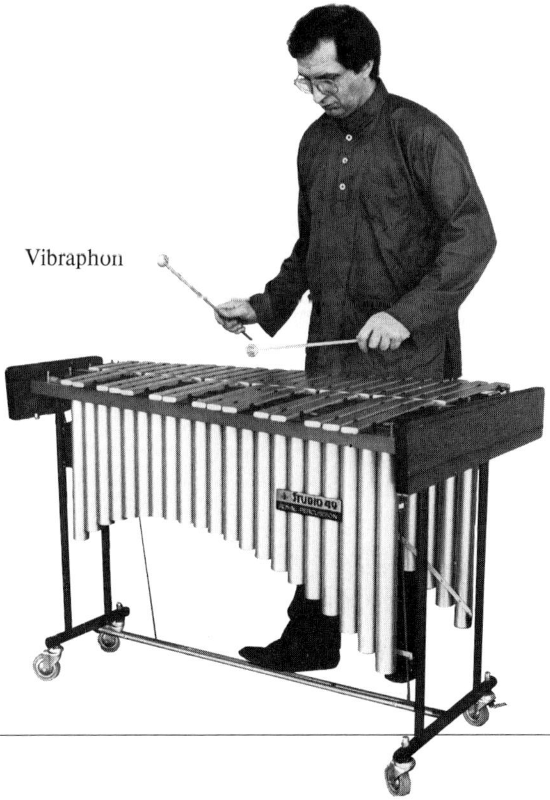

Vibraphon

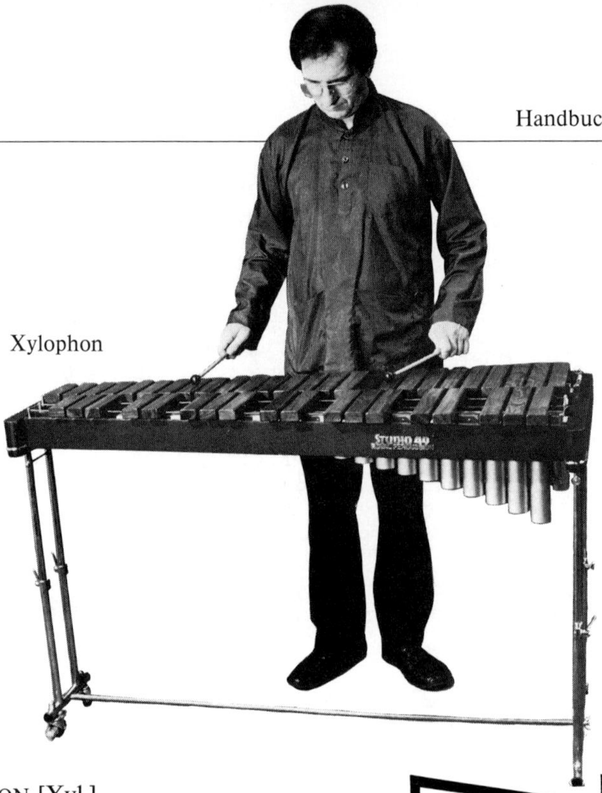

Xylophon

Das Xylophon [Xyl.]

engl.: xylophone
ital.: xilofono
franz.: xylophone
holl.: xylofoon

Die Xylophon-Instrumente (Holzklinger) sind in den Kulturen Ostasiens, Indonesiens und Afrikas nachgewiesen. Etwa im 15. Jahrhundert kam das Instrument auch nach Mitteleuropa, wo es als Strohfidel oder Hölzern Glächter bezeichnet wurde. Das Xylophon besteht aus in der Mitte verjüngten, zweireihig angeordneten Holzplatten, die, chromatisch gestimmt, in Klavieranordnung auf Stegen aufgelegt sind. Heute baut man unter die Platten Resonanzröhren zur Tonverstärkung. Der Klang ist je nach Anschlagsmittel (Hartfilz-, Holz- oder Gummischlägel) hölzern trocken oder weich. Als Holz für die Klangstäbe wird Palisander, Jacaranda oder Rosenholz verwendet. Der Tonumfang beträgt 3 ½ Oktaven von f' bis c''''.

Notationsbeispiel

Die Schlägel

Als Anschlagsmittel der Schlaginstrumente kommen neben der direkten Bedienung durch den Handballen, die Handfläche oder die Finger die sogenannten Schlägel in Frage. Dabei handelt es sich in den meisten Fällen um Holzstäbe oder -stöcke, die am oberen Ende spitz zulaufen und einen kleinen Holzkopf oder einen Kopf aus Fell oder Filz haben. Schlägel mit garnumwickelten Köpfen werden bei Vibraphon und Marimbaphon verwendet. Unter der Vielzahl von Schlägeln seien für den Gebrauch im Blasorchester folgende angeführt:

TROMMELSCHLÄGEL, auch Sticks genannt

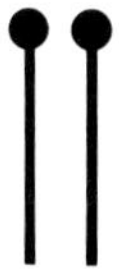

Sie sind ganz aus Holz gefertigt und meist aus demselben Stück gedreht. Ihr Kopf besteht heute öfter auch aus Kunststoff. Mit ihnen spielt man die kleine Trommel, die Tom-Toms und die Becken.

HOLZKOPFSCHLÄGEL

Diese Schlägel tragen einen größeren Holzkopf, der beim Aufschlag viel mehr Wucht hat als die leichten Trommelschlägel. Man verwendet sie als harte Schlägel beim Xylophon, Tom-Toms und bei Barockpauken.

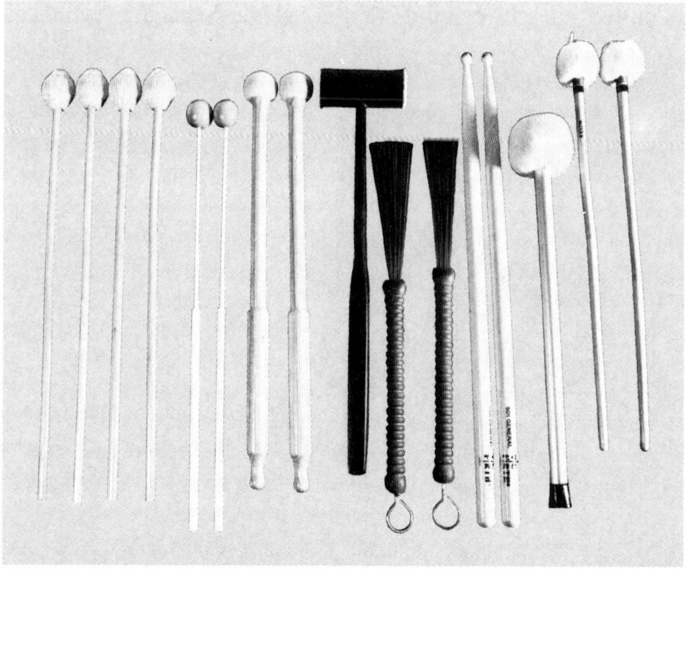

Schlägelbrett

Hartfilzschlägel

Dieses Symbol steht für Hartfilzschlägel, die vorzugsweise bei Tom-Toms und Becken gebraucht werden. Das gleiche Symbol gilt auch für Vibraphonschlägel.

Paukenschlägel

Sie sind mit Filzköpfen versehen, die, je nach Festigkeit und Größe, weiche oder harte Anschlagsmöglichkeiten ergeben. Für Wirbel nimmt man sie auch bei der großen Trommel.

Die Besen

Die Besen bestehen aus einem Büschel elastischer Metalldrähte, mit denen die kleine Trommel angeschlagen oder gewischt wird.

Bei der Anschaffung der Schlägel achte man darauf, daß sie gut in der Hand liegen und weder vorn noch hinten zu schwer sind, weil sonst die Schlagbeweglichkeit beeinträchtigt wird.

Grundrhythmen für den Einsatz der Percussionsinstrumente bei lateinamerikanischen Tänzen.

Im Folgenden werden für die wichtigsten lateinamerikanischen Tänze typische Schlagmuster angegeben. Sie sollen für den Dirigenten nicht nur ein Hinweis sein, sondern sollen ihm Material an die Hand geben, das er im Notfall in der Probe direkt umsetzen kann. Ideal wäre es, wenn das angegebene Instrumentarium komplett eingesetzt werden könnte, es genügt jedoch auch eine Auswahl.

Lateinamerikanische Tänze und ihre Tempi, Notationen und Instrumente

Beguine

Bolero

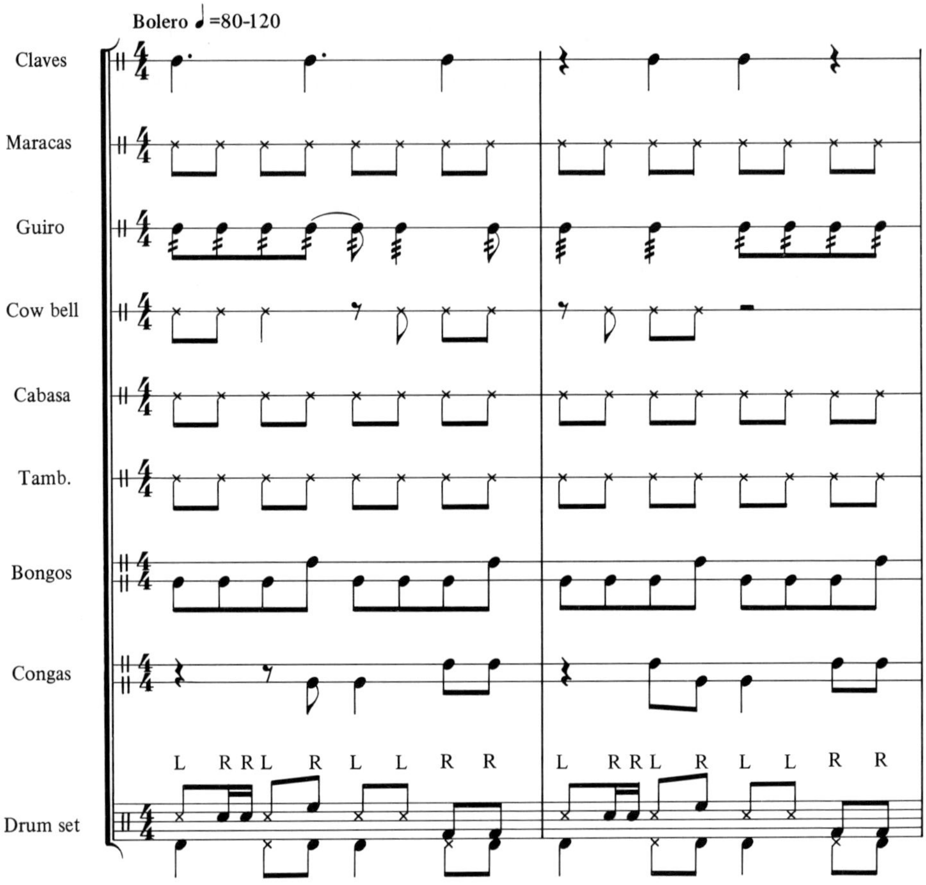
Bolero ♩=80-120
Claves
Maracas
Guiro
Cow bell
Cabasa
Tamb.
Bongos
Congas
L R R L R L L R R
L R R L R L L R R
Drum set

Bossa Nova

1) Randschlag (Claves Sound)

Cha-Cha

Mambo

Samba

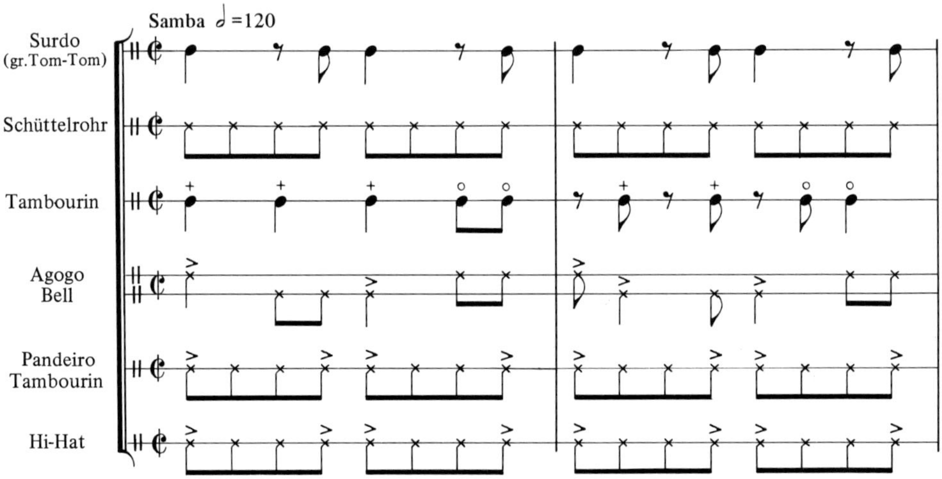

+gedämpft, o offen.

Rumba

Rumba
Claves
L R R L R D R R R
L R R L R D R R R
Bongos
R L R L L R R L L
R L R L L R R L L
Congas
Maracas
Guiro
Cow-Bell
Cabasa (Afuché)
L R R L R R L R R
L R R L R R L R R
Drum set

Beim Spielen von Swing, Foxtrott, Dixie, Slow Fox, Blues und Jazz Style ergibt sich ein Unterschied zwischen Notation und Ausführung, der in folgenden Beispielen dargestellt wird:

Moderne
Fabrikationsstätte

Tonumfang und Klang sämtlicher Blasinstrumente und des Schlagzeugs

Die folgende Tabelle ist so aufgebaut, daß in der ersten vertikalen Spalte Notation und Klang jedes Instrumentes gegenübergestellt werden. Dabei wird die in Deutschland übliche Schlüsselnotierung zu Grunde gelegt, in der hier jedes Instrument in Partitur und Stimme notiert wird. Ausgegangen wird bei im Violinschlüssel notierten Instrumenten vom Ton c'. Unter der Klangnotation wird noch einmal der Intervallabstand in Worten ausgedrückt. In der zweiten Spalte werden die größtmöglichen Tonumfänge jedes Instrumentes in Notation und Klang wiedergegeben, die allerdings nur selten kompositorisch verwendet und oft nur von Spezialisten ausgeführt werden können. Die dritte Spalte bezeichnet die günstigen Spiellagen jedes Instrumentes, wie sie für die Instrumentation bei Blasorchesterwerken relevant sind. Sind diese günstigen Lagen nicht bezeichnet, entsprechen sie dem größten Umfang. Ein Punkt vor dem Instrument bedeutet, daß dieses Instrument im Blasorchester gebräuchlich ist.

Flöten

Instrument weitere Bezeichnung (Abkürzung) anmerkende Zusätze	Notation → Klang
• Piccolo in C Kleine Flöte in C (Picc., Kl. Fl.)	1 Oktav höher
Piccolo in Des Kleine Flöte in Des (Kl. Fl. in Des)	1 Oktav+1/2 Ton höher
Querpfeifen in Ces (C, Des) Trommelflöten in Ces (C, Des) (Querpf., Trfl. in Ces) bei Spielmannszügen	1 große Septime höher
• Große Flöte in C (Gr. Fl. in C) auch mit H-Fuß	wie geschrieben
Große Flöte in Des (Gr. Fl. in Des)	1/2 Ton höher
Querflöte in Ces (C, Des) (Qufl. in Ces) bei Spielmannszügen	1/2 Ton tiefer
Altflöte in G (Altfl. in G) selten in F oder Es	1 Quart tiefer
Baßflöte in C (Baßfl. in C)	1 Oktave tiefer

Oboen

- Oboe (in C) (Ob.) auch mit H- oder B-Fuß

Oboe d'amore (in A) (Ob. d'am.) auch mit H-Fuß

Englisch Horn (in F) desgl. Oboe da caccia (EH., Ob. d. cacc.)

Heckelphon (in C) (Heckph.)

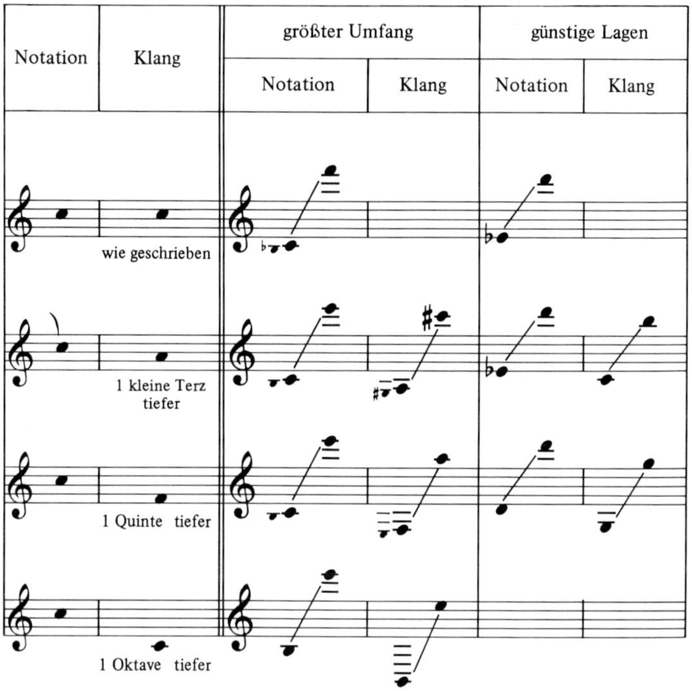

F. Bouchot: „Duo lamentable", Karrikatur aus Le Charivari, Paris, 1846

Klarinetten

Klarinette in As (hoch)
(Klar. in As)
in Italien gebräuchlich

• Klarinette in Es
(Klar. in Es, Es-Klar.)

Klarinette in D
(Klar. in D, D-Klar.)

Klarinette in C
(Klar. in C, C-Klar.)

• Klarinette in B
(Klar. in B, B-Klar.)

Klarinette in A
(Klar. in A, A-Klar.)

Bassetthorn in Es
Altklarinette in Es
(Bassetthr., Altklar.)
auch Bassetthorn in F

• Baßklarinette in B
(Baßklar.)

Kontraaltklarinette in Es
(KAltklar.)
in Amerika gebräuchlich.

Kontrabaßklarinette in B
(Kbklar.)

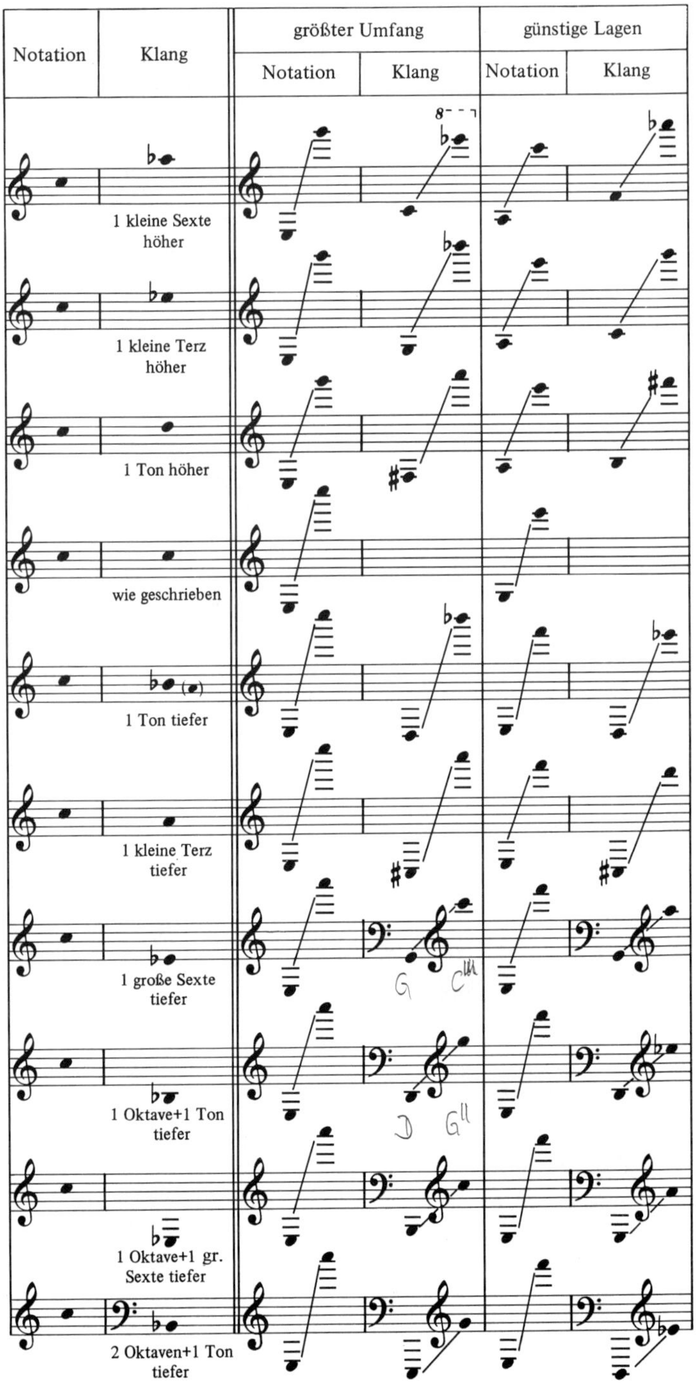

Saxophone

Sopraninosaxophon in Es
(S'ninosax.)

Sopransaxophon in B
(S.Sax. oder ss)

- Altsaxophon in Es
(A.Sax. oder as)

- Tenorsaxophon in B
(T.Sax. oder ts)

- Baritonsaxophon in Es
(Bar.Sax. oder bars)

Baßsaxophon in B
(B.Sax. oder bs)

Fagotte

- Fagott
(Fg.)

Kontrafagott
(Kfg.)

Trompeten/ Bügelhörner

Kleine Trompete in F (hoch)
(Trp. in F), auch in Es
und in hoch-B,
selten in hoch-G

• Piston in Es
Flügelhorn in Es
(Pist., Flghr. in Es)
Fanfare in Es

Trompete in D
Bachtrompete
(Trp. in D)

Trompete in C
(Trp. in C)

• Trompete in B
• Flügelhorn in B (Bugle)
Kornett à piston (Cornet)
(Trp., Flghr., Cor. a pist.)

Baßtrompete in C
(Baßtrp.)
auch in B

Hörner

• Althorn in Es
(Althr.)

• Horn in F (mit Ventilen) (tief)
auch Horn in B (hoch)
Jagd-/Waldhorn in F
(ohne Ventile)
(Hr. in F)

• Tenorhorn in B
Ventilposaune
Bariton (Schweizer Notation)
(Tenhr., Pos., Bar.)

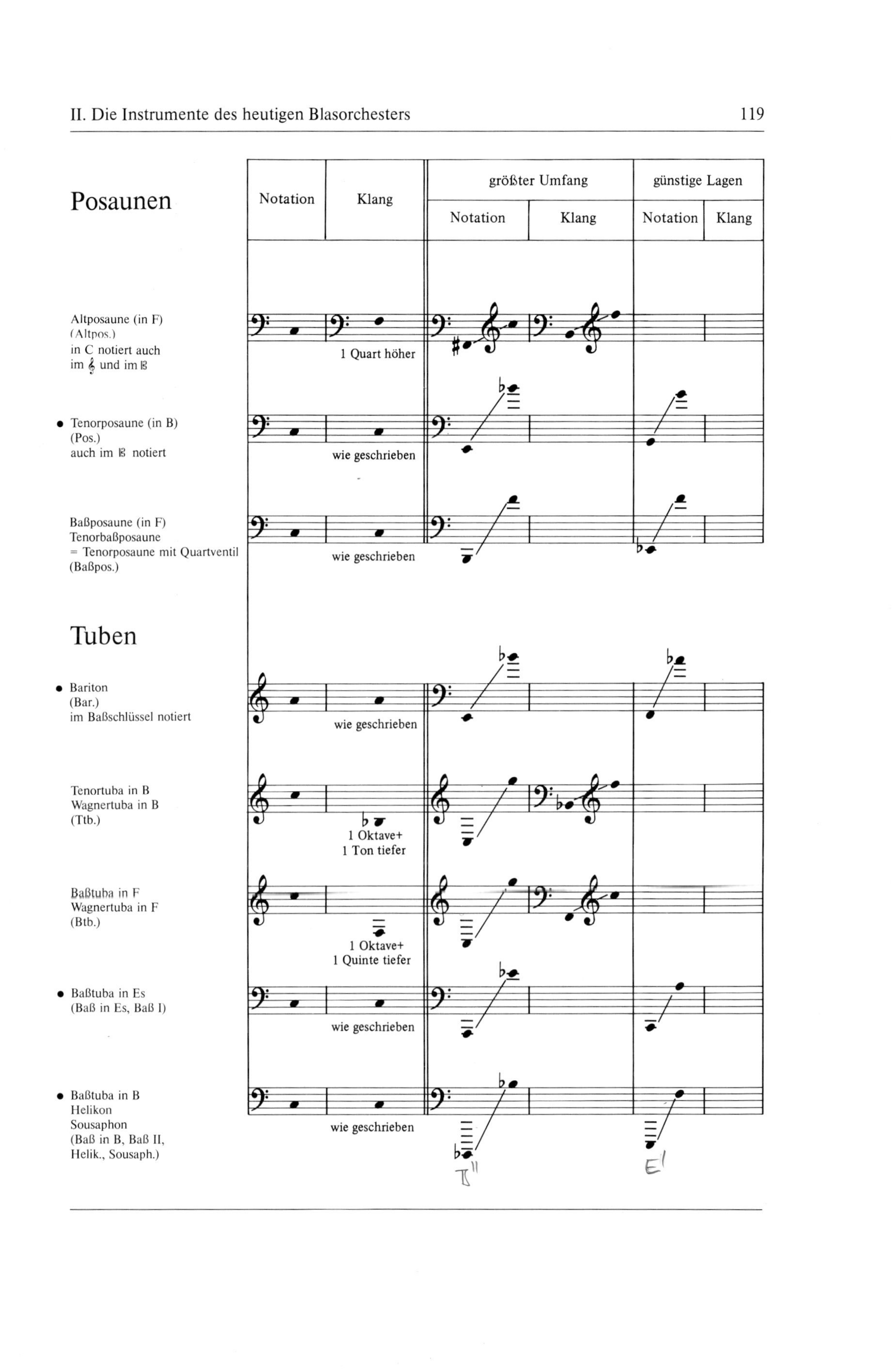

	Notation	Klang	größter Umfang: Notation	größter Umfang: Klang	günstige Lagen: Notation	günstige Lagen: Klang
Posaunen						
Altposaune (in F) (Altpos.) in C notiert auch im 𝄞 und im 𝄡		1 Quart höher				
• Tenorposaune (in B) (Pos.) auch im 𝄡 notiert		wie geschrieben				
Baßposaune (in F) Tenorbaßposaune = Tenorposaune mit Quartventil (Baßpos.)		wie geschrieben				
Tuben						
• Bariton (Bar.) im Baßschlüssel notiert		wie geschrieben				
Tenortuba in B Wagnertuba in B (Ttb.)		1 Oktave+ 1 Ton tiefer				
Baßtuba in F Wagnertuba in F (Btb.)		1 Oktave+ 1 Quinte tiefer				
• Baßtuba in Es (Baß in Es, Baß I)		wie geschrieben				
• Baßtuba in B Helikon Sousaphon (Baß in B, Baß II, Helik., Sousaph.)		wie geschrieben				

Schlag-instrumente

- Pauken (Pk.)

Glockenspiel
- Lyra (Glsp., Lyra)

Xylophon
Holzharfe
(Xyl., Holzhfe.)

Vibraphon
Marimbaphon
(Vibr., Marimb.)

Weitere Schlaginstrumente und weiteres Schlagzeug werden ausführlich im Kapitel „Schlaginstrumente im modernen Blasorchester" behandelt.

Pauke
aus dem Jahr
1716

Umfangskala der gebräuchlichen Blasinstrumente (Klangnotation) in günstiger Lage

Die übereinanderstehenden Noten im Violin- und Baßschlüssel stellen in der folgenden Tabelle jeweils denselben Ton dar. Es empfiehlt sich, bei Instrumentationen für Bläser weder bis an die Obergrenze noch an die Untergrenze des jeweilig möglichen Umfangs zu gehen, insbesondere nicht bei den 2. und 3. Stimmen.

Holzbläser

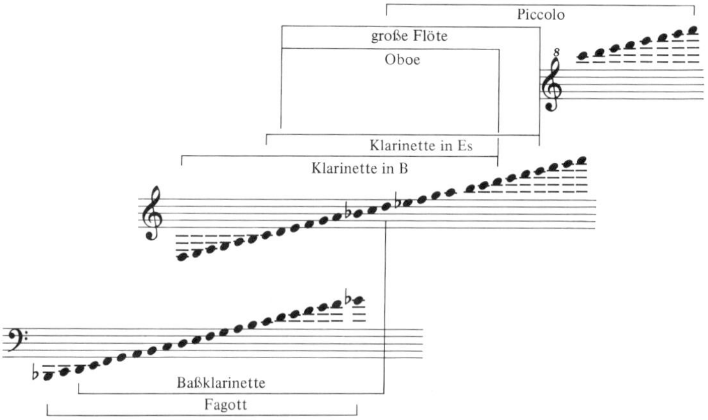

Saxophone

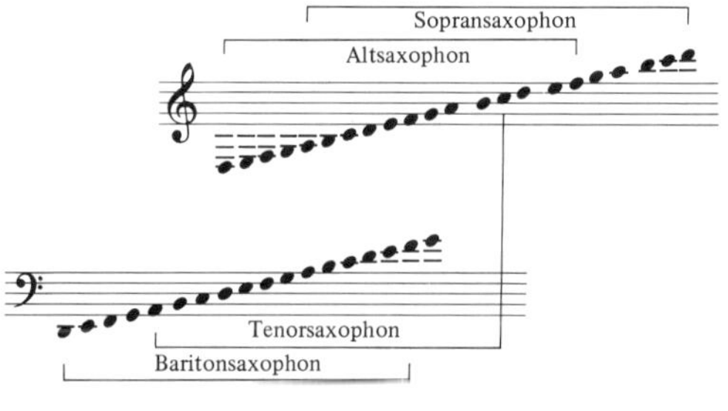

Blechbläser

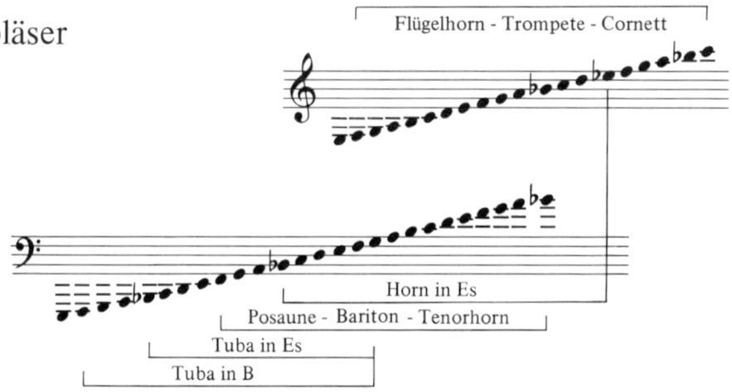

Die Registerpyramide eines Blasorchesters

Entsprechend den Stimmlagen:

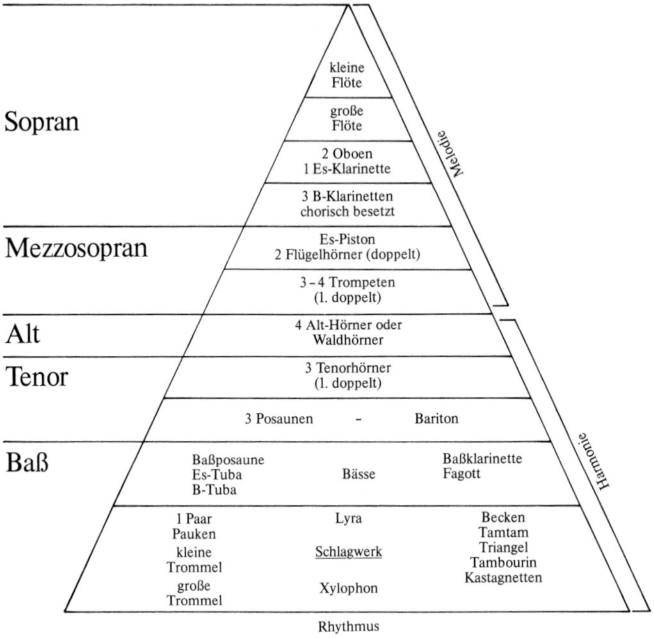

Anlage einer Partitur einer großen Blasorchesterbesetzung

Bei kleineren Besetzungen entfallen die betreffenden Instrumente oder Instrumentengruppen. Die Instrumente sind transponierend geschrieben.

Beispiel 1:
Herkömmliche Anordnung. Das Blech ist nach seiner Tonhöhenlage aufgebaut. (Tonart Es-Dur)

Beispiel 2:
Neuere, von der C. I. S. M. empfohlene Anordnung. Beim Blech sind die Mensuren und Spielfunktionen berücksichtigt. (Tonart F-Dur)

Beispiel 3:
Heute gebräuchliche Anordnung bei amerikanischen Arrangements. (Tonart B-Dur)

Das Zusammenfassen einzelner Instrumentengruppen durch Unterbrechen der Taktstriche ist eine wichtige Lesehilfe gerade bei größeren Partituranlagen (siehe Beispiel 2). Solostimmen oder Chorpartien stehen in beiden Beispielen über der Flügelhornstimme. Das Beispiel 2 hat auch den Vorteil, daß bei der Besetzung von Waldhörnern diese lesetechnisch näher an den Holzbläsern stehen, mit denen sie öfter eingesetzt sein dürften.

Beispiel 1:

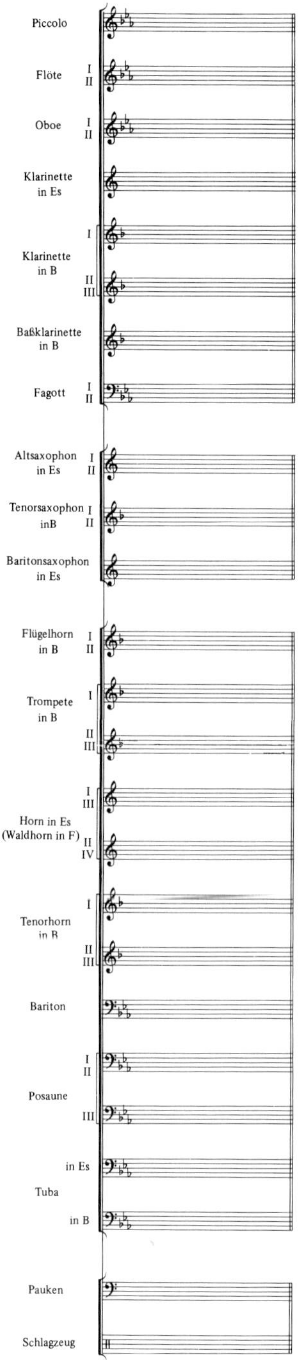

Beispiel 2:

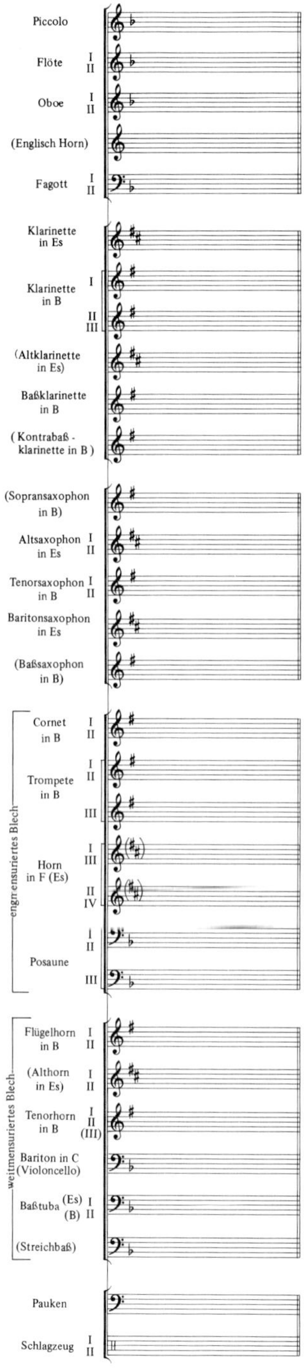

Beispiel 3:

Edouard Manet (1832 - 1883): „Der Pfeifer“

III. Aus der Bläserpraxis

Vom Transponieren und Instrumentieren

Überblick über die verschiedenen Tonarten transponierender Instrumente:

B – Si♭ Instrum.		Es – Mi♭ Instrum.		Des – Re♭ Instrum.		Klang C – Do Instrum.		F – Fa Instrum.		A – La Instrum.		As – La♭ Instrum.	
Dur Moll		Dur Moll		Dur Moll		Dur Moll		Dur Moll		Dur Moll		Dur Moll	
C a	0	G e	1 ♯	A fis	3 ♯	B g	2 ♭	F d	1 ♭	Des b	5 ♭	D h	2 ♯
F d	1 ♭	C a	0	D h	2 ♯	Es c	3 ♭	B g	2 ♭	Ges es	6 ♭	G e	1 ♯
B g	2 ♭	F d	1 ♭	G e	1 ♯	As f	4 ♭	Es c	3 ♭	Ces as	7 ♭	C a	0
Es c	3 ♭	B g	2 ♭	C a	0	Des b	5 ♭	As f	4 ♭	Fes des (E cis)	8 ♭ 4 ♯	F d	1 ♭
As f	4 ♭	Es c	3 ♭	F d	1 ♭	Ges es	6 ♭	Des b	5 ♭	A fis	3 ♯	B g	2 ♭
Des b	5 ♭	As f	4 ♭	B g	2 ♭	Ces as	7 ♭	Ges es	6 ♭	D h	2 ♯	Es c	3 ♭
G e	1 ♯	D h	2 ♯	E cis	4 ♯	F d	1 ♭	C a	0	As f	4 ♭	A fis	3 ♯
D h	2 ♯	A fis	3 ♯	H gis	5 ♯	C a	0	G e	1 ♯	Es c	3 ♭	E cis	4 ♯
A fis	3 ♯	E cis	4 ♯	Fis dis	6 ♯	G e	1 ♯	D h	2 ♯	B g	2 ♭	H gis	5 ♯
E cis	4 ♯	H gis	5 ♯	Cis ais	7 ♯	D h	2 ♯	A fis	3 ♯	F d	1 ♭	Fis dis	6 ♯
H gis	5 ♯	Fis dis	6 ♯	As f	4 ♭	A fis	3 ♯	E cis	4 ♯	C a	0	Cis ais	7 ♯
Gegenüber - den B - Instrum.		+1 ♯ oder -1 ♭		+3 ♯ oder -3 ♭		+2 ♭ oder -2 ♯		+1 ♭ oder -1 ♯		+5 ♭ oder -5 ♯		+2 ♯ oder -2 ♭	

gebräuchliche Tonarten für Blasmusik (Klammer links neben den Zeilen C a bis G e der B-Instrumente)

Unter Transponieren versteht man das Übertragen einer Stimme oder eines Stückes in eine andere Tonart. Voraussetzung hierfür ist die Beherrschung der Elementartheorie, besonders der Intervall-Lehre.

Beim Transponieren darf nie übersehen werden, daß die Schritte e–f und h–c Halbtonschritte sind. Ein Ganzton aufwärts von e ist fis und von h ist cis. Ein Ganzton abwärts von f ist es und von c ist b. Es darf beim Transponieren auch nie vergessen werden, daß bei der transponierten Stimme am Anfang des Notensystems die neuen, hier zutreffenden Vorzeichen stehen. Hierbei hilft die Tabelle über die verschiedenen Tonarten transponierender Instrumente.

Tricks: So wie sich Es-Instrumente zu B-Instrumenten verhalten, so verhalten sich F-Instrumente zu C-Instrumenten und As-Instrumente zu Es-Instrumenten. Von B- zu As-Instrumenten macht man zweimal denselben Denkvorgang (B-Es, Es-As). Des-Instrumente stehen immer einen Halbton tiefer als C-Instrumente; und A-Instrumente stehen immer einen Halbton höher als B-Instrumente (in der Notierung).

Häufig vorkommende Transponierungen in der Praxis

C-Stimme für die Des-Flöte: Hat die C-Stimme z. B. Es-Dur, so muß die Des-Stimme, da die Des-Flöte einen Halbton höher klingt, einen Halbton tiefer geschrieben werden, also in D-Dur. C-Stimme (Flöte) ist für Es-Klarinette umzuschreiben: Man schreibt die Es-Stimme eine kleine Terz tiefer als die C-Stimme.

F-Stimme für das Es-Horn: Die Es-Stimme ist einen Ganzton höher zu schreiben als die F-Stimme.

Es-Stimme für ein F-Horn: Die F-Stimme ist einen Ganzton tiefer als die Es-Stimme zu schreiben.

B-Stimme für eine Es-Klarinette: Die Es-Stimme ist – je nach Lage – eine Quinte höher oder eine Quarte tiefer zu schreiben.

C-Stimme für eine B-Klarinette: Die B-Stimme ist einen Ganzton höher zu schreiben.

Es-Stimme für die B-Trompete: Die B-Stimme ist eine Quarte höher zu schreiben.

Fehlt eine Des-Flötenstimme (z. B. bei vielen Tanzlieferungen), so schreibt man die Es-Klarinettenstimme einen Ganzton tiefer.

Fehlt eine C-Flötenstimme, so schreibt man die Es-Klarinettenstimme eine kleine Terz tiefer.

Über das Umschreiben von Baßstimmen in deutsche, schweizerische oder französische (BENELUX-) Notierung (z. B. beim Kauf ausländischer Noten): siehe unter Tuben, Seite 58. Zum Teil treffen diese ausländischen Notationen auch auf die Posaunen zu.

Alle nur denkbaren Transponierungen sind aus der obenstehenden Tabelle bei richtiger Anwendung klar zu ersehen. Beim Transponieren muß der Umfang der Instrumente beachtet werden. Mitunter muß man statt einer Quinte höher eine Quarte tiefer schreiben. Dabei kann man sich eines einfachen Rechenexempels bedienen. Versetzen wir nämlich einen Ton des Intervalls um eine Oktave nach oben oder nach unten, so entsteht das Ergänzungs- oder Komplimentärintervall, die Umkehrung. Die Intervalle innerhalb einer Oktave ergänzen sich immer auf die Zahl 9. Es ergänzen sich:

Prime und Oktave	1 + 8 = 9
Sekunde und Septime	2 + 7 = 9
Terz und Sexte	3 + 6 = 9
Quarte und Quinte	4 + 5 = 9

und entsprechend umgekehrt. Bei reinen Intervallen (Prime, Quarte, Quinte und Oktave) bleibt auch die Umkehrung rein. In allen anderen Fällen verkehren sich die Größenverhältnisse ins Gegenteil:

kleine Sekunden werden große Septimen,
große Sekunden werden kleine Septimen,
kleine Terzen werden große Sexten,
große Terzen werden kleine Sexten,
verminderte werden zu übermäßigen Intervallen,
übermäßige werden zu verminderten Intervallen.

Literaturhinweis: Sämtliche theoretischen Fragen der allgemeinen Musiklehre beantworten *Was man über Musik wissen muß*, kleine Musiklehre von Willy Schneider, Verlag B. Schott's Söhne, Mainz, Bestellnummer ED 4205, oder *Allgemeine Musiklehre* von Wieland Ziegenrücker, Verlag Goldmann-Schott, Bestellnummer GS 33003.

Instrumentations-Beispiel eines vierstimmigen Choralsatzes von Michael Praetorius

Beachte die verschiedenen Tonarten der transponierenden Instrumente, die in diesem Fall alle klanglich As-Dur ergeben.

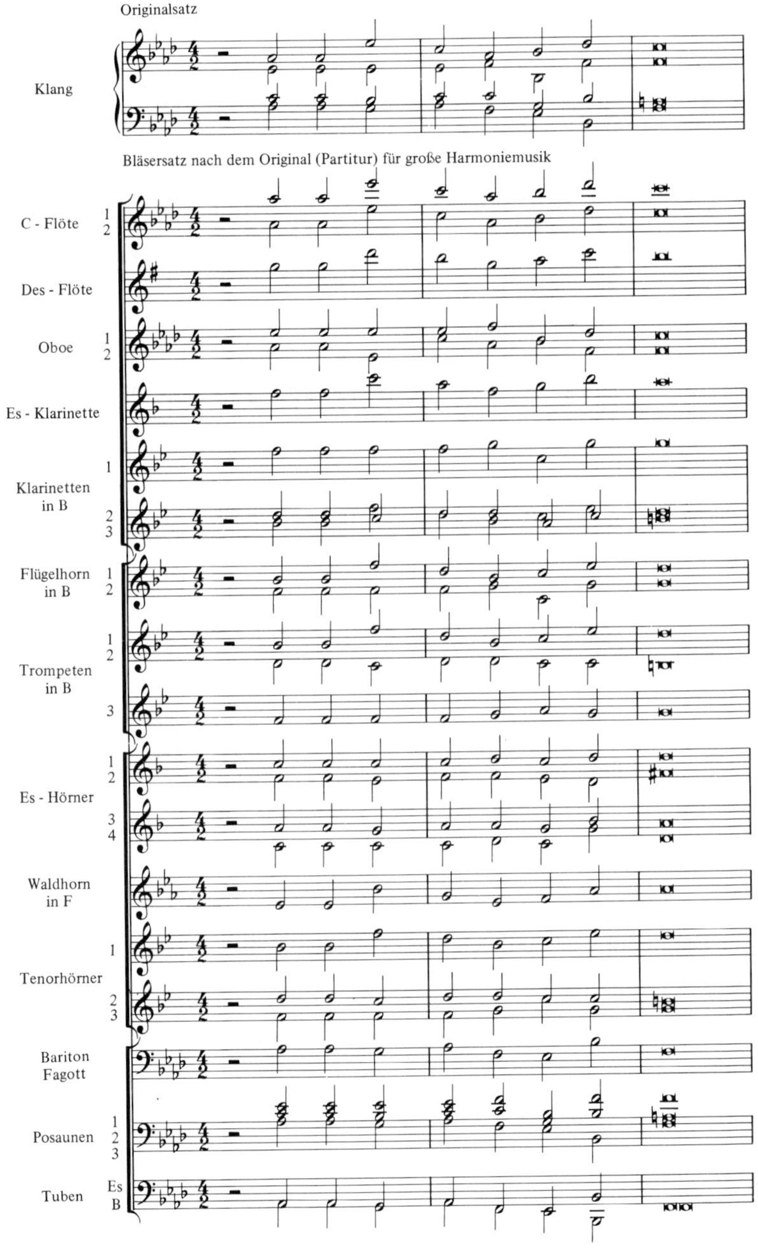

Anlegen eines Quartettsatzes nach einem Choral von Hans Leo Haßler

Wo Gott zum Haus nicht gibt sein Gunst
Originalsatz

Unter der Voraussetzung, daß die Bläser einen Chor begleiten sollen, muß dieser in F-Dur stehende Satz für die einzelnen Instrumente entsprechend transponiert werden. Wir gehen von einer Besetzung engmensurierter Instrumente aus: Für die Sopranstimme Trompete I in B, für die Altstimme Trompete II in B, für den Tenor Waldhorn in Es und für den Baß eine Posaune. Die Vokalstimmen liegen bei dieser Instrumentenwahl jeweils im gut spielbaren und gut klingenden Bereich.

Wir transponieren die beiden Trompetenstimmen (beide in B stehend) jeweils nach G-Dur, denn bei den B-Instrumenten wird ja der klingende Ton einen Ganzton höher notiert (Klang: f; Note: g). G-Dur wird am Anfang des Notensystems natürlich mit einem Kreuz notiert. Entsprechend verfährt man bei der Waldhornstimme. Das in Es stehende Instrument wird eine große Sexte höher notiert als es klingt. Die notierte Tonart ist also D-Dur. Besondere Beachtung muß hier finden, daß aus einer im Baßschlüssel notierten Originalstimme in den Violinschlüssel umgeschrieben werden muß. Die erste Note der Stimme ist ein a°, das im Violinschlüssel ein fis′ wird. Die Baßstimme muß nicht transponiert werden, denn die vokale Baßstimme entspricht genau der der Posaune, die ja in C notiert wird.

Wollte man den Satz nur mit Bläsern spielen, könnte man die für B-Instrumente besser liegende notierte Tonart F-Dur beibehalten, so daß dann der Satz in Es-Dur klingen würde. Entsprechend müßte jetzt die 3. Stimme in Es so transponiert werden, daß Es-Dur erklingt. Die Stimme müßte also nach C-Dur umgeschrieben werden. Die Baßstimme muß dann analog nach Es-Dur umgeschrieben werden. Auch hier müssen die Vorzeichenänderungen bedacht werden.

Wie auf engmensurierten, so kann man den Satz natürlich auch auf weitmensurierten Instrumenten spielen. Sopran und Alt werden von Flügelhörnern übernommen, die Tenorstimme von einem Althorn oder Tenorhorn, die Baßstimmen von einem Bariton oder einer Es-Tuba. Die Tenorhornstimme (B-Stimme) müßte dann entsprechend transponiert werden.

Auf dieselbe Weise lassen sich Lieder, Volkstänze und sonstige kleine Stücke für Quartett setzen. Bevor mit der Arbeit begonnen wird, empfiehlt es sich, die günstigste Tonart auszuwählen; dann muß festgestellt werden, ob die Lagen z. B. für Posaune nicht zu tief oder für die Melodiestimme zu hoch sind. Auch dürfen nicht zu lange Stücke gewählt werden, weil die Stimmen im Quartettsatz solistisch besetzt sind und die Spieler keine Möglichkeit zum Aussetzen haben. Bei Bearbeitungen für gemischten oder Männerchor mit Bläsern muß der Tonumfang der Singstimmen berücksichtigt werden: Sopran: c′–g″; Alt: a–e″; Tenor: c–g′ (notiert: c′–g″); Baß: F–c′.

Bläserquartett vor Ehrenmal

Instrumentationsbeispiel für einen polyphonen Bläsersatz in chorische Besetzung

Im vorstehenden Beispiel wird gezeigt, wie die Stimmen eines vierstimmigen polyphonen Satzes auf die einzelnen Register der Blaskapelle aufgeteilt werden. Die Oberstimme übernimmt der Holzsatz unisono; bei der Steigerung (ab Takt 4) koppelt man die Trompeten dazu, um der Steigerung Glanz zu geben. Die Mittelstimme übernehmen die Flügelhörner unisono. Posaunen, Bariton und Bässe spielen gemeinsam die Unterstimme. Im Takt 6 setzen Tenorhörner gemeinsam mit den Hörnern mit dem Thema ein. In Bläsersätzen dieser Art kommen die einzelnen Register einer Blaskapelle sehr schön zur Geltung. Leider wird von dieser Art Bläsermusik viel zu wenig Gebrauch gemacht.

Beispiel für die Aufteilung der Begleitstimmen bei einem Walzer im homophonen Satz

Die Melodie ist zweistimmig geführt und wird den Flügelhörnern und den beiden B-Klarinetten übertragen. Das 1. Tenorhorn erhält eine Stimme, die teils mit dem 2. Flügelhorn läuft, teils aber selbständig geführt wird. 2. und 3. Tenorhorn bekommen Nachschläge. Hierbei ist zu beachten, daß diese nicht zu tief gelegt werden, weil Tenorhörner eine Oktave (None) tiefer klingen als die Flügelhörner. Zu tiefe Nachschläge klingen stumpf und dick. Die Es-Hörner schlagen ebenfalls nach (Tonart und Lage beachten). Beim Ausschreiben der Stimmen bekommt das 2. Es-Horn die untere Stimme, das 3. Horn die Mittelstimme (Horn 1 und 3 hoch). Das Bariton bekommt eine bewegte Begleitstimme, die aus den Akkorden gewonnen wurde und etwa einer Pizzikatostelle des Violoncellos im Streichorchester ähnelt. Die beiden Posaunen haben neben Nachschlägen Akkorde auszuhalten, die etwa der Pedalwirkung beim Klavier entsprechen. Beachte, wie die beiden Bässe teilweise in verschiedenen Lagen geführt werden. In derselben Weise wird auch bei Märschen verfahren.

Grifftabellen für Blechinstrumente

Die Pfeilrichtung gibt jeweils die chromatische Tonleiter an.

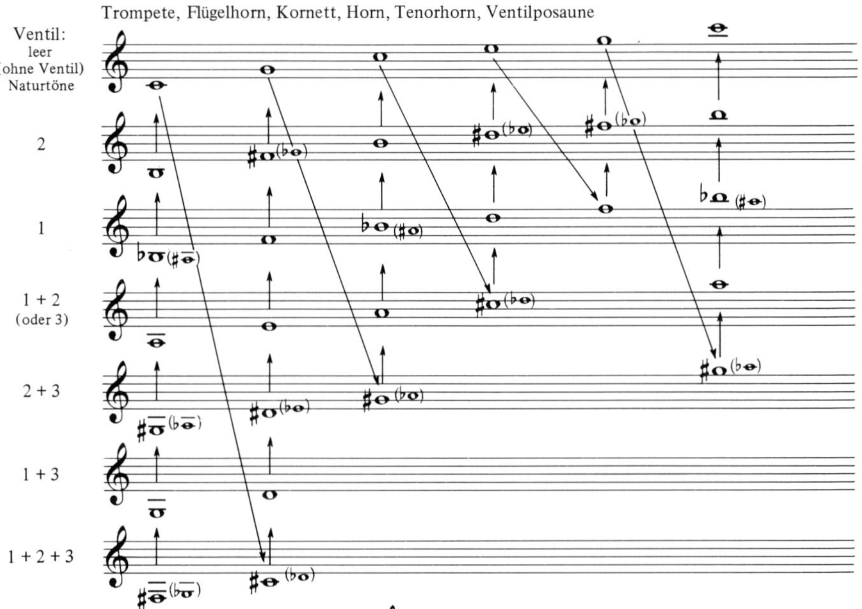

(In der Schweiz auch Tuba und Bariton im 𝄞)

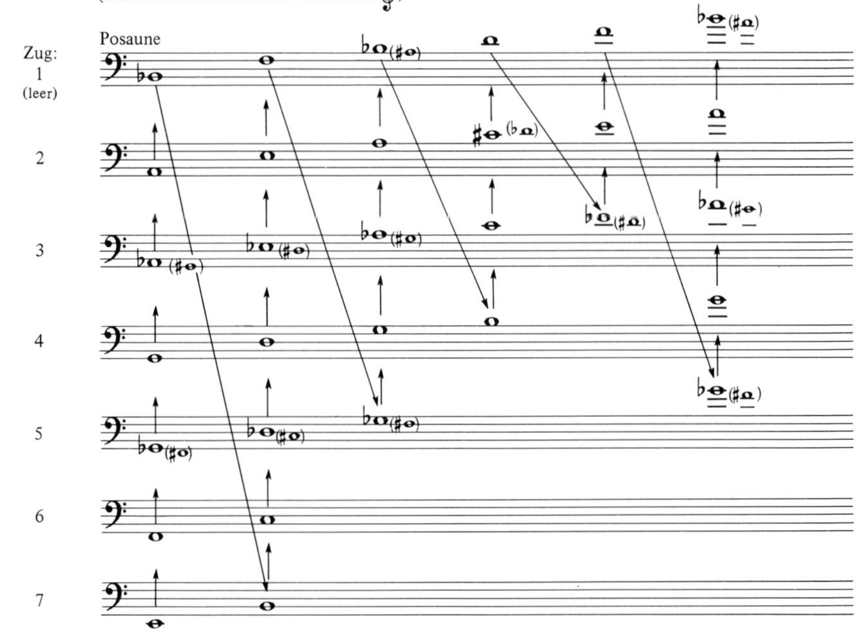

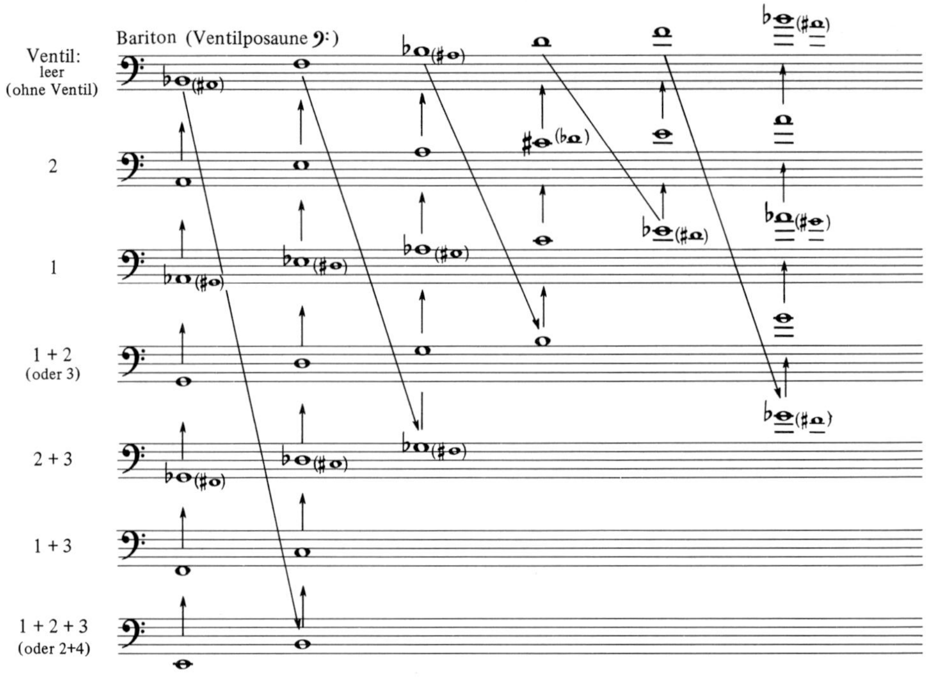
Bariton (Ventilposaune 𝄢)
Ventil:
leer
(ohne Ventil)
2
1
1 + 2
(oder 3)
2 + 3
1 + 3
1 + 2 + 3
(oder 2+4)

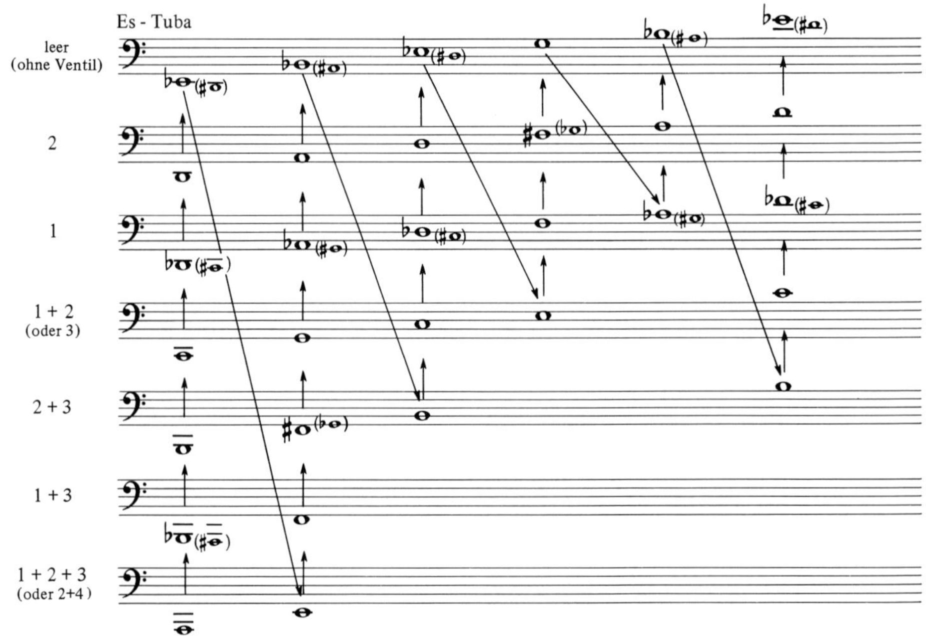
Es - Tuba
leer
(ohne Ventil)
2
1
1 + 2
(oder 3)
2 + 3
1 + 3
1 + 2 + 3
(oder 2+4)

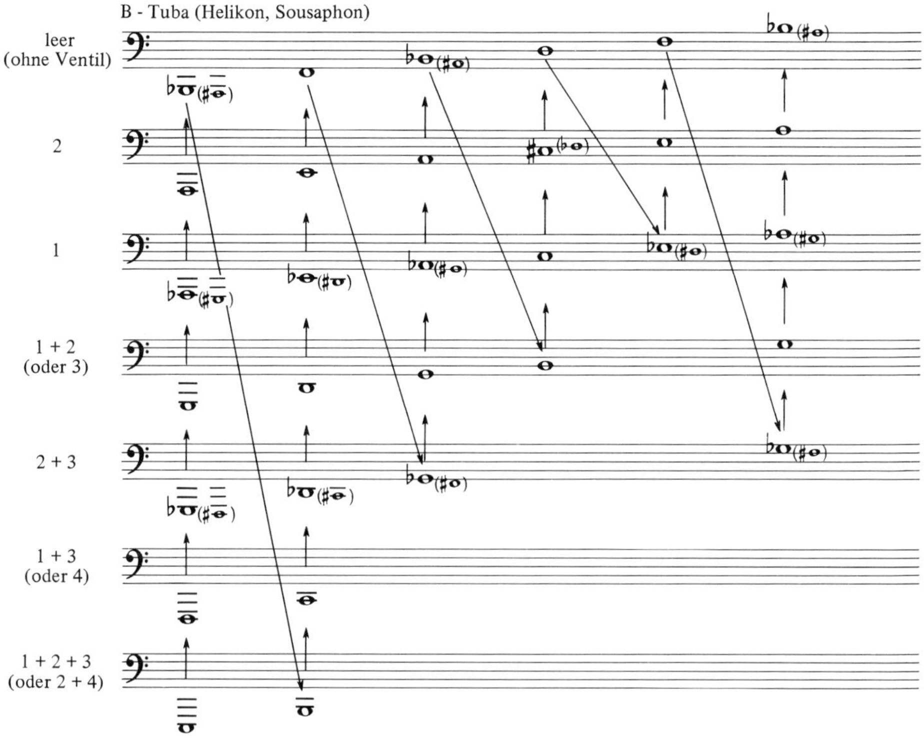

Österreichischer Militärmusiker

Vergleichstabelle Ventile - Züge

Was die Ventile für Trompeten, Flügelhörner, Althörner, Tenorhörner, Baritone und Bässe sind, sind die Züge für die Posaune: Mit ihnen wird die Rohrlänge des Instrumentes verlängert und somit die Tonhöhe des angeblasenen Naturtones tiefer. Für Ausbilder von Jungbläsern, die die Züge der Posaune nicht kennen, dienen folgende Hinweise: Der Griff auf einem B-Ventil-Instrument wie Trompete oder Flügelhorn entspricht in folgender Tabelle dem nebenstehenden Zug auf der Posaune.

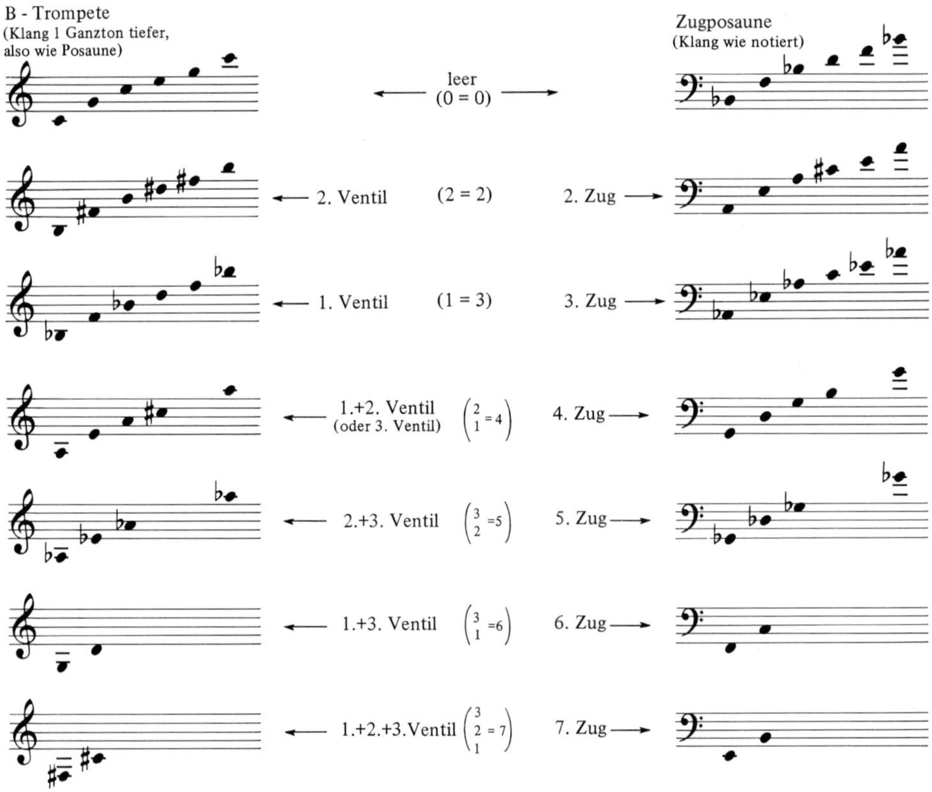

Es-Baßgriffe weiß man sofort, wenn man sich die betreffende Note im Baßschlüssel eine kleine Terz tiefer im Violinschlüssel für Es-Horn (oder Trompete) denkt:

Beispiele:

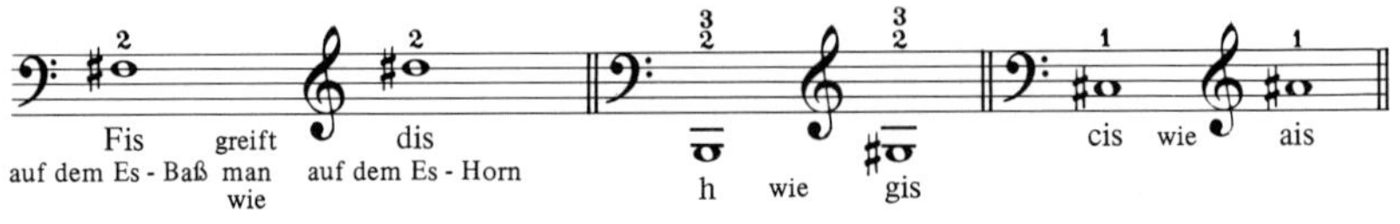

B-Baß und Baritongriffe (Baßschlüsselnotierung) sind gleich der um einen Ganzton höher gelegenen Griffe auf B-Instrumenten im Violinschlüssel, klanglich also derselbe Ton (folglich auch derselbe Griff!).

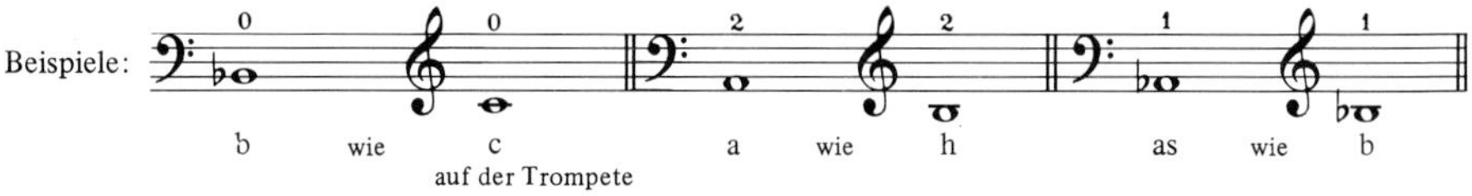

Die C-Schlüssel

Die C-Schlüssel sind in der herkömmlichen Blasmusik nicht gebräuchlich, weil die sie betreffenden Instrumente, in erster Linie die Posaunen, selten Trompeten oder Hörner, in solchen Lagen eingesetzt und notiert werden, die diese Schlüssel unnötig machen. Allerdings kommen sie in der Barock- und Vorbarockmusik regelmäßig vor. Es empfiehlt sich daher, sie lesen zu können, damit man alte Sätze, die man gerne spielen möchte, entsprechend transponieren kann. C-Schlüssel vom Blatt spielen zu müssen, kommt selten vor. Dennoch seien hierfür einige Regeln angegeben. Sie beziehen sich auf die gebräuchlichsten C-Schlüssel: den Sopran-, den Alt (= Bratschen)- und den Tenorschlüssel.

Man sieht sehr deutlich, wie sehr sich die Notierungslagen durch die Schlüssel verändern und warum man eigentlich auf die Idee verschiedener Schlüssel gekommen ist: Sie sollen in der jeweiligen Tonlage vermeiden, daß zu viele Hilfslinien verwendet werden müssen.

Folgende Lese- und Transponierhilfen können noch gegeben werden, wenn man auf alte Schlüssel stößt. Immer bezogen auf die geläufige Leseweise des Violinschlüssels ist der Ton im

- Sopranschlüssel zwei Töne tiefer
- Altschlüssel einen Ton höher
- Tenorschlüssel einen Ton tiefer
- Baßschlüssel zwei Töne höher

zu lesen.

Wie man schnell Es-Tuba spielen lernt

Muß der Bläser eines B-Blechinstrumentes oder Es-Horns schnell eine Es-Tuba spielen, so braucht er die Es-Tuba-Stimme nur im Violinschlüssel zu spielen und drei B's abziehen. Aber das gilt nur für Notfälle, denn es kann leicht Schwierigkeiten mit den Versetzungszeichen geben. Auflösungszeichen in der Baßstimme werden dann zu Kreuzen (♯), wenn die Stimme im Violinschlüssel gelesen wird:

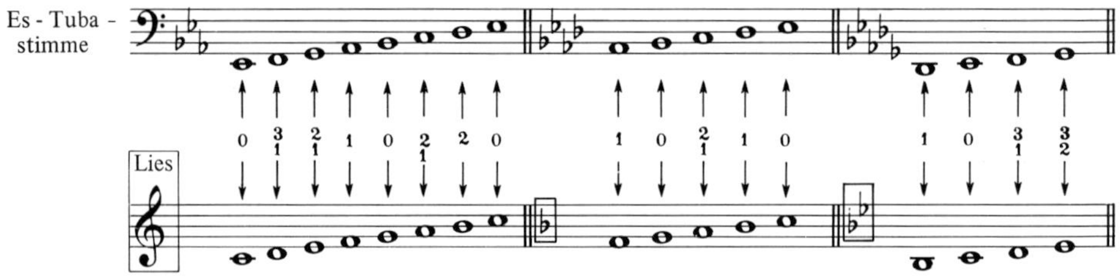

Besetzungsformen und Sitzordnungen

Besetzungsformen und Sitzordnungen sind aus historischen, funktionalen und regionalen Gründen unterschiedlich. Da in jeder Kapelle oder jedem Orchester unterschiedliche personelle Gegebenheiten vorliegen, kann im folgenden nur versucht werden, Standardformen anzusprechen, die sich aus der Praxis heraus bewährt haben.

Grundsätzlich ist zu sagen, daß Flügelhörner und Tenorhörner links vom Dirigenten sitzen, während man Trompeten und Posaunen rechts vom Dirigenten plaziert. Dies sind - außer dem Holzsatz - die beiden wichtigsten Klanggruppen, die einander gegenübertreten: Weite und enge Mensur. Sind Saxophone besetzt, so werden diese am besten zwischen die Flügelhörner und Hörner gesetzt.

Zur Sitzordnung ist auch noch zu bemerken, daß ein diszipliniertes Blasorchester frei auf den Stühlen sitzt, also nicht angelehnt. Das sieht nicht nur besser aus, man kann auch viel besser atmen.

1. Reine Blechbesetzung

a) Kavalleriemusik, auch Hornmusik genannt:

1 Flügelhorn in Es (Es-Piston), Flügelhorn I und II in B (beide möglichst doppelt besetzt), Tenorhorn I, II und III in B, Althorn I und II in Es (möglichst auch III und IV), Trompete I und II in B (möglichst auch III), Posaune I und II (möglichst auch III), Es-Tuba, B-Tuba, große Trommel, kleine Trommel, Becken, Triangel.

Zur Kavalleriemusik, die hier mehr aus historischen Gründen erwähnt wird, gehören als Schlaginstrumente auch ein Paar Kesselpauken.

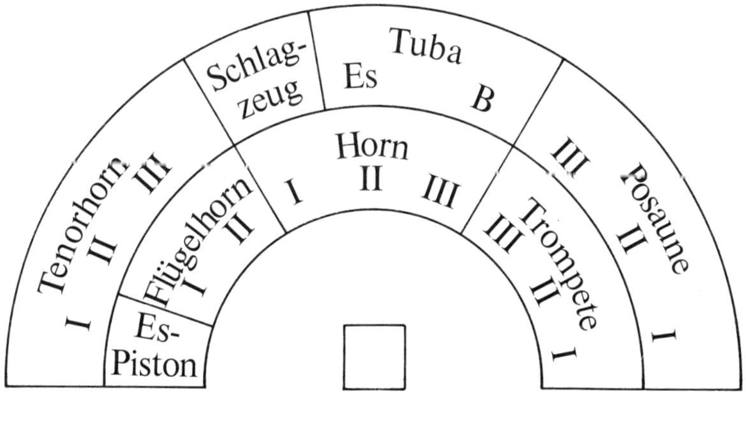

b) Brass-Band

Die Brass Bands entstanden um die Mitte des 19. Jahrhunderts in England. Sie waren die Blasmusikformationen der Arbeiterschaft in den Industrieregionen. Zuerst von Stahlwerken oder Gruben gegründet, gelangten sie später zu einer Eigenständigkeit.

Sie zeichnen sich bis heute durch hohes technisches Leistungsvermögen aus, besonders in der virtuosen Behandlung der Flügelhörner (Bugles). Seit den siebziger Jahren breitete sich Brass-Band-Wesen auch in den BENELUX-Ländern und in der Schweiz aus und gewinnt auch in Deutschland zunehmend an Bedeutung. Die klassische Standardbesetzung sieht ca. 28 Instrumente vor: 1 Soprankornett in Es, Solo-Kornett I und II in B, Repiano I und II in B, 2. Kornett I und II in B, 3. Kornett I und II in B, Flügelhorn in B, Solo-Horn in Es, 1. Horn in Es, 2. Horn in Es, 1. Bariton, 2. Bariton, 1. Posaune, 2. Posaune, Baß-Posaune, Euphonium I und II in B, Baß I und II in Es, Baß I und II in B, Pauken und Schlagzeug.

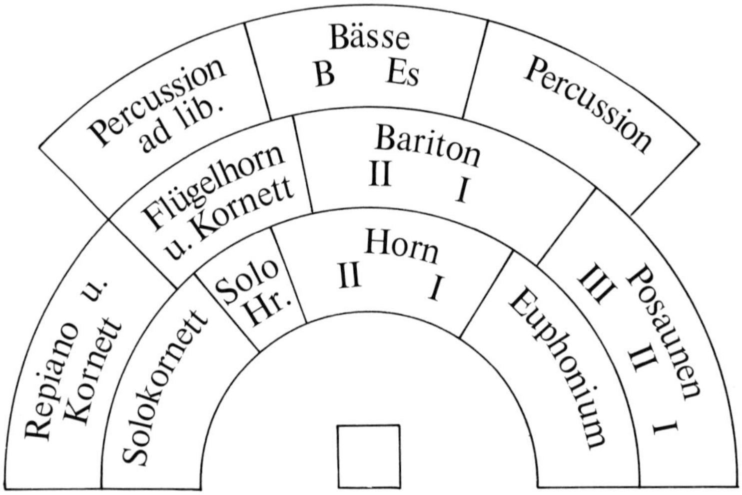

c) Posaunenchor
Diese so benannte Besetzung ist ausschließlich im kirchlichen Bereich bekannt. Ausgehend von einem vierstimmigen Choral- oder Instrumentalsatz wird der Posaunenchor entweder mit eng- oder weitmensurierten Instrumenten besetzt. Eine vielfach verbreitete Unart ist die Mischung der Mensuren, weil die Instrumente noch vorrätig sind und der Nachwuchs auf ihnen ausgebildet wird. Der Trend geht allerdings heute zu einer engmensurierten Besetzung, weil neben dem Choralblasen eine Vielfalt von alter Bläsermusik zur Verfügung steht, die auf Trompeten und Posaunen dem Originalklang am nächsten kommt. Bei doppelchörigen Werken (sechs- bis achtstimmig) ist eine Gegenüberstellung von einem eng- und einem weitmensurierten Chor denkbar.

d) Fanfarenkorps
Die klassischen Vorläufer der Fanfarenkorpses sind die heraldischen Zünfte der Trompeter und Pauker, die über eine heute fast unvorstellbare Blas- und Schlagtechnik verfügten. Die Besetzung der Korps geht von der Ein- bis Mehrstimmigkeit, wobei der dreistimmige Satz, rhythmisch unterlegt von Flach- oder Paradetrommeln, der klanglich und auch historisch angemessenste sein dürfte. Große Trommel und Becken

sind allgemein gebräuchlich, gehören aber eigentlich nicht zur Besetzung. Diese Form der sogenannten Tambourkorps (von Trommeln begleitete Instrumente) wird als Marsch- und als Standformation eingesetzt.

Analog den Fanfarenkorpses gibt es die Jagdhornkorpses sowie die Signalhornkorpses, die mit großen Jagdhörnern in Es (großes Parforcehorn) bzw. mit normalen Signalhörnern oder Fürst-Pless-Hörnern besetzt sind. Besetzt werden sie in der Regel zweistimmig, gelegentlich dreistimmig. Die Trommelbesetzung besteht aus Paradetrommeln.

2. Harmoniebesetzungen

Heute haben sich entsprechend der Stärke der Blaskapellen Besetzungen eingeführt, die einen gewissen Standard darstellen. Folgende Tabelle gibt darüber Aufschluß.

	Gesamtstärke des Orchesters							
	25	30	35	40	45	50	55	60
Flöte	2	2	2	2	3	3	4	5
Oboe						1	1	2
Fagott							1	2
Klarinette	8	9	11	12	13	14	14	14
Baßklarinette						1	1	1
Altsaxophon		1	1	2	2	2	2	2
Tenorsaxophon		1	1	1	1	1	2	2
Baritonsaxophon			1	1	1	1	1	1
Verhältnis Holz/Blech	10/13	13/15	16/17	18/20	20/22	23/24	26/25	29/27
Flügelhorn	3	3	3	3	4	4	4	4
Trompete	2	3	4	4	4	5	5	6
Waldhorn	2	3	3	4	4	4	4	5
Tenorhorn und Bariton	2	2	2	3	4	4	4	4
Posaune	2	2	3	3	3	3	4	4
Tuba	2	2	2	3	3	4	4	4
Schlagzeug	2	2	2	2	3	3	4	4

Dem entsprechen folgende Sitzordnungen:

a) Kleine Harmoniemusik (etwa 25 Spieler)
Mindestbesetzung: Flöte, Klarinette I und II in B, Flügelhorn I und II in B, Trompete I, II und III in B, Tenorhorn I und II in B, Horn I, II und III in Es, Posaune I und II, Tuba in Es, Tuba in B, Schlagzeug.

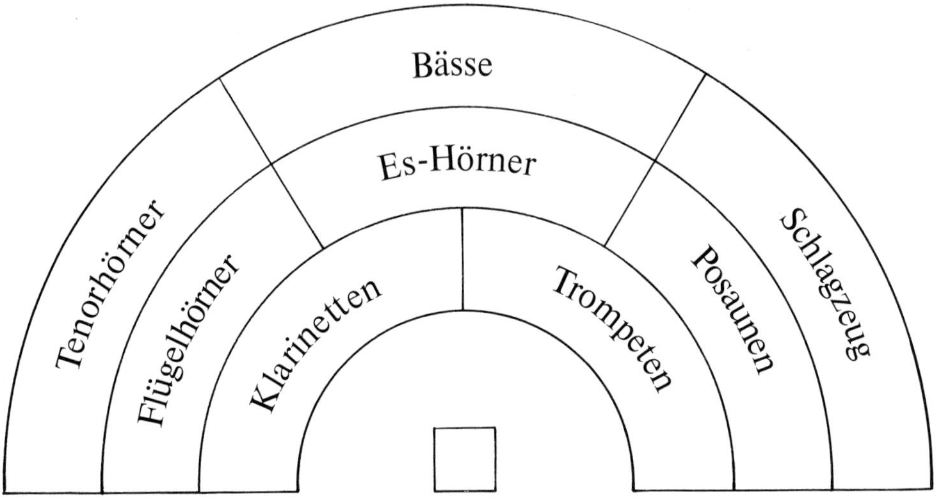

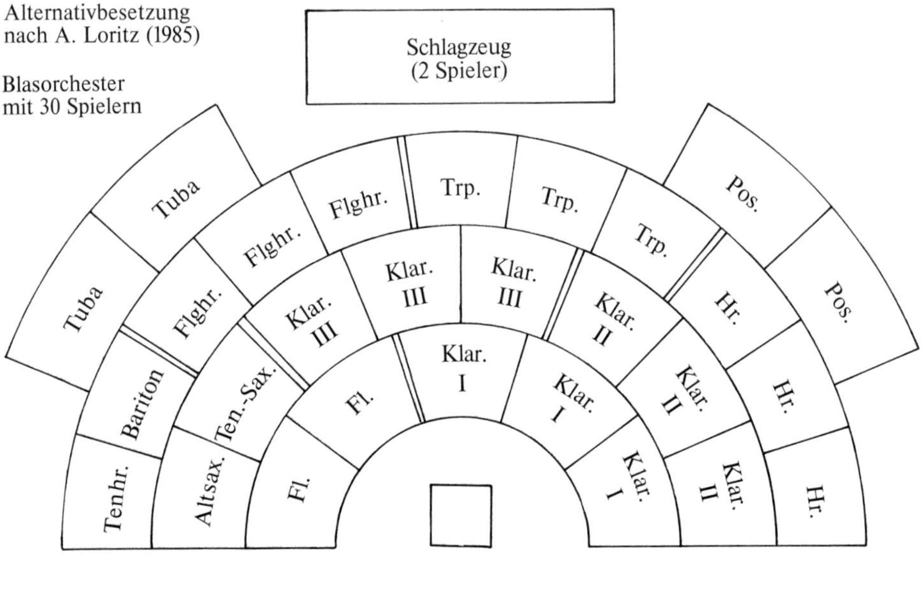

b) Mittleres Blasorchester (etwa 40 Spieler)
Piccolo, Flöte I und II, Oboe, Klarinette in Es, Klarinette I, II und III in B, Baßklarinette in B, Fagott, Flügelhorn I und II in B, Trompete I, II und III in B, Altsaxophon I und II in Es, Tenorsaxophon in B, Horn I, II und III in Es, Tenorhorn I, II und III in B, Bariton, Posaune I, II und III, Tuba in Es, Tuba in B, Pauken, Schlagzeug.

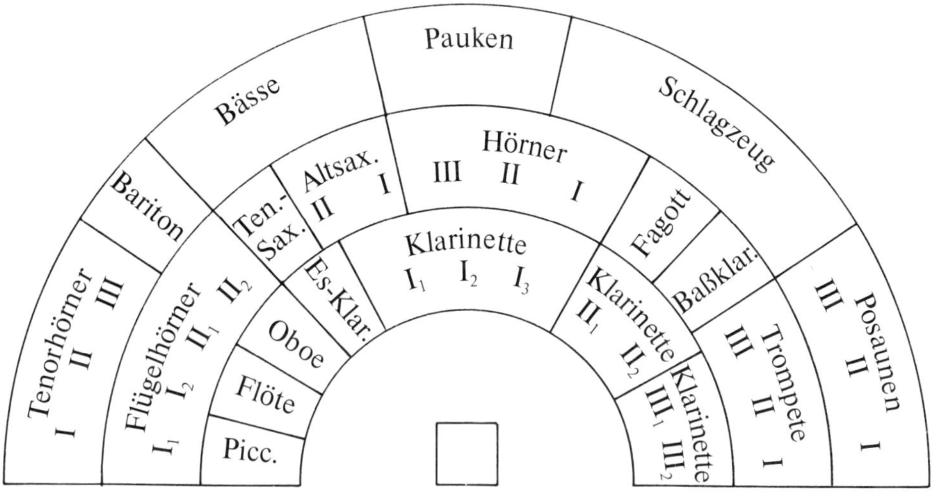

Alternativbesetzung
nach A. Loritz (1985)

Blasorchester
mit 45 Spielern

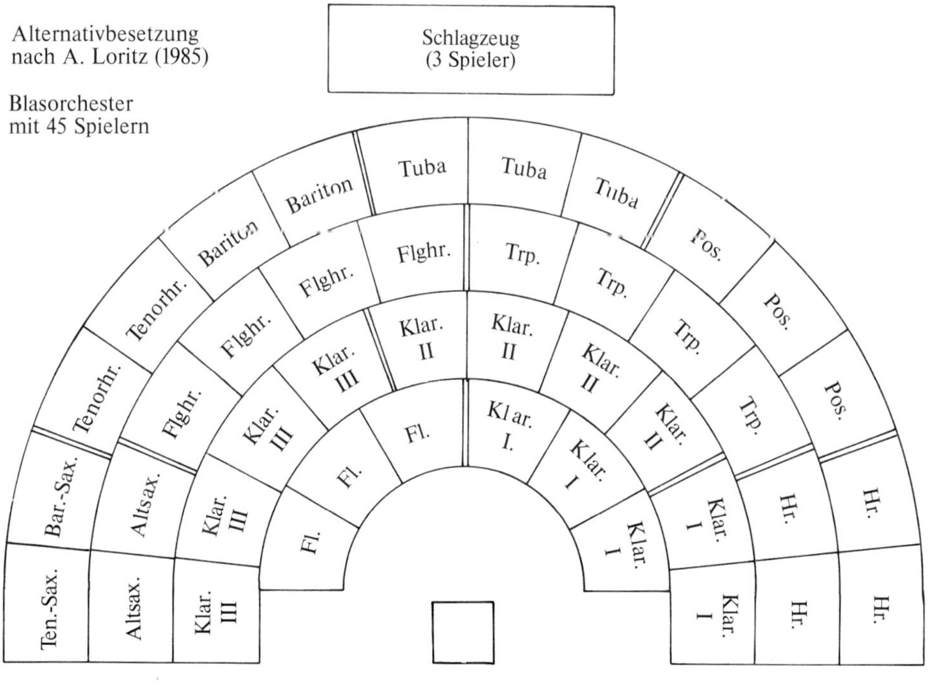

c) Großes Blasorchester (ab 60 Spieler)

Diese Besetzung erweitert die des mittleren Blasorchesters durch eine reichere Anzahl der Klarinetten (bis zu 18) um ein weiteres Tenorsaxophon und ein Baritonsaxophon in Es, um ein Horn IV in Es und um eine stärkere Besetzung der Baritons, Es-Tuben und B-Tuben sowie des Schlagzeugs.

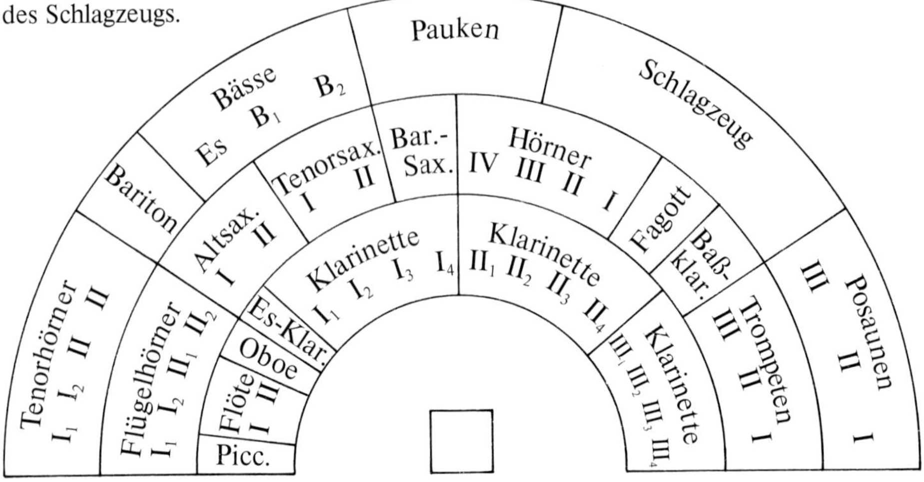

Alternativbesetzung
nach A. Loritz (1985)

Blasorchester
mit 60 Spielern

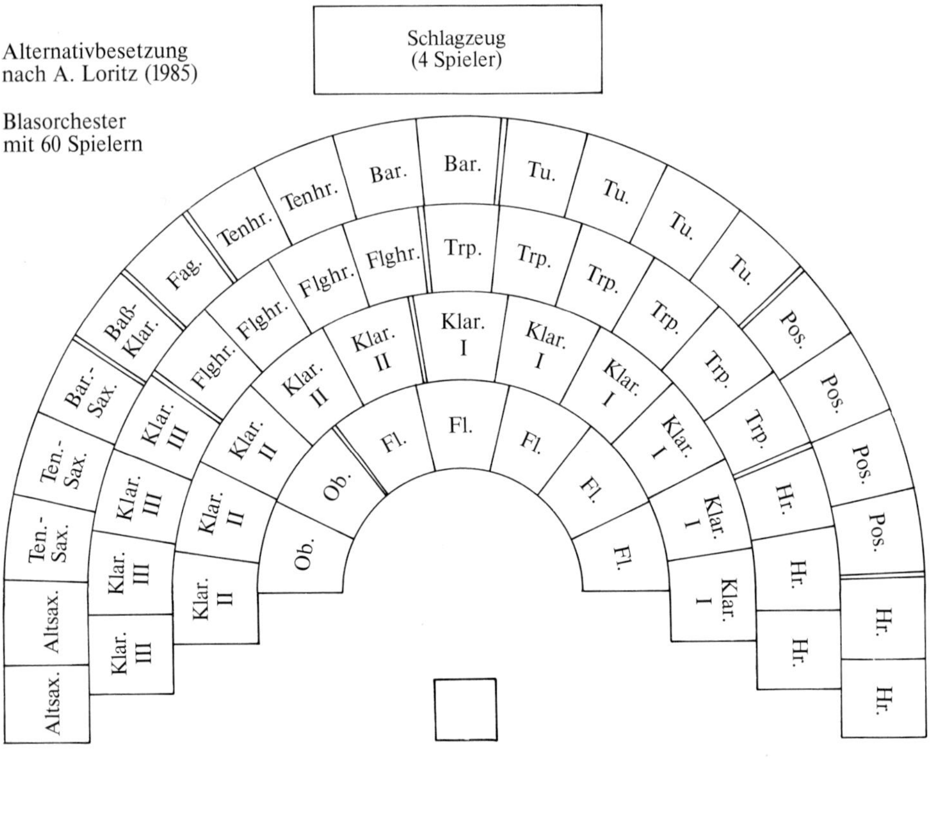

Sitzordnung:

Häufig findet man auch den 1. Klarinettisten auf dem äußersten Platz rechts vom Dirigenten. Dies ist nicht vorteilhaft, weil oft gemeinsame Einsätze von den ersten Holzbläsern zusammen mit Flügelhorn und 1. Tenorhorn erfolgen. Der Dirigent kann jedoch den Einsatz viel besser geben, wenn diese Gruppen beisammensitzen. Es wird daher vorgeschlagen, die 1. Klarinetten anschließend an die Oboe und Es-Klarinette zu setzen oder aber Piccolo, Flöte, Oboe und eventuell Es-Klarinette rechts vom Dirigenten und links außen die ersten Klarinetten, denen sich dann die zweite und dritte anschließt. Das hätte noch den Vorteil, daß die höchsten Instrumente, die häufig zusammen mit den Trompeten einsetzen, hintereinander sitzen.

3. Jazz- und Tanzmusikbesetzungen

a) Big-Band

Diese klassische „symphonische Besetzung" des Jazz setzt sich zusammen aus zwei Altsaxophonen in Es, zwei Tenorsaxophonen in B, ein Baritonsaxophon in Es, fünf Trompeten in B (erste auch als Kornett in Es), vier Posaunen, eine Baßposaune, Gitarre, String- oder E-Baß, Klavier (Fender), Schlagzeug und Percussion.

b) Stage-Band

Dieser englisch-amerikanische Begriff bedeutet, daß es sich um eine „Bühnenbesetzung" handelt, die Jazzmusik konzertant aufführt. Die kleinere Besetzung sieht zwei Altsaxophone in Es, ein Tenorsaxophon in B, drei Trompeten in B und drei Posaunen vor. Anstelle der dritten Posaune kann eine Tuba (Sousaphon) besetzt sein. Die größere erweitert die vorliegende Besetzung um ein Baritonsaxophon in Es, .und je eine Trompete und Posaune. Beide Formen werden durch eine Rhythmusgruppe begleitet (Gitarre, Baß, Klavier und Drum-Set [Percussion]).

c) Dixie (Combo)

Diese kammermusikalische Jazzbesetzung besteht aus einer Trompete in B, einer Klarinette in B (alternativ Saxophon), Posaune und Baß (Sousaphon) sowie Banjo, Klavier und Drum-Set.

4. Sonderformen des Spielmannswesens

a) Tambourkorps

Dies ist eine reine Trommelbesetzung ohne alle Blasinstrumente, bestehend aus Flach- oder Paradetrommeln, Tenortrommeln (Landsknechtstrommeln) und Großer Trommel als Überschlagtrommel. Es wird chorisch besetzt.

b) Tambourkorps mit Spielmannspfeifen

Besetzung: Pfeife I und II, Flach- oder Paradetrommel, Große Trommel mit Becken und Lyra. Bei größeren Besetzungen treten eine Altflöte in Fes und eine Tenorflöte in Ces hinzu. Die Besetzung ist dann drei- oder vierstimmig, zum Teil achtstimmig.

Kleinste Besetzungen

(Hermann Egner)

In den letzten Jahren kam es durch die Neugründung zahlreicher Musikschulen in der Bundesrepublik Deutschland zu einer starken Zunahme von kleinen Musiziergemeinschaften gerade auch im Bereich der Blasmusik. Diese erlebten in den vergangenen Jahren geradezu eine „Renaissance" und liegen derzeit bei den Jugendlichen besonders hoch im Kurs. Parallel zu dieser Entwicklung entstanden neben einigen didaktisch und methodisch gut durchdachten Schulwerken für Blasinstrumente auch mehrere Werkreihen mit empfehlenswerten Stücken für kleine Spielgruppen. Die wichtigsten seien hier genannt:

- *Aulós*, Werkreihe für Blasmusik, herausgegeben von Guido Waldmann, Möseler-Verlag, Wolfenbüttel,
- *Der Bläserkreis*, Werkreihen für Bläser, herausgegeben von Willy Schneider, Verlag B. Schott's Söhne, Mainz,
- *Das Bläserschiff*, Spiel in kleinen Gruppen, herausgegeben von Hermann Regner, Musikverlag E. Thomi-Berg, München,
- *Brass Ensemble Library*, Rubank Verlag, Miami (USA), Auslieferung Musikverlag Rundel, Rot an der Rot,
- *Jugend musiziert*, Blasmusikverlag F. Schulz, Freiburg-Tiengen,
- *Just Brass*, herausgegeben von Philip Jones und Elgar Howarth, Chester Music, London (GB),
- *Kleine Blasmusikhefte*, Bärenreiter-Verlag, Kassel,
- *Musik für Bläser*, Spiel in kleinen Gruppen, Musikverlag G. Bauer, Karlsruhe,
- *Musik für Schule und Haus*, Edition Melodie, Musik-Center, Zürich (CH),
- *Die Musizierstunde*, Musikverlag Siegfried Rundel, Rot an der Rot,
- *Musizieren im kleinen Kreis*, Verlag W. Halter, Karlsruhe,
- *Trompeten-Ensemble*, Blätter für das mehrstimmige Zusammenspiel, Herbert Frei, Mellingen (CH), Selbstverlag und Studio-Verlag R. Seifert, Friedrichshafen.

In der Jungbläserausbildung sollten Stücke aus diesen Reihen schon recht bald neben der Arbeit mit der Instrumentalschule stehen. Die rhythmische Genauigkeit, die saubere Intonation und die Freude am gemeinsamen Musizieren werden gefördert und motivieren den Schüler zu freudigerer Mitarbeit. Da die meisten dieser Kompositionen so angelegt sind, daß man ohne Tuba auskommt, sind sie ideale Vorbereitung für das spätere Zusammenspiel im Musikverein.

Auch für größere Ausbildungsgruppen wäre diese Musikgattung besser geeignet und empfehlenswerter, als Märsche und Schlager zu blasen. Die Stimmführung ist durchsichtiger, und selbstverständlich kann man die verschiedenen Stimmen auch chorisch, also mehrfach besetzen. Diese Stücke bieten sich auch dafür an, neue Formen der Bläsermusik[8] für das Publikum und für sich selbst zu erschließen. Wenn die Musikvereine sich nicht entschließen, Neues zu erproben, werden ihnen die Musikschulen eines Tages den Rang ablaufen.

[8] Vgl. Streichquartette, Bläserquintette und großes Orchester.

Selbstverständlich sind die Kompositionen für kleine Besetzungen nicht nur für die Ausbildung und Vorspielabende der Jungbläser gedacht. Für das Ohr des Zuhörers ist es eine willkommene Abwechslung, neben der Klangmasse des ganzen Blasorchesters vielleicht im Mittelteil eines Jahreskonzertes[9] auch Musik für wenige Instrumente zu hören. Klangfarbe und Nuancenreichtum eines Instrumentes, z. B. des Fagotts oder der Klarinette, kommen dabei besser zur Geltung als im Tutti. Für den jungen Musiker ist es von großem bildenden Wert, in einer kleinen Gruppe mitzuwirken: Hier ist der Einzelne voll verantwortlich, er erlebt sich vollwertiger als in einer 45-Mann-Kapelle, und trotzdem ist die nervliche Belastung bei weitem nicht so groß wie bei einem Solo. Deshalb ist ein solcher Auftritt besonders gut geeignet, befähigte Musiker mit Sonderaufgaben zu betrauen, die ihnen weiteren Ansporn geben. Man denke auch an die Anforderungen im Wettbewerb „Jugend musiziert". Nicht zu vergessen sei die sozial-familiäre Komponente, die sich bei jungen Bläsern in einer verstärkten Identifikation mit seinem musikalischen Tun gegenüber seinem Verein, seiner Familie oder seinem Heimatort darstellen kann.

Quartett-Besetzungen

Das Bläserquartett spielt im Dasein unserer Blasmusiker eine wichtige Rolle. So werden Trauermusiken, kleine Ständchen usw. häufig von einem Quartett bestritten. Hier ist auf die richtige Zusammenstellung der Instrumente zu achten, auch wenn das manchmal schwierig erscheint aus Gründen angesetzter Termine oder besetzungsmäßiger Engpässe. Das Auftreten bei mehr oder weniger familiären Anlässen sollte man nicht geringer erachten als das Auftreten bei einem Konzert oder Wertungsspiel.

Gut klingende Quartette ergeben sich aus folgenden Besetzungen, die Rücksicht auf die Mensuren nimmt:

Trompete I, Trompete II, Horn, Posaune
Flügelhorn I, Flügelhorn II, Tenorhorn, Bariton (Es-Baß)
Flügelhorn I, Flügelhorn II, Es-Horn, Es-Baß (Bariton)

Man vermeide, im Quartett Flügelhorn und Trompete zusammen zu besetzen (weite und enge Mensur).

Als Einlage in Konzertprogrammen sind Quartette auch von ganz besonderem Reiz (Jungbläserquartette). Die oben erwähnten Besetzungen können für diesen Zweck verwendet werden. Ferner sind hierfür noch folgende zu erwähnen:

Quartett (vier Spieler):	zwei B-Klarinetten, Horn, Fagott
	Flöte, Oboe, Klarinette, Fagott
Quintett (fünf Spieler):	Flöte, Oboe, Klarinette, Horn, Fagott
	(das klassische Holzbläserquintett)
	zwei Flügelhörner, zwei Hörner, Bariton
	zwei Trompeten, Horn, Posaune, Es-Baß

[9] Vgl. das Kapitel „Programmgestaltung" auf Seite 169.

Sextett (sechs Spieler):	drei Trompeten, drei Posaunen (Choral-, Turm- oder Jagdmusik)
	drei Flügelhörner, drei Tenorhörner
	zwei Oboen (Klarinetten), zwei Hörner, zwei Fagotte (die klassische Harmoniemusik)

Bezeichnungen für kleine Besetzungen

Solo	bedeutet „allein“
Duo	bedeutet zu zweien (auch Duett)
Trio[10]	bedeutet zu dreien (auch Terzett)
Quartett	bedeutet zu vieren
Quintett	bedeutet zu fünfen
Sextett	bedeutet zu sechst
Septett	bedeutet zu siebt
Oktett	bedeutet zu acht
Nonett	bedeutet zu neunt
Dezett	bedeutet zu zehnt
Tutti	bedeutet „alle“

Chor und Blaskapelle

Das Zusammenwirken einer Blaskapelle mit einem gemischten, Männer- oder Jugend-Chor kann nicht warm genug empfohlen werden, sei es bei Konzerten, Platzkonzerten, offenen Singen, Sommer- oder Kinderfesten, bei Feiern aller Art, zu Weihnachten, Ostern, Himmelfahrt, Totensonntag oder weiteren kirchlichen Anlässen, nicht zuletzt beim Gottesdienst. Hierbei brauchen nicht nur Werke für Chor und Orchester musiziert zu werden. Auch einstimmige Volkslieder und Choräle, von Bläsern begleitet, klingen gut und bringen Farbe und Abwechslung. Größte Zurückhaltung in der Tonstärke der Bläser ist dabei erste Bedingung.

Das Literaturangebot für das Zusammenmusizieren von Chor und Blaskapelle ist noch relativ klein, aber durch Kompositionsaufträge/-wettbewerbe der betroffenen Verbände oder Verlage wird es stetig erweitert. Das Grundproblem hierbei ist vielfach, welcher Dirigent der beiden Ensembles das betreffende Stück dirigieren darf oder soll. Einerseits ist der Chor auf die Zeichengebung seines Dirigenten angewiesen, andererseits sind die Leiter der Blaskapellen dirigiertechnisch oft versierter. Im Interesse dieser schönen Musizierform sollte daher der das Gesamtensemble leiten, der vom Ausbildungsstand der erfahrenere ist. Persönliche Eitelkeiten können dem ganzen nur hinderlich sein.

10 Das „Trio“ eines Musikstückes wurde in früheren Zeiten nur von drei Spielern ausgeführt, z. B. von Flöte, Oboe und Fagott, im Gegensatz zum Tutti. Dies ergab einen schönen Kontrast (Gegensatz). Daher rührt auch das „piano“ im heutigen Trio bei Märschen, Walzern usw. „Trio“ heißt also nicht „dritter Teil“.

Chor mit kleiner Blaskapelle, MGV Cäcilia 1847, Ober-Olm

In diesem Zusammenhang sei darauf verwiesen, daß es in den Bundes- oder Landes-Musikakademien immer wieder Fortbildungsmaßnahmen gibt, die sich speziell mit dem Dirigieren von Chor und Orchester befassen. Die im alpenländischen Raum heute viel geübte Bewegung „Cantare et Sonare" macht es sich zur Aufgabe, im Sinne gemeinsamen Musizierens Sänger und Instrumentalisten zusammenzuführen.

Öffentliches Auftreten

Vor jedem öffentlichen Auftreten, sei es Platzkonzert, Festzugspielen, Turmblasen oder Wertungsspiel, gibt der musikalische Leiter an, was jeder Musiker bei sich zu führen hat (Instrument, Marschgabeln, Marschhefte, Pulte, Windklammern, Kleidung), weiterhin Zeit, Ort, Abfahrtszeiten von Zügen oder Omnibussen. Der Notenwart kontrolliert sämtliche Noten, die gespielt werden sollen, auf Vollständigkeit. Die Stimmen werden am besten mit Blau- oder Rotstift durchlaufend numeriert, damit man die Vollzähligkeit an Hand der Nummern schnell feststellen kann. Der Notenwart läßt sich am besten schriftlich vom Musikleiter das Programm geben, damit ihm keinerlei Vorwürfe gemacht werden können für den Fall, daß irgendwelche Noten fehlen sollten.

In jedem geschlossenen Raum spielt man grundsätzlich ohne Kopfbedeckung (auch uniformierte Kapellen!). Notenpulte setzt man hinter der Bühne zusammen und bringt sie bereits geöffnet aufs Podium. Am besten werden die Noten für das ganze Programm ausgegeben, damit das Austeilen und Einsammeln der Noten nicht vor dem Publikum zu geschehen hat. Bei einem Saalkonzert bereitet man das Podium vor, indem man Pulte, Noten, Schlagzeug, Dirigentenpult usw. schon aufstellt, bevor das Publikum erscheint. Während eines Konzertes raucht man auf keinen Fall auf der Bühne. Wenn man durstig ist, kann man während der Pausen hinter der Bühne einen Schluck zu sich nehmen.

Bei Wertungsspielen wird neben den musikalischen Leistungen (Technik, Dynamik, Rhythmik, Tonreinheit) auch der Gesamteindruck bewertet. Hierzu gehören all die vorgenannten Dinge. Fast alle Instrumente können durch Ausziehen von Zügen oder Röhren tiefer gestimmt werden (jedoch nicht höher!). Es ist deshalb festzustellen, welches Instrument am tiefsten klingt (bei geschlossenen Zügen). Nach diesem Instrument wird das ganze Instrumentarium eingestimmt (intoniert). Dies muß vor jedem Spielen erfolgen, nur so kann eine gute Gesamtstimmung erreicht werden. Hat man keine Gelegenheit, sein Instrument „warmzublasen", so genügt es, wenn man wenigstens sein Instrument „warmhaucht". Besonders bei Wertungsspielen ist dies von größter Wichtigkeit, denn kalte Instrumente sind stets zu tief!

Der Dirigent betritt das Podium erst, wenn die Kapelle fertig zum Spiel ist. Gegen das Publikum verbeugt er sich nur, wenn er mit Applaus empfangen wird. Sein Taktstock liegt auf seinem Pult bereit (möglichst auch ein Ersatzstock). Bevor begonnen wird, sagt der Dirigent sicherheitshalber seinen Spielern nochmals den Titel des Stückes an, damit keiner ein falsches Stück spielt.

Der Marsch

Die Marschmusik ist wohl die einzige Sparte der bläserischen Musik, die von keiner anderen nachgeahmt werden kann. Hier ist der Bläser unumschränkter Herr. Leider werden in der Aufstellung der Kapellen oft Fehler gemacht.

Bei der Marschaufstellung ist folgendes zu beachten: Alle Bläser sollten sich gegenseitig hören, dazu soll der Gesamtklang der bestmögliche sein. Bauart (Schallaustrittsöffnung) und Tragfähigkeit des Tones der einzelnen Instrumente sind zu berücksichtigen. Bei einer gutbesetzten größeren Kapelle zwischen dreißig und vierzig Mann nehmen wir auf alle Fälle das für Marschmusik wichtigste Instrumentarium: das Schlagzeug (große Trommel, Becken, kleine Trommel, Lyra) in die Mitte, damit es von den davor wie dahinter marschierenden Musikern gleich gut gehört werden kann. Bässe werden auf jeden Fall rechts marschieren, damit sie in die Kapelle hineinblasen. Trompeten haben den tragfähigsten Ton, man gruppiert sie möglichst hinten, damit sie nach vorne spielen und somit von allen gehört werden können. Posaunen wären am besten (aus akustischen Gründen) in der Reihe vor dem Schlagzeug untergebracht; dies hat aber den bekannten Nachteil, daß sie beim Ausziehen behindert werden. Aus diesem Grunde allein werden sie allgemein im ersten Glied aufgestellt. Der Holzsatz (Flöten und Klarinetten) wird wohl am besten hinter dem Schlagzeug marschieren. Hinter dem Holzsatz (zwischen Trompeten und Holz) wird man noch einen Baß und etwa 2. und 3. Tenorhörner oder Althörner aufstellen. Die Flügelhörner im letzten Glied der ersten Gruppe (also vor dem Schlagzeug), damit die vordere Gruppe (Tenor- oder Althörner und Posaunen) die Melodie hört. Das 1. Tenorhorn und Bariton marschieren in der rechten Reihe, damit sie nach links in die Kapelle hineinblasen.

Bei kleinen Kapellen (12 bis 16 Mann) mag das Schlagzeug am Schluß der Kapelle Platz finden, da es hier noch gut zu hören ist.

Der Abstand zwischen den Gliedern soll 80 cm betragen. Das Marschtempo beträgt 112 bis 114 Schritte in der Minute (Metronom ♩ = 112 bis 114).

Nachteilig für jede Marschmusik wirkt es sich aus, wenn große Trommel und Becken von einem Spieler bedient werden. Durch die körperliche Anstrengung kann der Schlagzeuger seine Schläge nicht so exakt bringen. Es ist daher von Vorteil, wenn zwei Spieler für diese Instrumente eingesetzt werden, da man sonst mit mancherlei unliebsamen Temposchwankungen rechnen muß.

Da bei Marschmusik alle Augen auf die Kapelle gerichtet sind, sollte sie sich peinlichster Ordnung und Disziplin befleißigen (Abstand - Seitenrichtung - Vordermann!), auch während der Spielpausen!

Der Einsatz der Musik geschieht am besten auf folgende Art: der Dirigent hält den Taktstock waagerecht in die Höhe, zum Zeichen, daß der Einsatz zu erwarten ist. Danach macht er auf den linken Fuß einen markanten Schlag nach oben, der den ersten Schritt darstellt, die Musiker zählen von diesem Schlag an: „Links-zwei-drei-vier", worauf der Marsch beginnt. Es ist klar, daß der zu spielende Marsch vorher angesagt werden muß.

Es empfiehlt sich, für Nachtmärsche (Fackelzüge) einige Märsche auswendig zu beherrschen. Bei Trauermärschen werden keine Becken verwendet und bei der kleinen Trommel die Saiten abgedämpft.

Die nachfolgenden Marschaufstellungen sollen lediglich als Vorschlag betrachtet werden. Die Hörner können natürlich auch in der vorderen Hälfte eingruppiert werden, doch ist der Verfasser der Ansicht, daß es für die Gruppe der Melodiebläser vorteilhaft ist, wenn eine vor- und nachschlagende Gruppe (Baß und Hörner), die das rhythmische Gerippe bildet, in ihrer unmittelbaren Nähe marschiert.

Marschaufstellungen

Dir.

Abstand 80 cm

Posaune	Posaune	Posaune	Posaune
3. Tenorh.	2. Tenorh.	1. Tenorh.	1. Tenorh.
Tenorh.	Tenorh.	Baryton	Baß
1. Flügelh.	1. Flügelh.	2. Flügelh.	Baß
Lyra	Kl. Tr.	Becken	Gr. Tr.
Kl. Flöte	Flöte	Es-Klar.	B-Klar.
Klar.	Klar.	Klar.	Klar.
Horn	Horn	Horn	Baß
Tromp.	Tromp.	Tromp.	Tromp.

Beispiel für mittlere Kapelle
(36 Mann)

Dir.

Posaune	1. Tenorh.	2. Tenorh.
2. Horn	1. Horn	3. Tenorh.
1. Flügelh.	2. Flügelh.	Baß
Klar.	Klar.	2. Tromp.
1. Tromp.	Kl. Tr.	Gr. Tr.

Beispiel für kleinere Kapellen
(15 Mann)

Kapellen mit fünfzig und mehr Musikern stellen sich am besten in Sechserreihen auf. Die Verteilung der einzelnen Instrumente auf die Marschglieder geschieht am besten im Verhältnis zu oben angegebener Marschskizze. Besitzt eine Kapelle einen Schellenbaum, so wird dieser vor dem Dirigenten aufgestellt.

Wenn es möglich ist, bei der Aufstellung die Größe der einzelnen Musiker zu berücksichtigen, so sollte man dies um eines guten Gesamteindruckes willen tun.

Die Übungsstunde

Gemeinsame Proben sollten mindestens einmal wöchentlich stattfinden. Für die Jungbläser ist es ratsam, eine besondere, zweite Übungsstunde einzurichten, die sowohl den theoretischen wie den praktischen Aufgaben gewidmet werden sollte. Diese Übungsstunde kann vor der eigentlichen Probe liegen.

Das Übungslokal soll ein Raum sein, der von einem Publikumsverkehr nicht berührt wird, damit die Probearbeit nicht beeinträchtigt wird. Daher sollte man auch zuhörende Gäste von den Proben ausschließen. Der Proberaum sollte gut belüftet sein. Das Rauchen sollte während der Probe unbedingt unterlassen werden. Für die Probearbeit sollten unmittelbar erreichbar sein der übersichtlich geordnete Notenschrank, den der Notenwart verwaltet, die Notenständer und ein Dirigentenpult, für die eine tragbare Kiste für auswärtige Auftritte bereitstehen sollte, ein Behälter für Windklammern, eine Notentafel für theoretische Erläuterungen, ein Podest für den Dirigenten, ein Metronom und, sofern notwendig, ein gut abschließbarer Instrumenten- und Utensilienschrank. Weiterhin sollte heute ein Abspielgerät für Schallplatten oder MusiCassetten samt einer guten Lautsprecheranlage vorhanden sein.

Den Verlauf einer Probe baut man heute nach erprobten und bewährten pädagogischen Gesichtspunkten auf. Zuerst müssen sich die Spieler „warmspielen", damit die Instrumente die Temperatur haben, auf der sie sauber gestimmt werden können. Die Intonationstrübungen nimmt man hier also in Kauf. Um ein ungeordnetes Durcheinanderspielen zu vermeiden, kann man hierfür ein leichtes, geeignetes Musikstück auswählen, das gleichzeitig für die Probe motiviert. Dann werden die Instrumente sauber eingestimmt. Grundlage ist der Kammerton „a", doch stimmt man wegen der B-Stimmung der meisten Instrumente auf den Ton „b" ein (leerer Griff), im Zweifel nach dem Instrument, das in der Stimmung am tiefsten steht und nicht weiter nach oben zu stimmen ist. Für das Stimmen sollte man sich auf jeden Fall ausreichend Zeit nehmen, aber auch dafür sorgen, daß es zügig und konzentriert durchgeführt wird. Mit der *Chorischen Bläserschule* und den *Heften für Jungbläser*[11] wurde Arbeitsmaterial geschaffen, das allen Kapellen die Möglichkeit bietet, alle die Dinge gemeinsam zu üben, die notwendig sind, um reine Stimmung, richtige Griffe, sauberes Spiel und einwandfreie Rhythmik zu erlangen. Sich 10 bis 15 Minuten mit Übungen einzublasen, wird auch der besten Kapelle von Nutzen sein. Jedes neu zu erlernende Stück sollte zunächst einmal ganz durchgespielt werden, wobei man die Unvollkommenheiten in Kauf nehmen sollte. Dadurch bekommt jeder Spieler einen Überblick über das Stück und sieht, wo er besonders gefordert wird. Zudem ist es eine gute Übung für das „Vom-Blatt-Spielen". Erst danach wird das Stück registerweise erarbeitet. Dann koppelt man einzelne Register zusammen, bis man das Stück im Tutti (alle) durchspielt. In der Probe sollte man sich bemühen, „piano" zu spielen, denn es bringt für eine genauere Durchhörbarkeit mehr Erfolg.

Dem Dirigenten sei empfohlen, sich einen genauen Übungsplan vor der Probe festzulegen, aus dem ersichtlich wird, wann was geprobt wird. Dadurch kann auch

[11] Willy Schneider: „Chorische Bläserschule", für C-Stimmung Best.-Nr. ED 4887, für B-Stimmung Best.-Nr. ED 4467; Willy Schneider: „Spielhefte für Jungbläser", in „Der Bläserkreis", Reihe B, beide Verlag Schott.

das erforderliche Notenmaterial vorher bereitgelegt werden, wodurch unnötige Verzögerungen vermieden werden. Die Probe selbst sollte unter den Gesichtspunkten einer pädagogisch sinnvollen und zeitgemäßen Menschenführung angelegt sein. Das Hinweisen auf gemachte Fehler ist dem Dirigenten vorbehalten, denn ihm obliegt auch der Verbesserungshinweis. Es sollte zur Fairneß gehören, daß von einem Spieler gemachte Fehler nicht von Mitspielern gerügt oder belacht werden, denn das verunsichert den „Falschspieler" noch mehr, wo ihm doch vom Dirigenten Mut gemacht werden soll, es besser zu machen. Jedem Mitspieler muß es klar sein, daß eine Probe zum Üben da ist, daß jeder mehr oder weniger nach seinem Leistungsstand gefordert wird und daher Fehler noch passieren dürfen.

Ein bei Konzerten oder anderen Auftritten weit verbreiteter Fehler ist es auch, daß der Dirigent bei mißlungenen Stellen sein Mißfallen durch das Schütteln des Kopfes äußert. Dadurch macht er die Zuhörer erst darauf aufmerksam, daß etwas nicht gestimmt hat. Ein beim öffentlichen Spiel gemachter Fehler ist durch nichts wieder aus der Welt zu schaffen. Es ist daher das Beste, ihn zu ignorieren.

Taktarten und Dirigieren

Beim Dirigieren werden die Zählzeiten der Takte geschlagen, wie sie in den Taktarten angegeben sind, die beim Beginn eines Stückes hinter dem Schlüssel oder bei Taktwechseln im Stück an der betreffenden Stelle angegeben sind. Die Taktarten werden in der Regel wie Bruchzahlen ohne Bruchstrich geschrieben. Im Zähler stehen die Menge der zu schlagenden Zählzeiten, im Nenner der Notenwert der Zählzeit. $\frac{3}{4}$ bedeutet also, daß jeder Takt drei Zählzeiten hat, die sich auf den Notenwert einer Viertelnote beziehen (siehe hierzu auch die folgende Tabelle). Dabei ist zu berücksichtigen, daß man bei schnellen Tempi mehrere Zählzeiten auf einen Schlag zusammenfassen kann, so z. B. im schnellen $\frac{6}{8}$Takt, der zwei Schläge auf die Zählzeiten eins und vier erhält. Dies gilt umgekehrt auch für sehr langsame Tempi, bei denen die Zählzeiten noch unterteilt werden müssen. Ein langsamer $\frac{4}{4}$Takt muß also wie ein $\frac{8}{8}$Takt geschlagen werden. Taktgeschlagen wird ausschließlich mit der rechten Hand. Die linke bleibt für das Anzeigen von Einsätzen und für die dynamische und agogische Gestaltung frei.

Die hier dargestellten Schlagbilder sind selbstverständlich als Schema gedacht. Es ist klar, daß der Dirigent die einzelnen Bewegungen nicht starr und eckig macht, wie sie hier gezeichnet sind, sondern, da der Arm beim Dirigieren in ständiger Bewegung ist, die Grundschläge in Rundungen ineinander übergehen läßt. Der Dirigierschüler[12] zeichnet am besten die hier gegebenen Schlagbilder mit dem Taktstock in der Luft nach. Er wird hierbei von selbst dahinterkommen, wie die einzelnen Schläge ineinander übergehen müssen.

12 Folgende Lehrwerke zur Technik des Dirigierens seien besonders empfohlen: Hermann Scherchen: Lehrbuch des Dirigierens (Schott, ED 4209), ein Buch für anspruchsvolle Dirigenten, oder Martin Wolschke: Elementare Dirigierlehre (Schott, B 15), das für die Erlernung der Schlagtechnik in Laienmusikkreisen besonders geeignet erscheint.

Im übrigen hängt es von Charakter, Tempo, Phrasierung und möglichen Takt- oder Tempowechseln ab, ob ein Stück sehr akzentuiert oder mehr fließend dirigiert werden muß. Das Üben des Schlagens macht man heute gern vor einem Spiegel, weil man so die Wirkungen seines Dirigierens gut selbst beobachten kann.

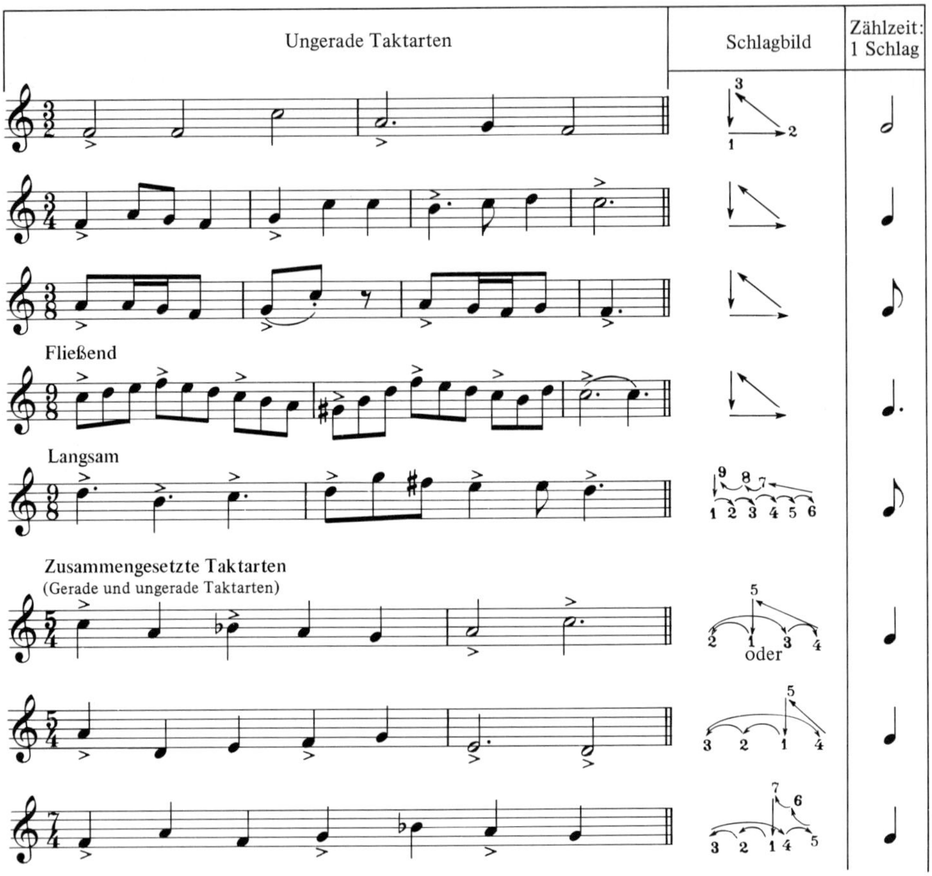

Metronomzahlen und Tempo

Jedes Musikstück, das in Takten und Taktarten notiert ist, hat ein bestimmtes Tempo, das sich auf die Geschwindigkeitsabfolge der Notenwerte, wie sie im Nenner der Taktart angegeben sind, beziehen. Man spricht hier von den Metronomzahlen. Das Metronom ist ein Gerät, das von dem Beethoven-Zeitgenossen Johann Nepomuk Mälzel (1772–1838) 1816 erfunden wurde. Mit ihm können die verschiedenen Tempi der Notenwerte festgelegt und durch ein Schlagwerk optisch und akustisch dargestellt werden. Die auf dem Gerät und in Partituren angegebenen Metronomzahlen beziehen sich auf die Zahl der Schläge innerhalb einer Minute (bzw. 60 Sekunden). MM. ♩ = 96 bedeutet also 96 Schläge in der Minute. Oft wird diese Zahl auch so angegeben: ♩ = 96, was nichts anderes heißt, als 96 Viertelschläge in der Minute. Haben wir einen $\frac{4}{4}$Takt mit dieser Metronomzahl 96, so bedeutet das gleichzeitig, daß (96 : 4 =) 24 Takte in einer Minute gespielt werden. MM. ♩ = 60 bedeutet, daß in einer Minute 60 Schläge von Viertelnoten ablaufen, also jede Sekunde ein Schlag. Das macht im $\frac{3}{4}$Takt 20 Takte (60 : 3).

Mit Hilfe der Metronomzahlen kann man auch die Aufführungsdauer eines Musikwerkes ziemlich genau berechnen, ziemlich deswegen, weil kleine Temposchwankungen oder -veränderungen nicht genau zu erfassen sind. Man zählt die Takte (Wiederholungen nicht vergessen!), multipliziert sie mit den Zählzeiten und teilt das Ergebnis durch die Metronomzahl. (Beispiel: MM. ♩ = 72; Taktart $\frac{4}{4}$; 96 Takte: 96 x 4 = 384; 384 : 72 = 5,33, d. h. 5 Minuten und 0,33 Minuten = 5 Minuten und [0,33 x 60 =] 19,8 Sekunden, faktisch daher 5 Minuten und 20 Sekunden.) Bei Wechseln des Tempo oder des Metrums (Taktart) innerhalb eines Stückes müssen natürlich diese Berechnungen abschnittweise durchgeführt und die Dauern dann addiert werden, damit man die Gesamtdauer erhält.

Tempobezeichnungen

Wie die Metronomzahlen eine exakte Tempobestimmung darstellen, so gibt es auch allgemeine Tempobegriffe, die sich im Laufe der Musikgeschichte eingebürgert haben. Sie stehen in italienischen Ausdrücken oft am Anfang eines Musikstückes, heute öfters auch in deutschen.

Übersicht

Prestissimo	-	Äußerst schnell
Vivacissimo	-	Äußerst lebhaft
Presto	-	(sehr) Schnell
Vivace	-	Lebhaft
Allegro	-	Schnell (heiter)
Allegretto	-	Ein wenig bewegt, munter
Moderato	-	Mäßig bewegt (mittleres Tempo)
Andantino	-	Etwas gehendes Tempo
Andante	-	Gehendes Tempo, etwas ruhig
Grave	-	Schwer
Adagio	-	Langsam
Lento	-	Langsam (sehr langsam)
Larghetto	-	Etwas breit
Largo	-	Breit
Larghissimo	-	Sehr breit

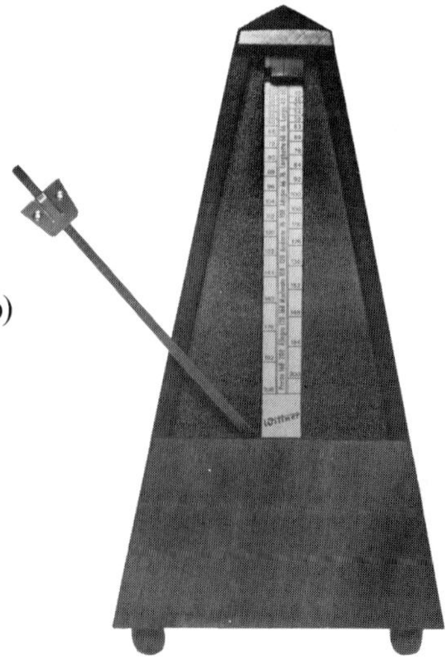

Einsatz und Abschlag

Ausgehend vom Tempo der Taktarten müssen die Musiker einen Hinweis darauf bekommen, wie schnell sie die Zählzeiten der Notenwerte spielen sollen. Hierfür ist für jeden Beginn eines Musikstückes seitens des Dirigenten der sogenannte Vorbereitungsschlag zu geben. Der Dirigent muß wissen, wie schnell er das Metrum schlagen will. Um einem gemeinsamen Einsatz der beteiligten Musiker zu erreichen, muß er eine Zählzeit vorgeben. Auf den nächsten Schlag setzen die Musiker dann ein. Wenn ein Walzer (im $\frac{3}{4}$Takt) ganztaktig anfängt, muß der Dirigent also seinen Vorbereitungsschlag auf die dritte Zählzeit des Taktes (man sagt auch „auf den dritten Schlag“)

in dem von ihm gewünschten Tempo schlagen, so daß die Kapelle dann in diesem Tempo auf den ersten Schlag des Taktes einsetzt. Ist ein schneller $\frac{6}{8}$Takt vorgegeben, der ja auf zwei Schläge im Takt (je einen für die punktierte Viertel) dirigiert wird, muß der zweite Schlag als Vorbereitung geschlagen werden.

Ganztaktige Einsätze sind in der Regel problemlos zu geben. Schwieriger, manchmal kaum lösbar, sind Einsätze von Auftakten. Auftakte nennt man solche Takte, in denen die Musik nicht auf dem betonten ersten Taktschlag (Ganztaktigkeit), sondern auf einem unbetonten beginnt. Auftakte können aus einem oder mehreren Notenwerten bestehen.

Der Vorbereitungsschlag für Auftakte muß daher innerhalb eines Taktes geschlagen werden. Dies soll an einigen Notenbeispielen und Schlagbildern erklärt werden. Der Buchstabe „e" hinter den Zahlen der Zählzeiten bedeutet eine gesprochene oder gedachte Unterteilung beim Zählen: Ei-ne, zwei-e, drei-e usw.:

Flotte Walzer und sonstige schnelle $\frac{3}{4}$Takte werden auf „Ganze" geschlagen, d. h., daß pro Takt nur ein Schlag gegeben wird. Dabei sollte man beachten, daß der 1-Schlag nach einem betonten Abschlag sofort hochfedert.

Das gemeinsame Aufhören beim Blasen wird durch den sogenannten Abschlag angezeigt. Hört ein Stück mit kurzen Tönen auf, so genügt es in der Regel, bis zum letzten Ton zu dirigieren und einen Schlag als Abschlag dranzuhängen, der das Ende der Musik deutlich anzeigt. Bei ausgehaltenen Schlußtönen schlägt man entweder den angegebenen Notenwert aus und hängt als Abschlag einen Schlag daran oder man schlägt bis zur Zählzeit des Schlußtones und hält ihn mit den Händen solange, wie man ihn dauern lassen will. Der Abschlag wird als nach außen gehende Drehbewegung geschlagen.

Auch innerhalb eines Stückes kommen Abschläge vor, so bei Generalpausen und Fermaten (𝄐 = Haltepunkte). Dem letzten Schlag vor der Generalpause wird als Abschlag die „1" des Pausentaktes angehängt und dann die Pause durchdirigiert, damit beim Wiederanfang der Musik die Kapelle nicht „hineinhaut". Vor Fermaten wird in der Regel ein kleineres oder größeres Ritardando gemacht. Die Fermate wird nicht durchgeschlagen, sondern gehalten. Ihr Ende wird mit einem Abschlag angezeigt. Als Vorbereitungsschlag für die Wiederaufnahme des alten Tempos wird der Schlag wiederholt, mit dem die Fermate erreicht wurde.

Gleitende Tempoveränderungen wie „ritardando" (langsamer werden) oder „accelerando" (sprich: aktschellerando = schneller werden) müssen sehr deutlich geschlagen werden, damit sie jeder Spieler sieht. Bei starken Ritardandos muß gelegentlich gegen Ende der Passage der Schlag in die nächst kleineren Notenwerte unterteilt werden.

Was hier in sehr allgemeiner Form über die Dirigierprobleme ausgeführt wurde, muß sich der Übende an Hand eines einschlägigen Lehrbuches, am besten bei einem Dirigierlehrer, aneignen. Es empfiehlt sich, Dirigierprobleme an Hand eines Liederbuches zu taktieren. Eine gute Dirigiertechnik ist für die sichere Leitung einer Blaskapelle unbedingt erforderlich, denn der Dirigent „spielt" sozusagen auf seinem Ensemble, wie der Bläser auf seinem Instrument spielt. Alle Schlagfehler oder falsche Zeichengebungen wirken sich unmittelbar bei einer Kapelle aus.

Atemtechnik

Blasen und Atmen bilden eine funktionale Einheit. Leider werden gerade auf diesem so wichtigen Gebiet grobe Fehler gemacht, die einer oft großen Unkenntnis entspringen. Jedes Blasinstrument ist sozusagen eine Verlängerung der menschlichen Stimme. Wir singen quasi unsere Luft ins Instrument, wo sie mittels der Lippen in den spezifischen Klang umgeformt wird, seien es Holz- oder Blechblasinstrumente. Es ist daher von großem Nutzen, wenn bei dem Bläsernachwuchs auch das Singen gepflegt würde. Hierbei wird nämlich das Intervallbewußtsein in Verbindung mit der Gehörbildung geschult, was sich indirekt auf die richtige Lippenspannung für den „vorgehörten" Ton positiv auswirkt, gerade bei Blechbläsern wichtig.

Eine richtige Atempflege gehört zum Blasen ebenso, wie sie zum Singen gehört. Für den Bläser kommen zweierlei Arten des Atmens in Frage: Die Voll- oder Tiefatmung und die Halb- oder Schnappatmung.

Beim Einatmen dürfen auf keinen Fall die Schultern hochgezogen werden, sondern Bauch und Flanken sollen sich nach außen drücken. Betrachten wir einen Säugling beim Atmen, so stellen wir fest, daß er mit dem Bauch atmet. Legen wir uns selbst auf den Rücken, so bemerken wir beim Einatmen, daß es mit dem Bauch und den Lenden viel leichter geht als mit dem Brustkorb. Wir müssen uns beim Atmen über die körperlichen Vorgänge im klaren sein. Um Luft in die Lungen zu bekommen, muß ein Sog erzeugt werden, der die Luft einzieht. Dieser Sog entsteht, indem das Zwerchfell nach unten gezogen wird. Geben wir dabei mit der Bauchmuskulatur nach, so kann dies um so leichter geschehen. Dabei hilft die Vorstellung, den Duft eines großen Blumenstraußes einzuatmen. Das Einatmen soll grundsätzlich durch die Nase erfolgen, denn die Nase wärmt die Luft vor und filtriert sie gleichzeitig. Eine gute Atemübung ist das Schnüffeln; hierbei spürt man die einzelnen kleinen Muskelstöße des Zwerchfells am besten. Die Luft soll so sparsam wie möglich abgegeben werden. (Bei Übungen auf Zischlaute wie s, f, sch, w.) Eine ausgezeichnete Übung ist das Aushalten von Tönen. Hierbei kann das richtige Einatmen, gleichmäßiger Druck beim Ausatmen, reines Intonieren und die Bildung des Ansatzes gleichzeitig gepflegt werden.

Oft läßt die musikalische Linie eines zu spielenden Stückes die Vollatmung aus Zeitmangel nicht zu. Hier muß man sich mit dem Schnappatem begnügen. Wie das Wort sagt, bleibt dem Bläser lediglich Zeit, um nach Luft zu schnappen. Geben wir dabei mit dem Bauch nach, so kann die Luft schnell einfallen.

Eine falsche Haltung des Instruments kann die Ursache für falsches Atmen sein. Werden die Arme am Körper gehalten, so engt sich der Bläser selbst ein. Deshalb müssen das Instrument hoch- und die Arme freigehalten werden, ohne jedoch die Ellbogen vorzustellen. Manche Bläser unserer Laienkapellen haben eine ganz falsche Vorstellung vom Blasen. Sie meinen, sie müßten die Luft durch das Instrument hindurchblasen. Richtig ist, daß die Luftsäule, die im Instrument steht, lediglich zum Schwingen angeregt werden muß. Dies geschieht derart, daß der in das Mundstück gepreßte Luftstrom durch die Vibrationen der Lippenränder in Schwingung gerät, die, durch das Mundstück gebündelt, wiederum die im Instrument stehende Luftsäule in Schwingungen versetzt, die wir dann als Ton wahrnehmen. Schwingungen sind ja Druckwellen, die von der Membran des Trommelfells aufgenommen und ins Innenohr übermittelt werden, wo sie dann über Nervenstränge sich dem Gehirn als Ton mitteilen.

Meist hat der Bläser zu viel Luft, so daß er unverbrauchte Luft abgeben muß. Es ist daher viel ratsamer, weniger Luft, diese aber dafür richtig einzuatmen und die Luftsäule im Körper richtig abzustützen, was mit der Bauch- und Lendenmuskulatur geschieht. Man spricht hier auch von der Atemstütze. Die Lungen, die mit den Bronchien die Luftsäule in unserem Körper bilden, sind durch das Zwerchfell vom Bauchraum luftdicht getrennt. Das Zwerchfell seinerseits ist ein Muskel, der sich nach oben wölben kann, wodurch die in der Lunge befindliche Luft herausgepreßt wird. Beim Ein- und Ausatmen ist also das Zwerchfell ständig ursächlich beteiligt. Da die schnelle Reaktionsfähigkeit des Zwerchfells und der an sie gekoppelte Bauchmuskulatur für sensible Atmung unerhört wichtig ist, sollte eine regelmäßige Kräftigung dieser Muskulatur gepflegt werden. Als sportliche Übung hierfür legt man sich auf den Rücken und hebt den Oberkörper bei ausgestreckten und möglichst an den Füßen festgehaltenen Beinen auf und nieder. Über die speziellen Fragen der Atmung sagen Lehrbücher zur Stimmbildung viel aus[13].

No-pression-Methode/Low-pression-Methode

In dem Zusammenhang der Tonbildung beim Blasen von Blechinstrumenten sei auf die heute sehr empfohlene und auch schon weithin praktizierte „No-pression-Methode“ hingewiesen, die den Ansatz betrifft. Mit dieser Methode wird vermieden, daß das Mundstück zu stark auf die Lippen aufgepreßt wird, was eine schnelle Quellung der Lippen und dadurch ein schnelles Ermüden des Ansatzes zur Folge haben kann. Ein gradueller Unterschied besteht zur „Low-pression-Methode“, die etwas mehr Lippendruck zuläßt. Es ist heute durchaus Lehrmeinung, daß diese Methoden nur noch angewendet werden sollten. Eine Umstellung ist vielleicht etwas mühsam und langwierig, aber sie wird ihre Vorteile bald zeigen. Inzwischen sind auf dem internationalen Markt entsprechende Lehrbücher erschienen.

Phrasierung und Artikulation

Zur einwandfreien Wiedergabe eines Musikstückes ist das richtige Phrasieren unbedingt notwendig. Dies kann jedoch nur geschehen, wenn an der rechten Stelle geatmet wird. Die einzelnen Phrasen (zusammengehörende Melodieteile) werden entweder durch Phrasierungsbögen (nicht mit Bindebögen zu verwechseln) oder durch kleine, kommaartige Striche kenntlich gemacht. Die beim Atmen entstehenden Zäsuren (Einschnitte) müssen den musikalischen Phrasen entsprechen (siehe die nachfolgenden Beispiele). Die Zeit, die der Bläser zum Einatmen braucht, wird an der letzten Note, nach der das Atmen erfolgt, abgezogen.

aus: Michiel van Delft:
Hymn of Friendship

1. Trompete

aus: Dieter Herborg:
Festivo (Hymne)

1. Klarinette in B

[13] Kurt Hofbauer: Praxis der chorischen Stimmbildung, Verlag Schott, B 33.

aus: Theo Mackeben:
Münchner Geschichten

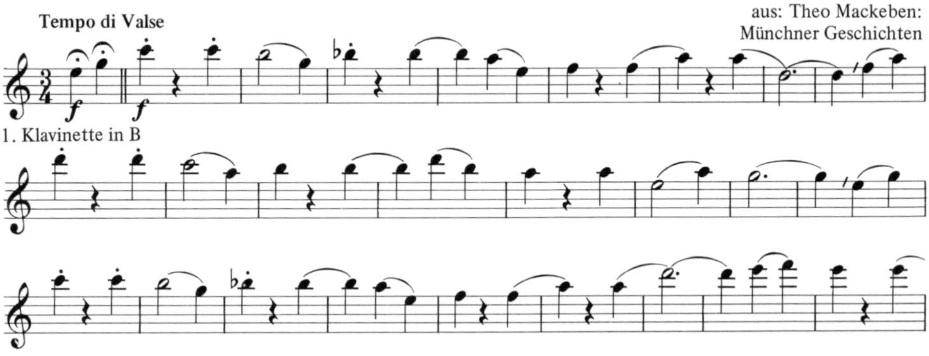

aus: Trevor Ford:
Vier Kontraste (4. Satz)

Für die richtig gliedernde Interpretation ist das Erkennen der vom Komponisten beabsichtigten, meist von ihm nicht bezeichneten Phrasierung nötig. Die Artikulation ist die Art der Verbindung der einzelnen Töne miteinander. Es gibt Anblasarten:

1. Legato = gebunden, zwischen den Tönen dürfen keine Pausen entstehen. Die zu bindenden Töne werden durch den Legato- oder Bindebogen gekennzeichnet.
2. Staccato = gestoßen, die Töne werden kurz gespielt. Diese Spielart wird durch Punkte über oder unter den Noten gekennzeichnet.
3. Portato = getragen, weich angestoßen, die Töne werden voneinander durch eine kleine Pause abgesetzt, also weder legato noch staccato gespielt. Diese Spielart wird durch Staccatopunkte mit Bögen oder Portatostriche mit Bögen unter oder über den Noten gekennzeichnet.
4. Portamento = getragen, Spiel wie beim portato, jedoch noch breiter mit einer winzigen Pause zwischen den Tönen. Anwendung oft bei Tonwiederholungen in Chorälen, Akkord-Begleitung von Choral-Melodien o. ä. Die Kennzeichnung erfolgt durch portato-Striche und Legatobögen.

1. Legato (=gebunden)

2. Staccato (=gestoßen)

3. Portato (=weich anstoßen)

4. Portamento

Melodieform

Akkord - Begleitung

Jedes neu zu erlernende Stück sollte zuerst vom Dirigenten oder einem erfahrenen Bläser mit Atemzeichen versehen werden. Dabei darf nicht übersehen werden, daß Bassisten viel öfter atmen müssen. Ein Zurücklegen an die Stuhllehne beim Blasen beeinträchtigt das Atmen sehr; deshalb stets frei sitzen.

Doppelzunge, Tripelzunge und Flatterzunge

Eine besondere Art des Anstoßens der Töne ist der Zungenschlag, der als Doppelzunge und Tripelzunge[14] bekannt ist. Musikalische Figuren wie die folgenden können mit dem einfachen Zungenstoß niemals gespielt werden:

Doppelzunge

Tripelzunge

Beim einfachen Zungenstoß wird der Ton lediglich durch ein „tü", das der Bläser ins Mundstück bläst, angestoßen. Bei der Doppelzunge wird der Luftstrom unterbrochen, indem der Bläser auf das „tü" ein „kü" folgen läßt. Bei Tripelzunge „Tü - tü - kü" oder „tü - kü - tü" bzw. „kü - tü - kü". Anschließend werden einige Übungen angeführt, die zeigen, wie der doppelte und dreifache Zungenstoß zu erlernen ist. Die Übungen müssen sehr langsam und absolut genau im Takt ausgeführt werden, sonst ist diese Zungentechnik, die für gute Bläser eine Selbstverständlichkeit ist, nicht zu erreichen (nicht dü - gü, sondern harte „t" und „k").

14 In den Schulen für Trompete, Flügelhorn oder Kornett von Willy Schneider (Verlag Schott, ED 4465) wird die Technik der Doppel- und Tripelzunge ausführlich behandelt.

Vorstehende Übungen sind wochen- und monatelang systematisch zu üben. Die Flatterzunge (Flz.) besteht darin, daß der Bläser den betreffenden Ton durch ein „Zungen-R" hindurchbläst, was einen eigenartigen Triller oder Tremolo zur Folge hat.

Ratschläge

für den Dirigenten

Wisse, was du willst! Sei genau im Korrigieren der Fehler, denke aber auch an einen zügigen Probenablauf. Wenn ein Musiker keine Kritik vertragen kann, so korrigiere mit grundsätzlichen Hinweisen die ganze Gruppe oder das jeweilige Register. Dann hört es der, den's angeht, auch! Sei Vorbild in bezug auf Pünktlichkeit! Bereite dich auf die Proben vor. Erkläre ein neues Werk zuerst. Besprich Form, Inhalt, Tonart, Taktart. Mache die Musiker auf besonders heikle Stellen aufmerksam. Sei kein „Schaudirigent", der nur auf „Wirkung" ausgeht. Sei aber auch kein bloßer Taktschläger. Bedenke, daß es deine Aufgabe ist, Musik zu vermitteln. Stimmungmachen gehört nicht zur Kunst.

Benutze einen dünnen Taktstock. Gib klare, knappe Schläge. „Fuchtle" nicht dauernd mit beiden Händen in der Luft herum. Die Linke wird nur für besondere Steigerungen eingesetzt. Ein altes Dirigentensprichwort heißt: Die linke Hand gehört beim Dirigieren in die Hosentasche! – Sei geduldig. Zeige Humor. Nimm beim Einüben zuerst langsame Tempi. Spiele ab und zu eine Stimme vor. Man sagt auch: „Es gibt keine schlechten Kapellen, nur manchmal schlechte Dirigenten!" Und noch eines: Sei nicht neidisch auf deine Nachbarkapelle, sondern freue dich, wenn es noch bessere gibt.

für den Musiker

Das meiste, was für den Dirigenten gilt, gilt auch für dich! Sei pünktlich! Gemeinsames Musizieren erfordert viel Geduld. Bring sie auf, es lohnt sich! Sei nicht unwillig, wenn dein Nebenmann eine Stelle nicht gleich richtig blasen kann. Hilf ihm, aber taktvoll! Übe auch zu Hause, damit du in der Probe und beim Konzert Ansatz hast. Sei nicht eingebildet, sondern gut ausgebildet! Lerne Kitsch von Kunst unterscheiden! Es gibt beides mehr als genug. Schiller sagt: „Immer strebe zum Ganzen. Und kannst du ein Ganzes nicht sein, als dienendes Glied schließ an ein Ganzes dich an." Beherrsche mindestens die Elementartheorie (Tonarten, Taktarten, Intervalle, Akkorde). Die dritte Trompete ist ebenso wichtig wie die erste.

für Dirigent und Musiker

Robert Schumann sagt: „Bemühe dich, leichte Stücke gut und schön zu spielen; es ist besser, als schwere mittelmäßig vorzutragen." „Hinter den Bergen wohnen auch Leute. Sei bescheiden." „Achte jeden Musiker an seiner Stelle."

Deckblatt der Erstausgabe
des Radetzky-Marsches

IV. Literatur für Blasmusik - Programmgestaltung

(Hermann Egner)

Gegen Ende des 18. Jahrhunderts ging die Zunft der Trompeter sowie das Stadtpfeiferwesen unter[15]. Die Bläsermusik wurde durch die Blasmusik abgelöst, anstelle kleinerer Musiziergruppen in solistischer Besetzung trat ein mehrfach besetztes Musizieren, das sich an den großen, sinfonischen Orchestern orientierte. Die ersten Blaskapellen, welche die Nachfolge der Stadtpfeifer antraten, waren die Militärmusikkorps.

Durch die Erfindung der Ventile für Blechblasinstrumente im Jahre 1813[16] und den Bau der Baßtuba im Jahr 1835 durch Moritz und Wieprecht war es möglich geworden, diese Instrumente innerhalb ihres Tonumfanges chromatisch zu spielen. Bis dahin hatte man ja nur die Naturtöne über dem Grund- (Pedal-)ton überblasen können[17]. In wenigen Jahren wurden Flügelhörner, Althörner, Tenorhörner und Baritontuben entwickelt und gebaut.

Durch das so veränderte Instrumentarium und auch durch die größere Zahl der Musiker war es den Militärkapellmeistern offenbar nur schwer möglich, auf die Bläsermusiken der Renaissance und des Barocks zurückzugreifen. Denn diese verlangten eben nicht nur ein anderes Instrumentarium, sondern sie entsprachen stilistisch nicht mehr dem Zeitgeschmack, der sich grundlegend von den polyphonen Formen hin zu einem homophonen, liedhaften Hörempfinden entwickelt hatte. Es wäre daher von den Militärmusikern des ausgehenden 18. Jahrhunderts auch als Rückschritt empfunden worden, mit den neu erfundenen Instrumenten, deren Klangbild eher auf einen „satten Klang" als auf lineare Zeichnung zielte, auf die alte Bläserpraxis zurückzugreifen. Sie machten sich - wahrscheinlich von den Verlegern und Instrumentenbauern in gleicher Weise ermutigt, wie vom eigenen Ehrgeiz, diesen neuen klassischen Stil zu erproben - an die Bearbeitung der zeitgenössischen Werke: Opernszenen, Oratorien, Ouvertüren, Sätze aus Symphonien, Rhapsodien, symphonische Dichtungen usw. Denn es bestand in dieser Zeit mangels anderer Medien beim erstarkenden und auf immer mehr Unterhaltung bedachten Bürgertum ein ausgesprochenes Bedürfnis, die Musik seiner Zeit auf diese Weise kennenzulernen und sich mit dem Zeitstil zu identifizieren. Die seit Mitte des vorigen Jahrhunderts in Süddeutschland, der Schweiz, im Elsaß und in Österreich gegründeten Musikvereine folgten bereitwillig dem von den Militärkapellen beschrittenen Weg. Da das Niveau dieser Vereine aber oft beträchtlich unter dem der hervorragend spielenden und glänzend besetzten Militärmusikkorps lag, kann man sich unschwer vorstellen, wie die Ouvertüren zum *Freischütz*, zu *Preziosa*, *Tancred* oder zur *Zauberflöte* geklungen

[15] Vgl. Seite 22 ff.
[16] Blühmel und Stölzel bauten zunächst zwei Ventile, Sattler im Jahr 1818 drei.
[17] Vgl. auch Seite 25 ff.

haben müssen. Man darf den Militärkapellmeistern nicht unbedingt den Vorwurf machen, daß sie es den Sinfonieorchestern nachmachten, denn es war ja keine andere Literatur vorhanden. So kennen wir Aussagen von Berlioz, Liszt, Bülow und Strauss, die den großen Militärorchestern ein höheres Leistungsvermögen bescheinigten als manchem Opernorchester[18]. Diesen Vorwurf muß man den Laienkapellen machen, die nicht frühzeitiger ihre Grenzen erkannt und solche unbläserischen Bearbeitungen aus dem Programm nahmen, sondern sie bis weit ins 20. Jahrhundert hinein in ihrem Repertoire behielten. Eine Transkription kann zwar selbst wieder ein Kunstwerk sein, das eine vollgültige Selbständigkeit besitzt (z. B. die *Bilder einer Ausstellung* von Mussorgsky in der Orchestrierung von Maurice Ravel oder das *Ricercar* aus dem *Musikalischen Opfer* von Bach in der Instrumentation von Anton Webern), das Mitschleppen unbläserischer Ouvertürenbearbeitungen bis ins „Zeitalter des Radios und der Schallplatte" kann der Blasmusik und ihrem Ansehen nur schaden.

Gewiß stimmt es, daß in den Zeiten vor der Existenz der Massenmedien (Radio, Fernsehen, Schallplatte und Tonband) die Blasmusikvereine vor allem in den ländlichen Gebieten die Werke der großen Meister einem breiten Publikum bekannt machten. Dies kann aber heute nicht mehr in gleichem Maß der Grund dafür sein, einfach alles und jedes auch weiterhin in Bearbeitungen aufzuführen. Der Hörer ist heute durch die Medien viel zu verwöhnt, als daß er unzeitgemäße und schlecht gemachte Bearbeitungen akzeptieren würde.

Deshalb müssen Dirigenten und Musiker hier ganz besonders sorgfältig vorgehen und in erster Linie Originalwerke spielen oder solche Stücke auswählen, die in der Blasmusik-Bearbeitung zumindest gut klingen. Ein wichtiges Indiz ist in diesem Punkt die Behandlung eines originalen Streichersatzes im Blasorchester. Man muß verlangen, daß der Dirigent sich bei dem bearbeiteten Werk auch mit der Originalfassung auseinandersetzt, daß er das Notenbild, den Stil, die Tempi und die Fragen der Dynamik kennt und dann auch richtig wählt. Dabei darf er die Möglichkeiten seiner Musiker nicht überschätzen. Das rächt sich nirgends deutlicher als bei der Darbietung bekannter klassischer Werke. So sollte es nicht vorkommen, daß der *Jägerchor* aus dem *Freischütz* mit Saxophonen gespielt wird, weil die Hornisten der Kapelle überfordert sind! Bei all diesen berechtigten Vorbehalten muß aber auch betont werden, daß eine gut vorbereitete Einstudierung eines klassischen Werkes, das bläserischen Charakter hat, auch heute durchaus ihre Berechtigung hat, da es für unsere Laienbläser von großem bildenden Wert sein kann, mit Werken der großen Meister auch in ihrem Bereich Bekanntschaft zu machen.

Willy Schneider hatte 1954 in der Erstauflage dieses Handbuches der Blasmusik die Dirigenten mit großer Besorgnis gemahnt, nicht am zeitgenössischen Musikgeschehen vorbeizugehen und sich dadurch gewissermaßen ins musikalische Abseits drängen zu lassen. Seither ist auf dem Feld der Blasmusikliteratur einiges in Bewegung geraten: Viele Vereine haben die Wendung zur neueren bzw. modernen Originalmusik mitgemacht, wie sich dies auch seit geraumer Zeit im Chorwesen abzeichnet. Sie spielen wenigstens bei ihren Jahresfeiern und Konzertabenden einige Original-

18 Brahms empfahl seinem Verleger Simrock sogar ausdrücklich, die *Akademische Festouvertüre* für Militärmusik setzen zu lassen.

werke. Bislang ist es jedoch immer noch recht schwer, diesen Weg auch bei Musikfesten konsequent zu gehen. Das Publikum ist bei Jahresfeiern aufmerksamer, es herrscht nicht diese Bierzelt-Atmosphäre. Außerdem besteht die Möglichkeit, in das gespielte Programm mündlich oder schriftlich Einführungen zu geben. Man sollte nicht gleich entmutigt sein, wenn das Publikum nicht schon beim ersten Mal zeigt, daß es originale Bläsermusik akzeptiert. Wie bei den Originalwerken unserer Zeit ist es auch bei der Bläsermusik des 16. und 17. Jahrhunderts: Erst bei mehrmaligem Anhören erschließt sich ihre Kraft und Schönheit[19]. Sind wir da als Dirigenten nicht zu schnell entmutigt und schieben vor, die Musiker und Zuhörer wollten das ja gar nicht, weil wir einfach selbst nicht stark genug sind, unsere erzieherische Aufgabe auf diesem Gebiet zu sehen und zu vertreten? Selbstverständlich müssen – wie oben schon angedeutet – die äußeren Umstände für ein Konzert mit originaler Blasmusik auch angemessen sein. In einem Festzelt oder bei einem Gartenfest ist solche Literatur meistens unpassend. Der Lärm, der in einem Zelt herrschen kann, steht solchem Unterfangen in der Regel entgegen, Publikum und Musiker wären irritiert und schließlich unzufrieden, würden die Schuld bei dieser Literatur suchen und nicht bei den äußeren Bedingungen, zumal ihre musikalische Erwartungshaltung in einem Zelt mit einem gewissen Recht eine andere ist.

An dieser Stelle sei auch ein offenes Wort zu Festzelt-Veranstaltungen erlaubt: Es ist klar, daß viele Vereine nur durch solche Feste finanzielle Rücklagen für Instrumente, Noten, Ausbilder- und Dirigentenhonorar usw. erwirtschaften können. Es muß aber auch eindeutig gesagt werden, daß diese Feste immer wieder zum negativen Klischee der Blasmusik als „Bierzeltmusik" entscheidend beitragen. Wo Umsatz vor musikalischem Niveau liegt, ist etwas nicht in Ordnung. Ein kluges Disponieren mit dem breitgefächerten Angebot unterschiedlichster und in ihren Funktionen unterschiedenen Musikstücken ist hier jedenfalls angeraten.

Auf dem Gebiet der Unterhaltungsmusik ist seit dem Zweiten Weltkrieg eine ganz deutliche „Amerikanisierung" zu beobachten, wenn man das einmal so ausdrücken darf. Musik aus Musicals, aus der Pop-, Rock- und Jazzszene und aus der Welt des Schlagers wird in zunehmendem Maß für Blaskapellen bearbeitet – weniger aus künstlerischen als aus kommerziellen Erwägungen. Solche leichten, beinahe durchweg im Big-Band-Stil gehaltene Arrangements bewahrten und bewähren sich bei Nachmittagskonzerten im Zelt oder bei einem Frühschoppen. Der Dirigent sollte aber unbedingt vermeiden, solche Stücke zur Konzertliteratur zu erklären. Denn wieder, wie schon bei Bearbeitungen klassischer Musik, befindet sich die Blasmusik in einem Zwiespalt, der bisher nur von wenigen wirklich erkannt wird: Eine tatsächlich stilgerechte Jazz- oder Big-Band-Musik ist von Blasmusikern kaum auszuführen, so anders ist ihre Herkunft und Spieltradition. Die Musikvereine können hier zwei Wege beschreiten: 1. Die ganze Besetzung wird auf die der Big-Band umgestellt, 2. der Dirigent gibt sich mit den in den letzten 25 Jahren massenhaft produzierten Stücken in einem Pseudo-Jazzstil zufrieden, die aber vielfach primitive und kaum stilgerechte Kopien sind. Die erste Möglichkeit halte ich für eine Einbahnstraße, weil es sich

[19] Robert Schumann schreibt in seinen musikalischen Haus- und Lebensregeln: „Urteile nicht nach dem Erstmalhören über eine Komposition! Was dir im ersten Augenblick gefällt, ist nicht immer das Beste."

bei der Big-Band-Besetzung um keine eigentliche Blasmusikformation mehr handelt, sondern eher um eine der Tanzmusik nahestehende Besetzung (Klavier, Gitarre usw.). Eine Big-Band wäre natürlich nicht mehr in der Lage, das weitere Spektrum der Blasmusikliteratur zu spielen, weil die Besetzungen grundlegend differieren. Der zweite Weg erfordert vom Dirigenten genaue Stilkenntnisse und somit ein hohes Verantwortungsgefühl gegenüber seinen Musikern und der allgemeinen Musikpflege. Wenn wir in der ganzen Musikproduktion das Überhandnehmen seichter Unterhaltung beklagen, sollten wir dem nicht noch Vorschub leisten mit Trivialbearbeitungen, die nur wegen einiger billiger Schlagzeugeffekte bei den Zuhörern ankommen. Nur durch wertvolle Unterhaltungsliteratur kann die Blasmusik ihr Ansehen wahren und heben. Hier stehen auch die entsprechenden Musikverleger in einer verantwortlichen Pflicht.

Eine Blaskapelle hat im Leben einer Gemeinde viele Aufgaben und Funktionen. Für Marschmusik, Ständchen, Tanz- und Stimmungsmusik, Unterhaltungskonzerte und Gottesdienste ist das Repertoire ziemlich genau abgesteckt. Anders bei Fest- und Saalkonzerten, Feiern, Einweihungen usw. In der Zusammenstellung solcher Programme wird noch sehr häufig danebengegriffen. Mancher Dirigent hat ein Standardprogramm, das zwar jedes Jahr erneuert wird, aber bei den verschiedensten Gelegenheiten Verwendung findet. Das sieht dann etwa so aus:

Marsch
Ouvertüre
Konzertwalzer
Potpourri
Polka
Marsch
Schlagerweisen

Wundern wir uns da noch über eine gewisse „Blasmusik-Müdigkeit“ unseres Publikums? Ein ansprechendes Konzertprogramm könnte doch so aussehen:

Komponist	Titel	Verlag[20]
Gerbert Mutter	Klingender Tag	Grosch
Hermann Regner	Spielmusik aus Schwaben	Schott
Richard Zettler	Glückliche Fahrt, moderne Ouvertüre	Rundel
Herbert Ferstl	Bergsteiger-Polka, Solo	Bauer
Herbert Ferstl	Trompetenzauber, Solo	Bauer
Karl Safaric	California, Fantasie	Neuer Blasmusikverlag
Ted Huggens	Choral and Rock out	Molenaar

[20] Eine genaue Angabe der Verlage befindet sich auf Seite 221 ff.

Ein Programm sollte abwechslungsreich und außerdem nicht zu lang sein. Es ist besser, wenn die Zuhörer bedauern, daß das Konzert schon beendet ist, als daß sie das Ende mit Sehnsucht erwarten. Der Dirigent muß bei der Zusammenstellung nicht nur auf Abwechslung hinsichtlich des Charakters der Musikstücke, sondern vor allem auch auf den Ansatz seiner Musiker achten. Tonlich und technisch schwierige Kompositionen werden deshalb ihren Platz bevorzugt im ersten Programmteil finden. Interessant sind auch Stilprogramme. Sie können einem Komponisten, einer Nation, einer Musikepoche oder einer Kompositionsgattung (z. B. dem Marsch) gewidmet sein. Zwei oder drei solcher Stilprogramme zu einem Konzert zusammengefaßt, bringen eine ideale Abwechslung:

Komponist	Titel	Verlag
ALTE BLÄSERMUSIK		
Marc Antoine Charpentier	Präludium aus dem Te Deum	Schulz
Tilman Susato	Renaissance-Suite	Rundel
TÄNZERISCHE MUSIK		
Willy Schneider	Notzinger Dorfmusik	Schott
Albert Lortzing	Holzschuhtanz aus der Oper „Zar und Zimmermann“	Halter
Herbert Ferstl	Ferien in Oberbayern, Walzer	Bauer
Joseph Olivadoti	Zaragozza, Pasadoble	Rubank/Rundel
MARSCHMUSIK AUS ÖSTERREICH		
Sepp Tanzer	Bozner Bergsteiger-Marsch	Helbling
Gustav Mahr	Andreas-Hofer-Marsch	Kliment
Sepp Tanzer	Mein Tirolerland	Helbling

oder

Komponist	Titel	Verlag
ORIGINALE BLASMUSIK		
Gerbert Mutter	Feierlicher Aufruf	Schulz
Willy Schneider	Ein Sommertag, Suite	Schott
Paul Huber	Fantasia eroica	Ruh
SPIEL IN KLEINEN GRUPPEN		
Edmund Löffler	Tänzerische Vortragsstücke	Schulz
Wolfgang Amadeus Mozart	Kegelduette (Auswahl)	Möseler
Valentin Haußmann	Turmmusik 1603 (Auswahl)	Rundel
SPANISCHE BLASMUSIK		
Juan Vicente Mas Quiles	Vicente Gerardo, Pasodoble	Molenaar
Helmut Haase-Altendorf	Cordoba, spanisches Zwischenspiel	Rundel
Juan Vicente Mas Quiles	Sones de triunfo, Marsch	Molenaar

Bei vielen Kapellen werden aber die Konzertprogramme oft ohne Rücksicht auf stilistische Unterschiede zusammengestellt. Einem Sinfonieorchester würde es doch auch nicht einfallen, nach einer Sinfonie von Anton Bruckner die *Annen-Polka* von Johann Strauß und dann vielleicht noch ein Potpourri aus der Operette *Maske in Blau* zu spielen! Ein Programm, das der Öffentlichkeit übergeben wird, muß Stil haben, muß die Haltung der Ausführenden und das Wollen der Kapelle zeigen, dann wird der Erfolg nicht ausbleiben. Nur so kann die Blasmusik jene Achtung und Beachtung finden, die sie erreichen soll und die ihr zukommt. Nur dann auch können Vereine und Verbände erwarten, von den Kultusministerien und Gemeinden Zuschüsse zu erhalten. Einer Blasmusik, der es genügt, auf Waldfesten für die Erhöhung des Bierkonsums zu sorgen, wird man diese Zuschüsse ungern oder spärlich gewähren. Nachdem in letzter Zeit ein umfangreiches Repertoire an originaler Blasmusik in verschiedenen Schwierigkeitsgraden geschaffen wurde und viele Kapellen eine stattliche Anzahl solcher Werke besitzen, wird es nun die Aufgabe sein, in der Zukunft den Weg der originalen Blasmusik weiterzuführen und zu festigen. Hieß es bisher: Originale Blasmusik „ja“, dann sollte doch angefügt werden: „ja, wenn sie bläserischen Charakter hat“. Nur durch seriöse, originale Konzertliteratur, wertvolle Unterhaltungsliteratur und Kompositionen für das Spiel in kleinen Gruppen wird die Blasmusik mehr Ansehen und Geltung erringen, denn nur, wenn die Kapellen gute Musik für alle Anlässe aufzuweisen haben, können sie als zeitgemäße Kulturgemeinschaften angesehen werden. Leider gibt es in manchen Verlagskatalogen auch heute noch *Themen aus dem Klavierkonzert Nr. 5* von Beethoven und ähnliche Musikklitterungen. Wenn es schon Beethoven sein soll, warum dann nicht eines seiner Originalwerke für Harmoniemusik, die dem heutigen Instrumentarium angeglichen sein können? Die folgende Aufstellung will nicht Anspruch auf Vollständigkeit erheben, aber zeigen, daß es auch von den großen Meistern Werke für Blasorchester gibt, die, mit Ausnahmen, von Mittel- und Oberstufenkapellen gespielt werden können.

Komponist	Titel	Verlag, soweit derzeit erhältlich
Ludwig van Beethoven	Auf Wellingtons Sieg (nach der Urfassung)	Schott
	Militärmarsch	Schott
	Stücke für Harmoniemusik	Adler
	Zapfenstreichmärsche	div. Verlage
Hector Berlioz	Symphonie funebre et triumphale	Presser, Ruh (2. Satz)
Anton Bruckner	Zwei Märsche	
Charles-Simon Catel	Ouverture in F	Mercury Music
	Symphonie militaire	Atlantic Music
Luigi Cherubini	Hymnen, Militärmärsche	

Gaetano Donizetti	Sinfonie in g-Moll Zwei Märsche aus Sultan Abdul	 Mercury Musik
François Gossec	Marche lugubre Sinfonie militaire in F Symphonie in C	Franco Colombo Mercury Music, Molenaar Mercury Music
Georg Friedrich Händel	Feuerwerksmusik	Molenaar, Rundel
Joseph Haydn	Feldpartien, Militärmärsche	Doblinger
Gustav Holst	Suite in Es und in F	Boosey & Hawkes
Felix Mendelssohn-Bartholdy	Ouvertüre für Harmoniemusik	Molenaar, Schirmer
Nicolai Rimski-Korsakoff	Konzert für Klarinette und Bl.Orch. Konzert für Oboe und Blasorchester Konzert für Posaune und Blasorchester	 Molenaar
Gioacchino Rossini	Militärmärsche	
Louis Spohr	Notturno für Janitscharenmusik	
Richard Strauss	Feierlicher Einzug der Ritter Königsmarsch Militärmärsche Symphonie für Bläser	 Schott Boosey & Hawkes
Peter Tschaikowski	Militärmarsch in B	Rundel
Richard Wagner	Huldigungsmarsch	Boosey, Molenaar
Carl Maria von Weber	Marsch für Harmoniemusik Tusch für 20 Trompeten	DVfM

In letzter Zeit sind einige dieser Kompositionen in verschiedenen Verlagen neu herausgekommen, und die Blasmusikdirigenten sollten die ihnen gebotene Chance ergreifen, hin und wieder Werke dieser Art aufzuführen.

Viele Blasorchesterwerke der Gegenwart sind für unsere Musikvereine zu schwer. Nur Berufsensembles und Kunststufenkapellen sollten sich daran wagen (mit Ausnahmen). Folgende Aufstellung gibt einen repräsentativen Überblick:

Komponist	Titel	Verlag, soweit derzeit erhältlich
Aram Chatschaturian	Märsche	
	2 Stücke über usbekische Themen	
	2 Stücke über armenische Themen	
Gabriel Fauré	Chant funéraire	
Hans Werner Henze	Ragtimes & Habaneras	Schott
Paul Hindemith	Konzertmusik für Blasorchester	Schott
	Sinfonie in B	Schott
Darius Milhaud	Suite française	MCA/Belwin Mills
	Suite provençale	Salabert
	Introduction et marche funebre	
Krzysztof Penderecki	Pittsburgh Ouverture	C. F. Peters
Sergej Prokofieff	Militärmärsche op. 69, 1–3	Ausl. Sikorski
	Militärmarsch op. 43 a	Schirmer
	Militärmarsch op. 99	Leeds Music
Arnold Schönberg	Thema und Variationen für Blasorchester op. 42 a	Schirmer
Dimitri Schostakowitsch	Festliche Ouverture	
Igor Strawinsky	Sinfonien für Blasorchester	Boosey & Hawkes
	Konzert für Klavier und Bläser	
	Circus-Polka	Schott
	Scherzo à la Russe	Schott

In diesem Zusammenhang sind auch einige Transkriptionen zeitgenössischer Werke zu erwähnen, die sich bestens bewährt haben, so Hindemiths Sinfonie *Mathis der Maler* und seine *Symphonischen Metamorphosen Carl Maria von Weberscher Themen* (beide Schott), die Blasorchesterfassung von Carl Orffs *Carmina burana* und die der *Ragtimes & Habaneras* von Henze durch Marcel Wengler.

Über diese zuletzt behandelten Fragen hinaus hat sich in jüngster Zeit eine neue Sparte des bläserischen Aufgabengebietes aufgetan, nämlich das Zusammenwirken von Bläsern mit den ortsansässigen Chören. Das gemeinsame Musizieren einer Blaskapelle mit einem gemischten, Männer- oder Jugendchor kann nicht warm genug empfohlen werden. Sei es bei Konzerten, Platzkonzerten oder offenen Singen, bei Festen und Feiern aller Art, zu Weihnachten, Ostern, Himmelfahrt und Pfingsten, im Gottesdienst oder auf dem Friedhof anläßlich von Beerdigungen, des Volkstrauertages oder des Totensonntags: immer wird auch die Blasmusik großen Gewinn aus der Zusammenarbeit mit Chören ziehen. Hierbei brauchen nicht nur Werke für Chor und Orchester musiziert zu werden. Auch einstimmige Volkslieder und Choräle sind hier gut geeignet[21]. Gerade auch auf diesem Gebiet hat Willy Schneider den Anfang gemacht mit seiner Sammlung *Lied und Bläserspiel*[22], 52 einstimmig zu singende Volkslieder, die mit Bläserbegleitung versehen wurden.

Außer dem Bärenreiter-Verlag und dem Möseler-Verlag (Aulos, Reihe C) haben erfreulicherweise einige weitere Verlage (z. B. Braun Peretti, Halter, Ruh, Rundel und Schott) mit der Edition von Werken für Bläser und Chor begonnen.

„Cantare et Sonare" (Singen und Spielen) heißt eine Arbeitsgemeinschaft, die diese Art des Musizierens besonders pflegt. Professor Otto Ulf, Innsbruck, ist der Initiator.

Programmgestaltungen und -vorschläge für diesen Bereich sind relativ schwer zu machen, weil das Angebot an Chor-Blasorchestermusik leider noch nicht sehr groß ist. Einige Verlage führen in ihrem Sortiment mehr oder weniger seriöse Konzertstücke oder Kantaten. Dann gibt es eine Reihe von Verlagen, die Volksliedkantaten und ähnliche Kompositionen anbieten. Es bleibt zu hoffen, daß hier in nächster Zeit vermehrt Neuerscheinungen auf den Musikmarkt kommen, um die Kombination Chor-Blasmusik noch attraktiver zu machen.

Hermann Finck (1527-1555):
„Cantorei" aus „Practica Musica"

21 *22 Volkslieder zum gemeinsamen Singen*, herausgegeben von der Arbeitsgemeinschaft Deutscher Chorverbände (ADC). Dazu: Willy Schneider, Bläsersätze für kleines Blasorchester; Schott, Partitur in C, C 40494-10, Blasorchester kpl. C 40494-11.

22 Willy Schneider: *Lied und Bläserspiel*; Partitur in C, Bläserstimmen kpl., Melodieausgabe *Alle singen mit*; Schott, BSS 39652.

CARMINA BURANA

Arranged for Concert Band
by John Krance

CARL ORFF

1. O Fortuna, velut Luna

(O Fortune, variable as the moon)

1. Partiturseite aus Carl Orff „Carmina Burana“, Fassung für Blasorchester von John Krance

V. Blasmusikwesen national und international

Blasmusik in der Bundesrepublik Deutschland

(Hans-Walter Berg)

1. Die Deutschen und die Musik

Die Bundesrepublik Deutschland ist ein relativ kleines Land, jedoch zählt sie mit 60 Millionen Einwohnern zu den dichtbesiedelsten europäischen Staaten. Nachdem die deutsche Industrie im Zweiten Weltkrieg in Schutt und Asche gesunken war, gelang es Westdeutschland, sich in kurzer Zeit zur viertgrößten Industrie- und Handelsnation der Welt zu entwickeln nach den USA, der UdSSR und Japan. Dabei spielt Musik als Faktor für die Wirtschaft und den Arbeitsmarkt eine gewichtige Rolle. Eine statistische Untersuchung von 1982 hat nachgewiesen, daß die Musik – von der Schallplattenproduktion über die Instrumentenherstellung bis zum Sinfoniekonzert – an Umsatz der deutschen Stahl- und der Bekleidungsindustrie gleichkommt. 225 000 Menschen leben direkt oder indirekt von der Musik. Jeder tausendste beschäftigte Bewohner der Bundesrepublik übt einen Musikberuf als Musiker oder Musikerzieher aus. Sein Arbeitsplatz ist beispielsweise

- als Orchestermusiker in einem der 95 Sinfonieorchester,
- als Sänger in einem der 55 öffentlich geförderten Musiktheater,
- als Musiklehrer in einer der 650 öffentlich geförderten Musikschulen,
- als Bibliothekar in einer der 300 vom Staat, den Ländern und Gemeinden unterhaltenen Musikbibliotheken und Musikarchive,
- als Professor oder Dozent an einer der 40 staatlichen Musikhochschulen.

Die Musik als Wirtschaftsfaktor und Berufsaufgabe kann nur gedeihen, weil Musik von den Deutschen angenommen wird. Zum einen ist das Musikhören die beliebteste Freizeitbeschäftigung der Deutschen, zum anderen bedeutet Musikausübung der „Laien“ im Verein die zweitstärkste organisierte Freizeitaktivität nach dem Sport. Demoskopische Umfragen führen immer wieder zu dem Ergebnis, daß Volksmusik, Blasmusik und Marschmusik die Ranglisten der gehörten Musik anführen. Dem entspricht, wenn unter allen Sparten der instrumentalen Musikausübung von Laien die Blasmusik Platz Eins einnimmt.

Die Laienmusik spielt seit Generationen in Deutschland eine große Rolle. In einigen Bundesländern gehört jeder zehnte Bürger einem Chor, einer Blaskapelle, einem Spielmannszug, einem Akkordeon- oder einem Mandolinenorchester als Mitglied an. Der Begriff „Laienmusik“ existiert übrigens nur in Deutschland. Beim Übersetzungsversuch in andere Sprachen verliert er seine Bedeutung, denn er ist nicht durch den international üblichen Begriff „Amateur-Musik“ zu ersetzen. Laienmusik meint die nichtprofessionelle Musikausübung in der Gemeinschaft der Chöre, der

Blas-, Akkordeon- und Zupforchester und der Spielmannszüge. Dafür wird vielerorts der Begriff „Volksmusik" verwendet, wenngleich die ausgeübte Musik nicht mit dem wissenschaftlichen Begriff von echter Volksmusik in Einklang zu bringen ist. - Um Blasmusik als die stärkste Sparte innerhalb der instrumentalen „Laienmusik" oder auch „Volksmusik" in Deutschland zu verstehen, soll zunächst deren gesellschaftliche Verwurzelung skizziert werden.

2. Alter und Organisation der Musikkapellen

Blasmusik wird überwiegend von Jugendlichen ausgeübt. Aber sie ist keine kurzlebige Modeerscheinung wie die vielen Rock- und Popgruppen, die heute allerorten neu gegründet werden und schnell wieder auseinanderfallen. Ausschlaggebender Grund für die Beständigkeit der Musikkapellen ist deren Verwurzelung im Verein. Musikkapellen und Spielmannszüge sind in der Bundesrepublik überwiegend in Vereinen organisiert. An allgemeinbildenden Schulen findet man nur sehr selten ein Blasochester. Die öffentlich geförderten Musikschulen unterhalten schon gelegentlich ein Jugendblasorchester. Typisch ist jedoch, daß die Musikkapelle von einem Verein getragen wird. Der Verein ist eine Form des Zusammenschlusses, die sich im 19. Jahrhundert gebildet hat. Sie geht zurück auf die Entwicklung des von der Obrigkeit abhängigen Untertanen zum selbstbewußten Staatsbürger. Dieser freie Bürger orientierte im Verein seine Interessen und Bedürfnisse selbständig und ohne staatliches Einwirken.

Bis heute hat der Verein seine Bedeutung als die Gesellschaftsform für ein Blasorchester nicht verloren. Ein Verein ist so stark wie sein von den Mitgliedern frei gewählter Vorstand. Der Dirigent gehört dem Vorstand des Musikvereins nicht an. Die relative Unabhängigkeit des Vereins vom Dirigenten garantiert das Fortbestehen des Vereins. Ob schlechte oder gute Dirigenten, ob Krisen in der Nachwuchsfindung oder in der finanziellen Bewältigung der Aufgaben: der Verein sorgt für das Überleben und die Weiterentwicklung der Kapellen. Selten ist das Ende eines Musikvereins bekannt geworden, trotz Kriegen und schlechter Zeiten.

In Süddeutschland bestehen etwa ein Viertel aller Musikvereine bereits seit über hundert Jahren. In den nördlichen Bundesländern erfolgten Vereinsgründungen zumeist nach dem Ersten Weltkrieg. Die jüngste Vereins-Gründungswelle ist nach 1950 im Bereich des Spielmannswesens festzustellen.

Die Blaskapellen in der Bundesrepublik sind - wie in allen Ländern der westlichen Welt - in Verbänden organisiert. Die Blasmusikverbände oder auch Blasmusikbünde haben sich in einem Dachverband zusammengeschlossen, der „Bundesvereinigung Deutscher Blas- und Volksmusikverbände". Die Struktur der diesem Dachverband angeschlossenen Kapellen konnte die Bundesakademie für musikalische Jugendbildung in Trossingen 1980 erstmals zusammenhängend untersuchen, nachdem sich zuvor weder die Musikwissenschaft an den deutschen Universitäten noch die Musiksoziologie in Deutschland mit der Blasmusik systematisch befaßt hatten. Ergebnisse der Untersuchungen liegen diesem Bericht zugrunde.

3. Die Mitglieder der Musikvereine

Der „Bundesvereinigung Deutscher Blas- und Volksmusikverbände“ gehören derzeit 9824 Vereinigungen mit ca. 12000 Kapellen und Spielmannszügen an. Die Musikvereine unterhalten außerdem 3000 Jungbläsergruppen, die als pädagogische Einrichtungen zahlen- und größenmäßig fluktuieren. Von den 9824 Vereinigungen widmen sich etwa 8000 ausschließlich der Blasmusik. Die übrigen Vereine sind Fanfaren-, Hörner- und Spielmannszüge. Der einzige Verband ohne Anschluß an die Bundesvereinigung ist der 1967 gegründete Deutsche Bundesverband der Spielmanns-, Fanfaren-, Hörner- und Musikzüge. Ihm gehören etwa 500 Vereinigungen an. Damit ist immer noch nicht die gesamte Zahl der Spielmannszüge erfaßt. Nach Schätzungen von Experten dürfte es an 2000 Spielmannsvereinigungen ohne Verbandsanschluß geben.

Zurück zur Bundesvereinigung: ihr gehören etwa eine Million Mitglieder an, davon sind einschließlich der in Ausbildung befindlichen Jungmusiker 400000 aktiv musizierende Musiker. Die Mitgliedsverbände haben folgende Stärke; Stand 1991:

		Vereine
BVBW	Blasmusikverband Baden-Württemberg	1356
BDB	Bund Deutscher Blasmusikverbände	1051
ASM	Allgäu-Schwäbischer Musikbund	573
LSW	Landesverband für das Spielmannswesen Bayern	31
MON	Musikbund Ober- und Niederbayern	373
NBMB	Nordbayerischer Musikbund	881
BMVB	Blasmusikverband Berlin	13
LBB	Landesblasmusikverband Brandenburg	36
VMVH	Volksmusikverband Hamburg	17
HBV	Hessischer Blas- und Volksmusikverband	215
LMH	Landesmusikverband Hessen	107
BVMV	Bläserverband Mecklenburg-Vorpommern	19
NVV	Niedersächsischer Volksmusikverband	165
VMB-RH	Volksmusikerbund NRW/LV Rheinland	287
VMB-WL	Volksmusikerbund NRW/LV Westfalen-Lippe	503
LMV	Landesmusikverband Rheinland-Pfalz	779
BSM	Bund Saarländischer Musikvereine	194
SBMV	Sächsischer Blasmusikverband	47
VMSH	Volksmusikerverband Schleswig-Holstein	149
BMVT	Blasmusikverband Thüringen	68
DF	Deutscher Feuerwehrverband	1374
DS	Deutscher Schützenbund	363
DTB	Deutscher Turner-Bund	1223
	insgesamt	9824

Fast zwei Drittel aller Aktiven sind Jugendliche oder junge Erwachsene unter 25 Jahren. Der Verjüngungsprozeß hat in den Kapellen zugenommen. So sehr diese Entwicklung positiv bewertet wird, ergeben sich daraus auch Nachteile: Wenn nämlich die Generationen nicht gleichmäßig im Klangkörper verteilt sind, droht die Gefahr, daß sich jung und alt nicht mehr verstehen. Die Folge kann sein, daß sich die älteren Spieler nicht mehr in der Kapelle wohlfühlen und fernbleiben. So wundert es nicht, daß inzwischen jede siebente Kapelle ohne Erwachsene als Jugendblasorchester existiert. Zwar sind diese Jugendblasorchester den traditionellen Kapellen mit der Mischung von jung und alt qualitativ oft überlegen, aber die Nachteile für die Kontinuität der Vereinsarbeit und für die Solidargemeinschaft der Generationen sind durch das Fehlen der älteren Spieler doch erheblich. Deshalb diskutieren Blasmusikverbände heute die Frage „Was können wir für die erwachsenen Musiker tun?", nachdem jahrzehntelang die Jugendförderung im Vordergrund der Vereins- und Verbandsarbeit stand. Während früher die bürgerlichen Blaskapellen, der Tradition von Militärkapellen folgend, ausschließlich männlich besetzt waren, ist inzwischen der Anteil der weiblichen Aktiven auf 18 % gestiegen. Die Flöte-spielende junge Dame bestimmt das Bild heutiger Kapellen.

4. Verteilung der Musikvereine auf Länder, Städte und Gemeinden

Entsprechend dem Traditionsgefälle der Blasmusik von Süden nach Norden nimmt auch die Zahl der Kapellen nach Norden hin ab. In den nördlichen Bundesländern übertreffen die Spielmannszüge die Blaskapellen an Zahl. In Baden-Württemberg hat fast jede Gemeinde einen Musikverein. Die Dichte der Kapellen ist hier mit der in Österreich, der Schweiz und den Niederlanden vergleichbar. In Österreich mit sieben Millionen Einwohnern existieren etwa 2000 Kapellen. In der Schweiz gibt es bei sechs Millionen Einwohnern ebenfalls 2000 Kapellen. Die 2300 Musikvereine in Baden-Württemberg verteilen sich auf eine Bevölkerung von neun Millionen.

Typisch für die Blasmusik ist die Ansiedlung in der kleinen Gemeinde. Die Hälfte aller Musikkapellen existiert in Ortschaften unter 2000 Einwohnern. Es gibt manche Ortsteile, in denen aus jeder Familie mindestens ein Mitglied in der ortsansässigen Kapelle spielt. Mit Stolz sieht man auf dem Lande die örtliche Kapelle als den Kulturträger. Blasmusik ist überwiegend eine Sache der Landbevölkerung. Nur jede fünfte Kapelle ist in Städten über 10000 Einwohner angesiedelt. Die Struktur solcher Blasorchester kann sich von den ländlichen Kapellen deutlich unterscheiden: sie sind üppig besetzt, zuweilen sogar mit Oboe und Fagott, ihr Repertoire ist auf Konzerte ausgerichtet, deren Ritual zuweilen den Sinfoniekonzerten der Berufsorchester ähneln kann.

5. Ausbildung des jugendlichen Nachwuchses

Die Jugendarbeit der Musikvereine zeigt zwei Komponenten: sie ist „fachorientiert" durch die Ausbildung des jugendlichen Nachwuchses, sie enthält darüber hinaus „überfachliche" Komponenten, wie sie für die Arbeit auch anderer deutscher Jugendorganisationen typisch ist. Die fachliche Jugendarbeit bedeutet eine enorme Herausforderung an die Selbsthilfe der Vereine. Ständig befindet sich ein Viertel aller Spieler, und das sind etwa 80000 Jungmusiker, in der instrumentalen Ausbildung.

Dies wirft besondere Probleme auf, weil der Großteil der Vereine in kleinen Gemeinden beheimatet ist, die keinen Anschluß an eine Musikschule haben. Die Vereine sind deshalb auf ihre Selbsthilfe angewiesen. Sie müssen die Jugendlichen durch eigene Kapellen-Mitglieder heranbilden. Die Hauptlast trägt dabei der Dirigent. Ein Drittel aller Instrumental-Schüler – auch in der alten Bezeichnung aus dem vorigen Jahrhundert „Zöglinge" genannt – wird von aktiven Musikern der Kapelle ausgebildet, zumeist auf rein ideeller Basis ohne Honorierung der Unterweisung. Nur jeder siebente Schüler erhält Unterricht bei einem Musiklehrer. Ganz selten ist dieser Unterricht im Rahmen einer Musikschule möglich. Dazu ist das Netz der Musikschulen in der Bundesrepublik noch zu breitmaschig.

Die Unterweisung der Jugend durch vereinseigene, nichtprofessionelle Kräfte hat sich gegenüber früheren Jahren sehr gebessert. Wurde früher ein Anfänger, gleich nachdem er einige Griffe gelernt hatte, ins Wasser geworfen und mußte im Strom der Kapelle mitschwimmen, so bleibt der Jugendliche jetzt doch ein Jahr oder mehrere Jahre in der Ausbildung, bevor er in der Kapelle mitspielt. Die Leistungsprüfungen der Verbände in Bronze, Silber und Gold garantieren Kenntnisse der Spieler auch in der Musiktheorie. Die seit Bestehen der Bundesakademie Trossingen eingeführte und von einigen Verbänden bereits übernommene Fortbildung der Vereinsausbilder hat auch viel zu einer Verbesserung der pädagogisch einst rohen Verhältnisse beigetragen.

Die Aus- und Fortbildung in der Blasmusik der Bundesrepublik befindet sich zur Zeit in einem Prozeß der fachlichen Neuorientierung. Dem Jugendlichen im Musikverein werden gestaffelte Leistungsanreize durch Musikabzeichen angeboten. Stimmführer und Dirigenten können sich nach Absolvierung entsprechender Lehrgänge Prüfungen unterziehen, die bei gemeinsamen Lehrgangs- und Prüfungsordnungen in allen Bundesländern vergleichbar sind. Sinn und Ziel dieser durch den Dachverband „Bundesvereinigung Deutscher Blas- und Volksmusikverbände“ und durch die Bundesakademie gemeinsam entwickelten Lehrgangs- und Prüfungsordnungen ist es, Erfahrungen zu optimieren und pädagogischen Fehlinvestitionen an Zeit und Geld entgegenzuwirken.

6. Die Dirigenten der Musikkapellen und deren Aus- und Fortbildung

Nur zwei Prozent aller Dirigenten von Musikkapellen sind hauptberuflich Musiker. Wenn gelegentlich Musikkenner, die nicht mit den Arbeitsbedingungen von Laienmusikvereinigungen vertraut sind, über das niedrige Niveau und die einfache Literatur wehklagen, so sollte doch die Leistungsfähigkeit der Orchester anerkannt werden, denn durchweg müssen Laiendirigenten Laienorchester führen. Die wenigen hauptberuflichen Dirigenten sind überwiegend in mittelgroßen Städten Süddeutschlands, und da vor allem im Bodenseegebiet, angestellt. Ein hauptberuflicher Status des Dirigenten garantiert noch keine herausragende musikalische Leistung. Manche nebenberuflichen Dirigenten überflügeln an fachlichem Können und Motivation ihre hauptberuflichen Kollegen.

Die Dirigenten erwerben ihre fachlichen Fähigkeiten zur Hälfte durch Schulungen der Blasmusikverbände, zu einem Drittel durch Imitation des alten Vereinsdirigenten, zu zehn Prozent durch eine Instrumentalausbildung an einer Musikhochschule und bereits jetzt schon – nach wenigen Jahren des Existierens – zu fast zehn Prozent durch eine Fortbildung an der Bundesakademie in Trossingen. An dieser Stelle soll die Aufgabe der Bundesakademie kurz dargestellt werden, für die es in anderen europäischen Ländern nach unserem Wissen keine Paralleleinrichtung gibt. Die Bundesakademie für musikalische Jugendbildung wurde 1972 errichtet, um für alle Sparten der Laienmusik und für Musikschulen Fachkräfte fortzubilden. Ihre Aufgabe ist die Fortbildung von Dirigenten, Chorleitern und Musiklehrern, die bereits im

Haupt- oder in einem Nebenberuf musikalisch tätig sind. Sie geben für die Zeit, in der sie sich fortbilden, ihren Beruf nicht auf, sondern sie unterbrechen ihn durch Urlaub zum Besuch der Akademie. Notwendig wurde die Akademie, weil die ca. vierzig Ausbildungsstätten für Musikberufe die Laienmusik vernachlässigen. So konnte bis 1982 an keiner deutschen Musikhochschule das Fach „Dirigieren von Blasorchestern" studiert werden. Hamburg eröffnet jetzt diese Studienmöglichkeit als erste Musikhochschule, und zwar in Verbindung mit der Bundesakademie.

Ein Gegenstück zur Bundesakademie im norddeutschen Bereich stellt die 1971 errichtete Bundesmusikschule des Deutschen Turnerbundes in Bad Gandersheim dar. Ihr Arbeitsschwerpunkt ist die Spielmanns- und Blasmusik. 20000 Teilnehmer aus den Vereinen des Deutschen Turnerbundes, die außer dem Turnen auch Musikgruppen in eigenen Abteilungen unterhalten, wurden seitdem in Bad Gandersheim fortgebildet. Die Bundesmusikschule steht mit ihren Dozenten der gesamten Bundesvereinigung offen zur Heranbildung von Dirigenten, Stabführern, Stimmführern und Übungsleitern sowie zur Begabten- und Talentförderung. Im übrigen nutzen die Landesverbände für ihre Fortbildungen verschiedene Bildungsstätten. Lediglich der Blasmusikverband Baden-Württemberg verfügt über zwei eigene Häuser in Kürnbach und in Kißlegg. Die bayerischen Blasmusikverbände können für ihre Vorhaben landeseigene Musikakademien in Hammelburg und Marktoberdorf in Anspruch nehmen.

7. Besetzung der Kapellen

Eine Kapelle besteht durchschnittlich aus 35 Musikern. Ungeachtet der tatsächlichen Zusammensetzungen - oft aus Not, weil in dem einen Register gerade der Nachwuchs fehlt oder in dem anderen Register ein Überhang an Musikern vorhanden ist - ergibt sich bei einer statistischen Auszählung folgende Besetzung:

Flöte/Piccolo	2 Spieler
Klarinette	8 Spieler
Saxophon	3 Spieler
Trompete/Flügelhorn	8 Spieler
Posaune	3 Spieler
Tenorhorn/Bariton	4 Spieler
Horn	2 Spieler
Tuba	3 Spieler
Schlagzeug	2 Spieler
	35 Spieler

Ein Überhang an Trompeten ist oft auf die Ausbildungswünsche der Jugendlichen zurückzuführen, die zunächst ein Instrument mit besonderem „Image" erlernen wollen, und die erst während einer kontinuierlichen Musikerlaufbahn auf andere Instrumente, wie zum Beispiel Tuba oder Horn, umgesetzt werden.

Die Instrumente Oboe und Fagott sind nur in wenigen Kapellen in städtischem Umkreis mit den entsprechenden Ausbildungsmöglichkeiten durch Berufsmusiker vertreten. Klarinetten sind in allen deutschen Kapellen besetzt. Viele Orchester spielen nur mit B-Klarinetten und sparen die Es-Klarinette aus. Die Alt-Klarinette fehlt ganz. Die Baß-Klarinette taucht noch seltener auf als Oboe und Fagott. Das Saxophon-Register ist oft nur mit drei oder vier Instrumenten besetzt, wenngleich die Big-Band-Instrumentierung mit zwei Alt-, zwei Tenor- und einem Bariton-Saxophon angestrebt wird. Die meisten deutschen Kapellen folgen noch der deutsch-österreichischen Tradition, wonach zwei Flügelhörner die Melodie tragen und die Trompeten die signalartigen Führungen übernehmen.

Der Hörnersatz kann oft nicht vierstimmig gespielt werden. Überwiegend werden Es-Hörner verwendet. Erst langsam setzen sich in Jugendblasorchestern auch B-Hörner durch. Die Tenorhörner und Baritone sind fast immer ausreichend besetzt. Tenorhorn I, II, III und Bariton spielen bei deutschen Arrangements getrennte Stimmen, wobei die Tenorstimmen II und III oft Nachschläge wie die Hörner übernehmen. Elektro-Baß und Streich-Baß sind nur in Ausnahmefällen vorhanden. Jedoch setzt sich der Gitarren-E-Baß in Jugendblasorchestern langsam durch. Lyra und Pauken sind Schwachpunkte in vielen deutschen Kapellen. Es mangelt an ausgebildeten Spielern; oft fehlt auch die Einsicht, daß Pauken genauso notwendig und unersetzlich zur Grundierung des Blasorchesters zählen wie Tuben. – Das traditionelle Schlagzeug-Duo, kleine Trommel und große Trommel, wird in den letzten Jahren durch das Drum-Set erweitert. Mit dem Eindringen lateinamerikanischer Rhythmen in die Blasmusik werden auch Percussions-Instrumente eingesetzt.

8. Literatur und Verlage

Die Literatur der Kapellen wird durch die Aufführungsgelegenheiten bestimmt. Da eine Kapelle nur selten ein abendfüllendes Konzert spielt, dagegen aber zwanzig bis dreißig Auftritte im Jahr zu bewältigen hat, steht zwangsläufig die „Gebrauchsmusik" im Repertoire-Mittelpunkt. Die Anlässe reichen von der Musik im Festzelt – zuweilen als Bierzeltmusik verrufen – über die Gestaltung einer gemeindlichen Festlichkeit bis zur Trauermusik am Grabe eines verdienten Bürgers. Überall wird Musik gebraucht, die jeder versteht. Deshalb geht die Blasmusik einerseits mit der Mode der Popularmusik und bezieht Elemente von Rock und Jazz, wenngleich zeitverspätet, ein; andererseits besinnt sie sich immer wieder auf die Grundlagen der Volksmusik, die im Lied und im Tanz der Völker liegen. Von daher ist verständlich, daß böhmische Polkas besonders beliebt sind und oft gespielt werden. Tradition und Konvention der Blasmusik wird auch darin deutlich, daß der Marsch nach wie vor die zentrale Stellung einnimmt.

Stil und Klang der Big Band beeinflussen zunehmend das herkömmliche Blasorchester. War früher die Publikation von Arrangements im Big-Band-Stil ein Monopol amerikanischer Verlage, so bringen jetzt auch deutsche Blasmusikverlage Noten im „Big-Band-Sound" heraus. Manche Musikvereine unterhalten neben dem Blasorchester eine eigene Big Band. Auch an den Musikschulen wächst die Zahl der jugendlichen Big Bands. In fünf Bundesländern gibt es Auswahl-Big-Bands mit jugendlichen Amateuren, deren Probenarbeit mit beträchtlichen öffentlichen Mitteln unterstützt wird.

In der Bundesrepublik beherrscht kein einzelner Verlag die Blasmusikszene. Spezial-Blasmusikverlage bieten eine reiche Palette von Publikationen an:

Georg Bauer in Karlsruhe
Richard Birnbach in Lochham bei München
Johann Dennerlein in Lochham bei München
Philipp Grosch in München
Wilhelm Halter in Karlsruhe
Willi Löffler in Bichl/Obb.
Friedel Moritz in Karlsruhe
Ernst Mosch in Queidersbach bei Kaiserslautern
Siegfried Rundel in Rot an der Rot
Fritz Schulz in Freiburg i. Br.
Rudi Seifert in Friedrichshafen
Otto Wrede in Wiesbaden
Wilhelm Zimmermann in Frankfurt/Main.

Mit dieser Aufzählung sind noch längst nicht alle Blasmusik-Verlage genannt, zumal einige allgemeine Musikverlage über ein Blasmusik-Sortiment verfügen (Schott).

Im Gebrauchscharakter und Unterhaltungszweck der Blasmusik liegt der traditionelle Stil der meisten Neuerscheinungen begründet. Originelle Ideen und von gewohnten Mustern abweichende Formulierungen wagen deutsche Komponisten und Arrangeure nur selten zu schreiben. Daß eine neue Blasmusik mit frischen Impulsen trotzdem den Weg zu deutschen Blasorchestern und Hörern findet, beweist der führende europäische Blasmusikverlag Molenaar aus Wormerveer (Holland)mit seinen Verlagsangeboten.

Die gelegentlich vorgebrachte Meinung, die Literatur für Blasorchester sei primitiv und es fehle ihr an Geschmack und künstlerischem Niveau, ignoriert den Reichtum der Blasmusik. Wohl keiner Gattung steht eine so große Auswahl offen an Musik für alle und Musik für Kenner, an Musik aus alten Zeiten und der Gegenwart, an Musik zur fröhlichen Ausgelassenheit und ruhigen Besinnung. Blasmusik ist über alle Grenzen hinweg ein Spiegel der menschlichen Charaktere und Temperamente.

Über den Zaun geschaut

(Albert Häberling)

Internationale Blasorchesterpraxis

Musiker wie Liebhaber, die sich mit den nationalen Strukturen von Blasorchestern beschäftigen, finden sich bald in einem fast ausweglosen Gestrüpp, in einer Vielfalt von Arten, Besetzungstypen, Instrumentationen und Notationen, dazu unterschiedliche Partituranordnungen, daß die Entschlüsselungen eigentlich dem Kenner vorbehalten sind. Der Vergleich mit dem Sinfonieorchester darf auch in dieser Beziehung gar nicht erwogen werden. Die Vielfalt ist so verschieden wie die Sprachen eines jeden Landes. Der Wille um eine mögliche Vereinheitlichung, auch Anstrengungen dazu, sind ebenso alt wie das Problem selbst. Trotz alledem sind besonders in Europa Strömungen erkennbar, die zu Hoffnungen führen. Der starke Einfluß kommt aus den Vereinigten Staaten, aus dem Land, das weniger von Traditionen weiß.

Jede Entwicklung wurzelt in historischen Gegebenheiten. Es gibt in musikalischen Belangen in den europäischen Ländern Traditionen, die schwerfällig auf Entwicklungen reagieren. Doch auch Traditionen könnten mit dem heutigen Tag leben, und sie müssen es auch, wenn sie nicht museumsreif werden wollen. Eigenartigerweise waren für die Entwicklung europäischer Blasorchestertypen weder neue Höreigenschaften noch neue Kompositionsmittel Anstoß zur wünschbaren Vereinheitlichung. Darin wäre nur ein Grund zu finden, weshalb der Anreiz für viele Komponisten, Werke für Blasorchester zu schreiben, bis heute so gering war. Anders in den Vereinigten Staaten, wo Komponisten in den Mitteln Chor, Sinfonieorchester und Blasorchester kaum Unterschiede machen.

Suchen wir nach dem Ursprung unserer traditionellen Blasorchester, stoßen wir unweigerlich auf die europäische Militärmusik. Dem Zuschnitt des jeweiligen Landes hatte sich die Militärmusik anzupassen, daher entwickelten sich auch die verschiedenen Arten. Das Klangbild wurde von den Voraussetzungen des künstlerischen Geschmacks der verantwortlichen Kapellmeister geprägt. So können wir unmittelbar vor und nach der Jahrhundertwende feststellen: je nordischer, je mehr hartklingende (Blech)-Instrumente, je südlicher, je mehr weichklingende (Holz)-Instrumente. Eigentlich erst in der zweiten Hälfte unseres Jahrhunderts entwichen in Europa die zivilen Blasorchester dem Vorbild der Militärkapelle. Der künstlerische Anspruch nach arteigener Literatur setzte auch neue instrumentale Akzente. In Wirklichkeit wurde das Vorbild nur vertauscht, denn aus dem militärmusikalischen Rahmen schlüpften die klanglichen Vorbilder des großen Blasorchesters, das sich in den USA (concert band) bereits zu einer Standardbesetzung durchgemausert hat.

Wir haben die „Internationale Blasorchesterinstrumentation" angesprochen, dieses vielartige Gebilde, das nicht so recht in eine einheitliche Instrumentationslehre passen will. Dem nichteingeweihten Kenner liegt hier ein Buch mit nationalen Siegeln vor. Klammern wir das Schlagzeug aus, so bleiben die beiden Instrumentalgruppen der Holz- und Blechblasinstrumente. Um ein Gleichgewicht zwischen diesen beiden Gruppen zu erzielen, ist Ausgewogenheit im klanglichen Bereich notwendig, demgemäß müßte die Anzahl der Holzblasinstrumente zu den Blechblasinstrumenten im richtigen Verhältnis stehen. Wer ein orchestral weiches Klangbild anstrebt, wie es in den USA bevorzugt wird, der setzt zwei Drittel Holzbläser und ein Drittel Blechbläser ein. Unter der Gruppe Holzblasinstrumente wären Flöte, Oboe, Klarinette, Alt- und Baß-Klarinette, Fagott, Saxophone (Alt, Tenor, Bariton) aufzuzählen; bei den Blechblasinstrumenten Horn (Kornett), Trompete, Posaune, Euphonium, Tuba. Die Reihenfolge dieser Aufzählung entspricht der heute mehrheitlich gebräuchlichen Partituranordnung. Als weiteres Baßinstrument wird auch das Baß-Saxophon und der Kontrabaß (Streichbaß) eingesetzt. Wenn uns die Zukunft eine einheitliche Partituranordnung brächte, wäre dies für Dirigenten und vor allem für die Komponisten eine große Erleichterung. Von dieser nach amerikanischem Vorbild aufgestellten Instrumentation und Anordnung weichen unsere europäischen Blasorchester ab. In westeuropäischen Ländern (Benelux, Frankreich, Spanien und zum Teil auch in Italien) dominieren die weichen Register, in den anderen Ländern werden, wenigstens heute noch, die Blechregister bevorzugt. Das Flügelhorn als melodieführendes Blechblasinstrument ist zum Teil im deutschsprachigen Raum und besonders in osteuropäischen Ländern verbreitet, dagegen in westeuropäischen Gegenden weniger oder gar nicht mehr. Neben dem Flügelhorn spielen Tenor- und Baritonhorn im osteuropäischen Raum eine zentrale Rolle, weiter westwärts werden diese Horninstrumente in Tenor- und Baritonlage mehr zur klanglichen Verschmelzung mit den Holzblasinstrumenten eingesetzt oder es wird gar nur ein Tenorblechblasinstrument verwendet. „Aus der Praxis für die Praxis", so wäre auch jener Umstand zu umschreiben, wenn die Posaune und das Bariton (Euphonium) im Baß-Schlüssel in B notiert werden, die Tuba nicht im Baß-Schlüssel in C (deutsche Notation) geschrieben wird, sondern eine Oktave höher und zudem im Baß-Schlüssel in B. Diese Schreibart kennt man in westeuropäischen Ländern, wohl, um die etwas schwierigere Leseweise der Hilfslinien zu umgehen. Gleich wie bei den englischen Brass-Band-Besetzungen werden auch in der Schweiz die Baß-Schlüssel-Stimmen (Euphonium, Posaune, Tuba) im Violinschlüssel in B notiert. Diese Praxis mag dann zweckmäßig sein, wenn ein Trompeter nicht mehr mit dem kleinen Mundstück blasen kann, sondern zum größeren Mundstück und Instrument greift: die Notenschreibweise bleibt sich gleich. Glücklicherweise fallen diese unterschiedlichen Handhabungen der Notation bei den Holzblasinstrumenten weg, nur die tiefen Saxophone (Bariton und Baß) spielen im Violinschlüssel. Hauptsächlich französische Blasorchester verwendeten die Saxophone seit der Erfindung des Instrumentes Mitte des 19. Jahrhunderts. Nur zögernd folgten andere europäische Länder, heute gehört – allerdings noch nicht überall – das Saxophonregister zum ausgebauten Blasorchester.

Neben der Harmoniebesetzung (Holz- und Blechblasinstrumente) gibt es noch Besetzungstypen, die nur aus Blechblasinstrumenten bestehen: die „Fanfare"-Besetzung mit Flügelhorn und Trompetenregister als melodieführende Instrumente, dazu Althorn, Tenorhorn und Baritonhorn, Posaune und Tuba. Im Unterschied zur Fanfarebesetzung bilden die Kornette die Grundlage der „Brass-Band"-Besetzung". Als Stammland der Brass Band könnte man England nennen; aber auch in der Schweiz und in nordischen Ländern verbreitete sich in den letzten Jahren diese Instrumentalbesetzung. Mit der Fanfare-Besetzung konnten in früheren Jahren militärische Aufgaben bewältigt werden, denken wir an den Signaldienst, die Marschmusik oder an Ständchen im Freien.

Die große Blasorchesterbesetzung der Vereinigten Staaten von Amerika wurde auch in anderen außereuropäischen Ländern, hauptsächlich von Japan, übernommen. Das Blasorchester existiert in Japan eigentlich erst seit der zweiten Hälfte unseres Jahrhunderts. Seitdem hat die Blasmusik in Japan einen enormen Aufschwung erlebt. Wie in den USA beteiligt sich besonders die Jugend an diesem orchestralen Musizieren. Auf allen Schulstufen bis zur Universität gilt das große Blasorchester als vollwertiges musikalisches Ausdrucksmittel. Wo diese Voraussetzungen vorhanden sind – das zeigen die Entwicklungen in den USA und in Japan – gibt es auch gute Literatur. In der Besetzung des heutigen großen Blasorchesters mit den auserlesenen Klangmöglichkeiten finden Komponisten den Nährboden zur künstlerischen Aussage. Die Instrumentationen sind meistens so arteigen und auf die Instrumente bezogen, daß auch der Klang der einzelnen Instrumente oder Register zur Geltung kommt. Denn wo Inhalt mit dem Ausdrucksmittel der Wiedergabe übereinstimmt, findet sich die glückliche Synthese.

Posaunisten mit Tubist
des Philharmonischen Staatsorchesters
Hamburg

Blasorchester-Typen und ihre Besetzungen

(nach Zettler)

Instrumente im	Sinfonie-Orchester	Full Band Harmonie													Full-Band-Fanfare						Fanfare-Saxophon					Brass-Band		Kavall.-Band				Posaunenchor
		Großes Blasorchester													Großes Blechorchester						Blechorchester mit Saxophon					Engl. Bes.		Kleines Blechorch.				
			A	B	C	CH	D	E	F	I	J	NL	R	US		B	CH	F	NL	J		B	CH	NL	R		GB		A	CH	D	
Piccolo in Des	-	-	X				X								-						-					-		-				-
Piccolo in C	X	X													-						-					-		-				-
Flöte in Des	-	-	X				X								-						-					-		-				-
Flöte in C	X	X													-						-					-		-				-
Altflöte in F oder G	X S	-													-						-					-		-				-
(Tenor)/Baßflöte in C	X S	-													-						-					-		-				-
Oboe in C	X	X													-						-					-		-				-
Englisch-Horn in F	X	X													-						-					-		-				-
Heckelphon in C	X S	-													-						-					-		-				-
Klarinette in As hoch	X S	-						X		X					-						-					-		-				-
Klarinette in Es	X S	X													-						-					-		-				-
Klarinette in B, auch C	X	X							C X						-						-					-		-				-
Klarinette in A	X	-													-						-					-		-				-
Altklarinette in Es	X S	-									X	X		X	-						-					-		-				-
Bassetthorn in Es oder F	X S	-					X				X	X	X	X	-						-					-		-				-
Baßklarinette in B	X	-													-						-					-		-				-
Kontrabaßklarinette in B tief	X S	-		X	X	X					X			X	-						-					-		-				-
Fagott in C	X	X													-						-					-		-				-
Kontrafagott in C	X	-				X		X					X	X	-						-					-		-				-
Sopran-Saxophon in B	-	-				X					X	X			X						-					-		-				-
Alt-Saxophon in Es	(X)	X													X						X					-		-				-
Tenor-Saxophon in B	(X)	X													X						X					-		-				-
Bariton-Saxophon in Es tief	(X)	X													X						X					-		-				-
Baß-Saxophon in Tief	X S	-		X		X					X				-						-					-		-				-

Länderbezeichnungen: A = Österreich, B = Belgien, C = Canada, CH = Schweiz, D = Deutschland, E = Spanien, F = Frankreich, GB = Großbritannien, I = Italien, J = Japan, NL = Niederlande, R = Rußland, US = Vereinigte Staaten von Amerika.

Zeichenerklärung: X: Instrument ist besetzt; (X): Instrument ist fakultativ besetzt; S: Sonderinstrument

Instrumente im	Sinfonie-Orchester	Full Band Harmonie													Full-Band-Fanfare						Fanfare-Saxophon					Brass-Band		Kavall.-Band				Posaunen-chor
		Großes Blasorchester													Großes Blechorchester						Blechorchester mit Saxophon					Engl. Bes.		Kleines Blechorch.				
			A	B	C	CH	D	E	F	I	J	NL	R	US		B	CH	F	NL	J		B	CH	NL	R		GB		A	CH	D	
Flügelhorn in Es hoch	-	-				X						X			-		X		X		-		X			-		-				-
Flügelhorn in B	(X)	X													X						X					X		X				X
Repiano = 2. Solo-Flügelhorn in B	-	-													-						-					-	X	-				-
Kornett/Piston in Es	X	-				X	X				X	X			-						-					-	X	-	X	X	X	X
Kornett in B	X	X													X						X					X		X				X
Trompete in B/G/F/Es/D hoch	X S	-													-						-					-		-				X S
Trompete in B oder C	X	X													X						X					X		X				X
(Alt-) Trompete in F oder Es	-	-	X												-						-					-		X				-
Baßtrompete in B oder C	X S	-													-						-					-		-	X			-
Melodiehorn in Es	-	-				X									-						-					-	X	-				-
Althorn/Altkornett in Es	-	-		X		X			X			X			-	X	X	X	X		-	X	X	X	X	-		X				-
Waldhorn in Es/F/B	X	X													X						X					X		-				X
Wagner-Tube in F Tenor/B Baß	X S	-													-						-					-		-				-
Baßflügelhorn in B	-	-	X					X							-						-					-		-				-
Tenorhorn in B	(X)	X													X						X					X		X				X
Bariton/Euphonium in B oder C	X S	X													X						X					X		X				X
Alt-Posaune in F oder Es	X S	-													-						-					-		-				X S
Tenor-Posaune in B oder C	X	X													X						X					X		X				X
Baß-Posaune in B/F	X	X													X						X					X		-				X
Kontrabaß-Posaune in B/F	X S	-													-						-					-		-				-
Tuba in Es oder F	X	X													X						X					X		X				X
Tuba in B oder C	X	X													X						X					X		X				X
Pauken	X	X													X						X					-		X				-
Schlagzeug/Schlagwerk	X	X													X						X					X		-				-
Streichbaß	X	-		X		X	X				X	X			-	X	X		X	X	-					-		-				-
Elektro-Baß	-	-					X					X		X	-						-					-		-				-
Klavier/Fender-Piano	X S	-									X	X		X	-						-					-		-				-

Polizei-Musikkorps Rheinland-Pfalz,
Leitung: Hans Georg Conrad

VI. Informationen zum Vereins- und Verbandswesen

Entwurf einer Vereinssatzung

für Musikvereine im BDBV
(Hurrle, Faller, Schulz)

Immer wiederkehrende Anfragen nach einer sogenannten Muster-Vereinssatzung haben uns veranlaßt, einen Entwurf für eine Vereinssatzung aufzustellen. Das BGB verlangt, daß folgende Punkte in einer Satzung enthalten sein müssen:

1. Name und Sitz des Vereins
2. Zweck des Vereins
3. Mitgliedschaft
4. Austritt
5. Organisation und Verwaltung
6. Versammlungen
7. Besondere Bestimmungen
8. Änderung der Satzung
9. Auflösung des Vereins

Nach diesen Punkten haben wir die folgende Satzung aufgestellt. Es empfiehlt sich in jedem Falle, den Verein in das Vereinsregister beim zuständigen Amtsgericht eintragen zu lassen. Bei einem nicht in das Vereinsregister eingetragenen Verein haftet der Vorstand mit seinem privaten Vermögen für alle Verbindlichkeiten des Vereins. Außerdem kann ein nichteingetragener Verein keine Forderungen einklagen. § 21 BGB sagt: „Ein Verein, dessen Zweck nicht auf einen wirtschaftlichen Geschäftsbetrieb gerichtet ist, erlangt Rechtsfähigkeit durch Eintragung in das Vereinsregister des zuständigen Amtsgerichts."

Satzung des Musikvereins (Entwurf) .... e.V.

§ 1 Name, Sitz, Geschäftsjahr

1. Der Verein führt den Namen „.." und hat seinen Sitz in .... – nachfolgend kurz Verein genannt.
2. Der Verein ist in das Vereinsregister beim Amtsgericht in .... eingetragen.
3. Das Geschäftsjahr ist das Kalenderjahr.

§ 2 Zweck und Ziele

1. Der Verein dient der Förderung der Blasmusik auf einer breiten Grundlage und der Pflege des damit verbunden heimatlichen Brauchtums.
2. Um diesen Zweck zu erreichen, nimmt der Verein folgende Aufgaben wahr:
   a) Förderung der Ausbildung von Musikern und Jungmusikern,

b) Durchführung regelmäßiger Konzerte und sonstiger kultureller Veranstaltungen,
c) Teilnahme an Wertungs- oder Kritikspielen,
d) Mitgestaltung des öffentlichen Lebens in der Gemeinde,
e) Teilnahme an Veranstaltungen befreundeter Musikvereine, des Blasmusikverbandes .... und des Bundes Deutscher Blasmusikverbände,
f) Unterstützung der musikalischen (fachlichen) Jugendarbeit und der überfachlichen Jugendpflege der eigenen Nachwuchsorganisation,
g) Förderung internationaler Begegnungen zum Zwecke des kulturellen Austausches.

3. Der Verein ist parteipolitisch neutral. Er wird unter Wahrung der politischen und religiösen Freiheit seiner Mitglieder nach demokratischen Grundsätzen geführt.

§ 3 Gemeinnützigkeit

1. Der Verein verfolgt ausschließlich und unmittelbar gemeinnützige Zwecke im Sinne des Abschnittes „steuerbegünstigte Zwecke“ der Abgabenordnung.
2. Der Verein ist selbstlos tätig; er verfolgt keine eigenwirtschaftlichen Ziele.
3. Mittel des Vereins dürfen nur für die satzungsmäßigen Zwecke verwendet werden. Es darf keine Person durch Verwaltungsausgaben, die den Zwecken des Vereins fremd sind oder durch unverhältnismäßig hohe Vergütungen begünstigt werden.
4. Bei Auflösung oder Aufhebung des Vereins oder bei Wegfall seines bisherigen Zweckes wird das Vermögen einer von der Auflösungsversammlung zu bestimmenden, als gemeinnützig anerkannter Körperschaft zufallen. Die Entscheidung erfolgt in Abstimmung mit dem zuständigen Finanzamt.

§ 4 Mitgliedschaft

1. Dem Verein gehören an
   a) aktive Mitglieder (Musiker und Jungmusiker)
   b) passive Mitglieder
   c) fördernde Mitglieder
   d) Ehrenmitglieder
2. Aktive Mitglieder sind natürliche Personen ab dem 10. Lebensjahr.
3. Passive Mitglieder sind natürliche Personen über dem 18. Lebensjahr.
4. Fördernde Mitglieder sind natürliche oder juristische Personen, die die Aufgaben des Vereins ideell und materiell fördern.
5. Ehrenmitglieder sind Personen, die sich um die Blasmusik und den Verein besondere Verdienste erworben haben und von der Hauptversammlung auf Vorschlag des Vorstandes zu Ehrenmitgliedern ernannt worden sind.

§ 5 Aufnahme

1. Die Aufnahme als Mitglied in den Verein bedarf eines schriftlichen Antrages beim Vorstand. Über die Aufnahme entscheidet der Vorstand. Anträge von Personen unter 18 Jahren bedürfen der Mitunterzeichnung durch die/den Erziehungsberechtigten.
2. Mit der Aufnahme in den Verein anerkennt das Mitglied diese Satzung und die von der Hauptversammlung beschlossenen Mitgliedsbedingungen.
3. Gegen eine ablehnende Entscheidung des Vorstandes kann der Antragsteller Ein-

spruch erheben. Über den Einspruch entscheidet die Hauptversammlung. Ihre Entscheidung ist endgültig.

§ 6 Austritt und Ausschluß

1. Die Mitgliedschaft endet durch Tod, Austritt oder Ausschluß.
   a) Der Austritt ist nur zum Ende eines Geschäftsjahres zulässig. Er ist mindestens drei Monate vorher dem Vorstand gegenüber schriftlich zu erklären.
   b) Mitglieder, die ihren Pflichten trotz Mahnung nicht nachkommen, gegen die Satzung verstoßen oder durch ihr Verhalten die Interessen oder das Ansehen des Vereins schädigen, können durch den Vorstand ausgeschlossen werden. Ein ausgeschlossenes Mitglied kann gegen die Entscheidung des Vorstandes Einspruch einlegen, über den die Hauptversammlung entscheidet. Der Ausschluß erfolgt mit dem Datum der Beschlußfassung; bei einem Einspruch mit dem Datum der Beschlußfassung durch die Jahreshauptversammlung.
2. Mit der Beendigung der Mitgliedschaft erlischt jeder Anspruch an den Verein. Entrichtete Beiträge werden nicht zurückerstattet.

§ 7 Rechte und Pflichten der Mitglieder

1. Alle.Mitglieder haben das Recht:
   a) nach den Bestimmungen dieser Satzung an den Versammlungen und Veranstaltungen des Vereins teilzunehmen, Anträge zu stellen und sämtliche allgemein angebotenen materiellen und ideellen Leistungen des Vereins in Anspruch zu nehmen;
   b) sich von den zuständigen Mitarbeitern des Vereins ausbilden zu lassen;
   c) Ehrungen und Auszeichnungen für verdiente Mitglieder zu beantragen und zu erhalten, die durch den Verein verliehen oder vermittelt werden.
2. Alle Mitglieder sind verpflichtet, die Ziele und Aufgaben des Vereins zu unterstützen und die Beschlüsse der Organe des Vereins durchzuführen.
3. Alle aktiven Mitglieder sind verpflichtet, an den Musikproben teilzunehmen und sich an den musikalischen Veranstaltungen des Vereins zu beteiligen.
4. Alle (aktiven) passiven und fördernden Mitglieder entrichten den von der Hauptversammlung beschlossenen Beitrag. Dieser ist jährlich im .... durch Bankeinzugsermächtigung zu zahlen. (Jugendliche oder in der Ausbildung [gemäß Ausbildungsnachweis] befindliche Mitglieder können vierteljährliche Zahlungen leisten.)
   Ehrenmitglieder sind zu Beitragszahlungen nicht verpflichtet.

§ 8 Organe

Organe des Vereins sind
a) die Hauptversammlung
b) der Vorstand.

§ 9 Hauptversammlung

1. Zur Hauptversammlung ist vom Vorsitzenden auf Beschluß des Vorstandes nach eigenem Ermessen oder auf Verlangen eines Viertels der Mitglieder, mindestens aber jährlich im .... Quartal unter Angabe der Tagesordnung spätestens .... Wochen vor Termin einzuladen.

2. Anträge und Anregungen sind dem Vorsitzenden spätestens in den ersten .... Wochen des neuen Geschäftsjahres schriftlich einzureichen. Später gestellte Anträge werden erst in der darauffolgenden Mitgliederversammlung behandelt.
3. Die Hauptversammlung ist zuständig für die
   a) Wahl der Vorstandsmitglieder und von zwei Kassenprüfern,
   b) Entgegennahme von Berichten des Vorstandes und seiner einzelnen Mitglieder sowie der Kassenprüfer,
   c) Genehmigung der Haushaltsführung und der Grundsätze künftiger Finanzgebarung,
   d) Festsetzung der Mitgliedsbeiträge,
   e) Entlastung des Vorstandes,
   f) abschließende Beschlußfassung über Mitgliedsaufnahmen und -ausschlüsse in Einspruchsfällen,
   g) Aufnahme von Krediten über .... DM im Einzelfall oder .... DM Kreditgesamtsumme pro Geschäftsjahr,
   h) Erwerb, Veräußerung und Belastung von Grundstücken,
   i) Ernennung von Ehrenmitgliedern,
   j) Bestätigung der Satzung der Bläserjugend des Vereins,
   k) Erlaß und Änderung der Ehrungsordnung,
   l) Änderung der Satzung,
   m) Auflösung des Vereins.
4. In der Hauptversammlung sind stimmberechtigt alle aktiven Mitglieder ab dem .... Lebensjahr, alle passiven und fördernden Mitglieder sowie die Ehrenmitglieder. Das Stimmrecht kann nur persönlich ausgeübt werden.
   Firmen und Organisationen (als fördernde Mitglieder) üben ihr Stimmrecht durch eine dem Vorstand zu benennende Person aus.
   Stimmübertragung ist nicht möglich.
   Jedes Mitglied hat eine Stimme.
5. Die Hauptversammlung ist beschlußfähig, wenn sie ordnungsgemäß einberufen ist und mindestens 25 % der stimmberechtigten Mitglieder anwesend sind.
   Bei der Beschlußfassung entscheidet die einfache Mehrheit der vertretenen Mitglieder.
   Über jede Hauptversammlung ist ein Protokoll zu führen, das vom Versammlungsleiter und vom Protokollführer zu unterzeichnen ist.

§ 10 Vorstand

1. Der Vorstand besteht aus
   a) dem Vorsitzenden,
   b) dem stellvertretenden Vorsitzenden,
   c) dem Schriftführer,
   d) dem Kassier,
   e) dem Jugendleiter,
   f) dem Vorsitzenden der Bläserjugend des Vereins,
   g) dem ....,
   h) bis zu .... Beiräten (Verwaltungsräten).

2. Der Vorstand beschließt über alle laufenden Angelegenheiten des Vereins, soweit nicht die Hauptversammlung nach den Bestimmungen dieser Satzung oder des Gesetzes zuständig ist.
   Weiterhin ist der Vorstand verantwortlich für die Ausführung der Beschlüsse der Hauptversammlung und für die Verpflichtung des Dirigenten.
3. Vorstand im Sinne des § 26 BGB ist der Vorsitzende und sein Stellvertreter. Jeder ist alleinvertretungsberechtigt. Im Innenverhältnis ist der Stellvertreter des Vorsitzenden verpflichtet, das Vorstandsamt nur bei Verhinderung des Vorsitzenden auszuüben.
4. Der Vorstand kann zur Unterstützung seiner Arbeit einzelne Aufgaben sachkundigen Mitgliedern übertragen.
5. Der Vorstand ist beschlußfähig, wenn mindestens .... Mitglieder anwesend sind. Die Beschlüsse werden mit einfacher Stimmenmehrheit gefaßt.

§ 11 Wahlen und besondere Bestimmungen

1. Die Mitglieder des Vorstandes werden von der Hauptversammlung für eine Amtszeit von zwei Jahren gewählt. Wiederwahl ist zulässig.
2. Die zwei Kassenprüfer werden jedes Jahr neu gewählt. Sie dürfen dem Vorstand nicht angehören. Wiederwahl ist zulässig.
3. Scheidet ein Mitglied des Vorstandes oder ein Kassenprüfer vorzeitig aus, so muß in der nächsten Hauptversammlung eine Ersatzwahl vorgenommen werden.
   Der Vorstand ist berechtigt, bis zur Ersatzwahl ein Mitglied kommissarisch mit der Aufgabe des Ausgeschiedenen zu beauftragen.
4. Scheidet während der Amtsdauer mehr als die Hälfte der Mitglieder des Vorstandes aus, erfolgen automatisch Neuwahlen in einer außerordentlichen Mitgliederversammlung, die vom verbliebenen Vorsand innerhalb von 14 Tagen nach Ausscheiden des .... Vorstandsmitgliedes einzuberufen ist.
5. Vor Beginn der Wahlen wird in offener Abstimmung ein Wahlleiter gewählt. Er führt die Wahlen durch. Die Hauptversammlung entscheidet darüber, ob in offener Abstimmung oder geheim gewählt werden soll.
6. Ein Bewerber gilt als gewählt, wenn er mehr als die Hälfte der abgegebenen gültigen Stimmen erhält. Erhält keiner der Bewerber mehr als die Hälfte, so wird zwischen den beiden Bewerbern mit der höchsten Stimmenzahl eine Stichwahl durchgeführt.
7. Das Amt eines jeden Mitglieds des Vorstandes und der Kassenprüfer wird ehrenamtlich wahrgenommen. Für den bei der Ausübung des Amtes entstehenden Aufwand wird eine Entschädigung gezahlt, über deren Höhe der Vorstand beschließt.

§ 12 Ehrungen

1. Zur Ehrung verdienter Mitglieder und Förderer des Vereins verleiht der Verein eine Ehrennadel in Silber und Gold.
2. Einzelheiten werden in einer Ehrenordnung geregelt, die von der Hauptversammlung beschlossen wird.
3. Über die einzelne Ehrung beschließt der Vorstand auf der Grundlage der Ehrungsordnung.

§ 13 Bläserjugend des Vereins

1. Die Bläserjugend des Vereins ist die Gemeinschaft der Jugend innerhalb des Musikvereins.
2. Aufgaben, Zweck und Organisation der Bläserjugend des Vereins sind in einer gesonderten Satzung (Jugendordnung) festzulegen, die von der Hauptversammlung des Vereins bestätigt wird.
3. Die Jugendordnung sichert der Bläserjugend des Vereins Selbständigkeit in Führung und Verwaltung, einschließlich der Entscheidungsfreiheit über die Verwendung der ihr zufließenden Mittel zu.
4. Über Haushaltsplan und Jahresrechnung der Bläserjugend des Vereins beschließen die Organe der Bläserjugend. Die Beschlüsse bedürfen der Bestätigung durch den Vorstand.
5. Der Vorstand des Vereins ist berechtigt, sich jederzeit über die Geschäftsführung der Bläserjugend zu unterrichten.
6. Die Bläserjugend steht unter dem Patronat des Vereins. Das Patronat besteht in der ideellen, wirtschaftlichen und organisatorischen Unterstützung der Bläserjugend bei der Erfüllung ihrer satzungsmäßigen Aufgaben durch den Vorstand des Vereins. Das Patronatsverhältnis kann von beiden Teilen nur dann gekündigt werden, wenn gegen die Satzung verstoßen wird oder die Interessen oder das Ansehen des Vereins bzw. der Bläserjugend geschädigt werden.

§ 14 Satzungsänderungen

Eine Änderung dieser Satzung bedarf einer 2/3 Mehrheit der anwesenden, stimmberechtigten Mitglieder der Hauptversammlung. Zur Änderung muß ein schriftlicher Antrag vorliegen, dieser muß auf der Tagesordnung zur Hauptversammlung aufgeführt sein.

§ 15 Auflösung

Der Verein wird aufgelöst, wenn sich dafür mindestens 2/3 der stimmberechtigten Mitglieder aussprechen. Zur Auflösung muß ein schriftlicher Antrag vorliegen; dieser muß auf der Tagesordnung der Hauptversammlung aufgeführt sein.
Das Vermögen wird gemäß § 3 verwendet.

§ 16 Inkrafttreten

Diese Satzung tritt am Tage ihrer Beschlußfassung in Kraft.

Gesetz zum Schutz der arbeitenden Jugend

(JArbSchGes) vom 12. 5. 1976 (BGBl I 965)

Im folgenden werden die Paragraphen dieses Gesetzes auszugsweise abgedruckt, soweit sie für die Blasmusikvereinigungen von Bedeutung sind.

§ 1

I Dieses Gesetz gilt für die Beschäftigung von Personen, die noch nicht 18 Jahre alt sind

1. in der Berufsausbildung,
2. als Arbeitnehmer oder Heimarbeiter,
3. mit sonstigen Dienstleistungen, die der Arbeitsleistung von Arbeitnehmern oder Heimarbeitern ähnlich sind,
4. in einem der Berufsausbildung ähnlichen Ausbildungsverhältnis.

§ 2

I Kind im Sinne des Gesetzes ist, wer noch nicht 14 Jahre alt ist.

II Jugendlicher im Sinne dieses Gesetzes ist, wer 14, aber noch nicht 18 Jahre alt ist.

III Jugendliche, die der Vollzeitschulpflicht unterliegen, gelten als Kinder im Sinne dieses Gesetzes.

§ 3

Arbeitgeber im Sinne dieses Gesetzes ist, wer ein Kind oder einen Jugendlichen gemäß § 1 beschäftigt.

§ 5

I Die Beschäftigung von Kindern ist verboten.

§ 6

I Die Aufsichtsbehörde kann auf Antrag bewilligen, daß

1. bei Theatervorstellungen Kinder über 6 Jahre bis zu 4 Stunden täglich in der Zeit von 10–23 Uhr,
2. bei musikalischen Aufführungen und anderen Aufführungen, bei Werbeveranstaltungen sowie bei Aufnahmen im Rundfunk (Hörfunk und Fernsehen), auf Ton- oder Bildträger sowie bei Film- und Fotoaufnahmen
   a) Kinder über 3–6 Jahre bis zu 2 Stunden täglich in der Zeit von 8–17 Uhr,
   b) Kinder über 6 Jahre bis zu 3 Stunden täglich in der Zeit von 8–22 Uhr

   gestaltend mitwirken und an den erforderlichen Proben teilnehmen. Eine Ausnahme darf nicht bewilligt werden für die Mitwirkung in Kabaretts, Tanzlokalen und ähnlichen Betrieben sowie auf Vergnügungsparks, Kirmessen, Jahrmärkten und bei ähnlichen Veranstaltungen, Schaustellungen oder Darbietungen.

II Die Aufsichtsbehörde darf nach Anhörung des zuständigen Jugendamtes die Beschäftigung nur bewilligen, wenn

1. die Personensorgeberechtigten in die Beschäftigung schriftlich eingewilligt haben,
2. der Aufsichtsbehörde eine nicht länger als vor 3 Monaten ausgestellte ärztliche Bescheinigung vorgelegt wird, nach der gesundheitliche Bedenken gegen die Beschäftigung nicht bestehen,
3. die erforderlichen Vorkehrungen und Maßnahmen zum Schutze des Kindes gegen Gefahren für Leben und Gesundheit sowie zur Vermeidung einer Beeinträchtigung der körperlichen oder seelisch-geistigen Entwicklung getroffen sind,
4. Betreuung und Beaufsichtigung des Kindes bei der Beschäftigung sichergestellt sind,
5. nach Beendigung der Beschäftigung eine ununterbrochene Freizeit von mindestens 14 Stunden eingehalten wird,

6. das Fortkommen in der Schule nicht beeinträchtigt wird.

IV Die Entscheidung der Aufsichtsbehörde ist dem Arbeitgeber schriftlich bekanntzugeben. Er darf das Kind erst nach Empfang des Bewilligungsbescheides beschäftigen.

Dazu gibt das Bundesministerium für Arbeit und Sozialordnung folgende erläuternde Erklärung ab, wie sie in zwei Schreiben niedergelegt sind (IIIb 3 - 3781.23 - 3232/78 und IIIb 3 - 3781.23 - 3491/78):

Die Anwendung des Jugendarbeitsschutzgesetzes auf die Mitwirkung von Kindern und Jugendlichen in Kinder- und Jugendgruppen bei Veranstaltungen hängt von der Art der Veranstaltung und Mitwirkung ab.

Vereins- und verbandsinterne Veranstaltungen werden vom Jugendarbeitsschutzgesetz nicht erfaßt, soweit bei ihnen die Kinder und Jugendlichen in ihrer Eigenschaft als Vereins- oder Gruppenmitglieder mitwirken und somit eine unter das Jugendarbeitsschutzgesetz fallende Dienstleistung nicht erbringen.

Öffentliche Veranstaltungen fallen grundsätzlich unter den Geltungsbereich des Jugendarbeitsschutzgesetzes. Die Mitwirkung von Kindern und Jugendlichen an ihnen wird jedoch vom Gesetz nicht erfaßt, soweit dabei

1. eine erzieherische oder jugendpflegerische Betätigung oder

2. die Pflege des Brauchtums

der Kinder- oder Jugendgruppe im Vordergrund steht und somit eine unter das Jugendarbeitsschutzgesetz fallende Dienstleistung nicht erbracht wird. Wird jedoch die Mitwirkung der Kinder und Jugendlichen vermarktet, dann handelt es sich um Arbeitsleistungen, zumindest um der Arbeitsleistung ähnliche Dienstleistungen. Das Jugendarbeitsschutzgesetz ist anzuwenden.

Eine Vermarktung der Mitwirkung von Kindern und Jugendlichen wird erfahrungsgemäß erkennbar, wenn eine Vergütung gezahlt wird, wenn eine gewisse Regelmäßigkeit gegeben ist oder wenn ein gewisser Teilnahmezwang besteht.

Zur vertiefenden Darstellung des hier Erklärten die folgende Interpretation, um Mißverständnisse zu vermeiden:

In den von den Jugendarbeitsschutzreferenten aufgestellten Grundsätzen wird die Anwendung des Jugendarbeitsschutzgesetzes auf die Mitwirkung von Kindern und Jugendlichen an Veranstaltungen nicht schon dann bejaht, wenn hierfür eine Vergütung bezahlt wird. Die Zahlung einer Vergütung ist danach nur eines von drei Merkmalen (Vergütung, Regelmäßigkeit und Teilnahmezwang), bei deren Vorliegen eine Vermarktung der Mitwirkung von Kindern und Jugendlichen erfahrungsgemäß erkennbar wird. Zur weiteren Klarstellung weise ich darauf hin, daß das Jugendarbeitsschutzgesetz nach seinem Sinn und Zweck erst eingreift, wenn Kinder und Jugendliche häufig an öffentlichen Veranstaltungen mitwirken, wenn sie hierzu ähnlich wie Arbeitnehmer verpflichtet werden und mit ihrer Mitwirkung Gewinn erzielt werden soll. Nach meiner Kenntnis trifft dies auf die meisten Spielmanns- und Musikzüge, Chöre, Brauchtums- und Sportgruppen nicht zu. Bei ihnen steht die Freizeitbeschäftigung und Brauchtumspflege, nicht aber die Gewinnerzielung im Vordergrund. Für ihre Mitwirkung an Veranstaltungen erhalten sie in der Regel nur eine Aufwandsentschädigung, nicht aber eine echte Vergütung.

Muster für einen Dirigentenvertrag

Zwischen dem Musikverein - Stadtkapelle - Blasorchester ....,
nachstehend Musikverein genannt,
und
Herrn/Frau ....,
nachstehend Dirigent genannt, wird folgender Vertrag abgeschlossen:

§ 1

Der Dirigent übernimmt ab .... die musikalische Leitung des Musikvereins und die Verantwortung für die musikalische Arbeit im Musikverein. Er verpflichtet sich, seine künstlerische und musikalische Begabung sowie seine beruflichen Kenntnisse bei der Ausführung der ihm übertragenen Aufgaben sorgfältig und gewissenhaft einzusetzen, um dadurch zu gewährleisten, daß für den Musikverein das bestmögliche Ergebnis bei der musikalischen Arbeit erreicht wird.

Der Dirigent wird angehalten, zu einem guten und auf gegenseitigem Vertrauen bestehenden Verhältnis zwischen ihm, den Musikern und dem Vorstand beizutragen.

§ 2

Der Dirigent hat wöchentlich an einem vereinbarten Tage eine Übungsstunde bzw. Probe durchzuführen, deren Dauer mindestens 1 ½ Stunden beträgt. Weiterhin obliegt ihm eine Unterrichts- oder Übungsstunde für die Ausbildung der Jungbläser.

Einzelunterricht für das Erlernen des Instrumentalspiels unterliegt nicht diesem Vertrag. Die Bedingungen dafür werden zwischen den Beteiligten gesondert ausgehandelt.

Dem Dirigenten obliegt die musikalische Leitung des Musikvereins bei Konzerten und sonstigen Auftritten in der Öffentlichkeit.

Die Proben, öffentliche Auftritte und Konzerte sind grundsätzlich vom Dirigenten persönlich wahrzunehmen; nur bei dringender entschuldbarer Verhinderung und im Krankheitsfalle ist der Dirigent von dieser Verpflichtung entbunden. Er hat dann im Einvernehmen mit dem Vorstand rechtzeitig und im Krankheitsfalle unverzüglich für eine geeignete Vertretung (auf seine Kosten) zu sorgen.

§ 3

Die Auswahl des Spielgutes sowie die Programmgestaltung für Konzerte und sonstige Auftritte führen der Dirigent und der Vorstand im gegenseitigen Einvernehmen gemeinsam durch. Dieser Grundsatz gilt auch bei der Anschaffung von neuem Notenmaterial.

In Zweifelsfällen oder bei gegenseitigen Meinungsverschiedenheiten entscheidet die Ansicht des Dirigenten im Rahmen der ihm übertragenen Verantwortung für die musikalische Arbeit im Musikverein.

Der Dirigent ist verpflichtet, in der jährlichen ordentlichen Mitgliederversammlung des Musikvereins, oder wenn dies zu einem anderen Zeitpunkt gewünscht wird, seine Meinung über die musikalische Arbeit und den spieltechnischen Stand des Musikvereins vorzutragen.

§ 4

Der Dirigent erhält für seine Tätigkeit eine monatliche Vergütung in Höhe von DM .... brutto. Die Vergütung ist im voraus zahlbar.

Sonderproben sind in dieser Vergütung eingeschlossen, wenn sie vorher mit dem Vorstand vereinbart worden sind.

Für die Tätigkeit bei Konzerten und sonstigen Veranstaltungen und öffentlichen Auftritten, z. B. Wertungsspielen, erhält der Dirigent eine zusätzliche Vergütung in Höhe von DM .... (oder aber: eine Vergütung aufgrund jeweils besonderer Vereinbarungen mit dem Vorstand).

Fahrtkosten und Spesen werden dem Dirigenten ersetzt, wenn der Vorstand vorher seine Zustimmung erteilt hat. Sie sind zahlbar nach Vorlage der entsprechenden Belege.

Werden dem Dirigenten sonstige Zuwendungen gewährt, so wird hierdurch ein Rechtsanspruch auf Weitergewährung nicht begründet.

Anmerkung zu § 4:

Für den Fall, daß der Dirigent eine Bruttovergütung erhält, die Zahlung von Steuern usw. ihm also obliegt, sollte folgender Passus aufgenommen werden:

Der Dirigent steht zu dem Chor in einem freien Mitarbeiterverhältnis. Die Zahlung von Steuern, Sozialabgaben und Krankenversicherungsbeiträgen obliegt ihm in eigener Verantwortung.

Für den Fall, daß der Dirigent in einem Angestelltenverhältnis zu dem Musikverein steht, ist folgender Passus möglich:

Der Dirigent erhält für seine Tätigkeit eine monatliche Bruttovergütung in Höhe von DM ...., zusätzlich des Arbeitgeberanteils zur Sozialversicherung.

§ 5

Dem Dirigent steht nach einjähriger Dauer des Vertragsverhältnisses ein jährlicher (un-)bezahlter Urlaub von .... Wochen zu.

Die Urlaubszeit fällt, wenn nicht schwerwiegende Gründe entgegenstehen, in die Ferienzeit des Musikvereins.

Im Krankheitsfalle wird dem Dirigenten die vereinbarte Vergütung weitergezahlt. Bei einer Krankheit, die erwarten läßt, daß der Dirigent länger als .... Wochen seine Tätigkeit nicht ausüben kann, wird die vereinbarte Vergütung nach Vorlage einer ärztlichen Bescheinigung bis längstens 6 Wochen nach Beginn der Erkrankung weitergezahlt.

§ 6

Der Dirigentenvertrag wird auf unbestimmte Zeit abgeschlossen; er kann von jeder Vertragspartei unter Einhaltung einer Kündigungsfrist von 6 Wochen zum Ende eines Kalenderhalbjahres gekündigt werden.

Hiervon unberührt bleibt das Recht zur fristlosen Kündigung bei Vorliegen eines wichtigen Grundes.

Die Kündigung hat schriftlich durch eingeschriebenen Brief zu erfolgen.

§ 7

Gerichtsstand für beide Vertragsparteien ist das für den Sitz des Musikvereins zuständige Amtsgericht.

Über das Urheberrecht

(Volker Landtag)

Ende des 19. Jahrhunderts hat sich der rechtliche Grundsatz durchgesetzt, das geistige Eigentum dem Sacheigentum gleichzustellen. Alle Länder der Erde haben daher nach und nach Urheberrechtsgesetze erlassen, die dem Schutz des Urhebers und seiner individuellen geistigen Schöpfung, dem Werk dienen. Das Urheberrecht ist ein fristgebundenes Recht. Bei in der Bundesrepublik Deutschland verlegten Werken erlischt es erst 70 Jahre nach dem Tode des Urhebers. Man nennt dies die „Schutzfrist". Werke im Sinne des Urheberrechts können Schöpfungen auf dem Gebiet der Literatur, Musik, Pantomimik, bildenden Kunst, des Filmes etc. sein. Auch Bearbeitungen eines schon bestehenden Werkes genießen urheberrechtlichen Schutz; hierfür wird allerdings im Falle eines noch geschützten Originalwerkes stets eine Genehmigung des Urhebers benötigt.

Das Gesetz (UrhG) regelt alle Rechte des Urhebers, vor allem seine Verwertungsrechte (.wie z. B. das Vervielfältigungsrecht, Verbreitungsrecht, Aufführungsrecht, Senderecht). So hat der Urheber das ausschließliche Recht, sein Werk in der sogenannten „körperlichen" Form zu verwerten, also beispielsweise in Druckausgaben oder Tonträgern. Da ein Autor dies jedoch in der heutigen arbeitsteiligen Zeit allein nicht oder nur ungenügend durchführen kann, wird er in der Regel einem Verlag das Recht einräumen, das Werk zu nutzen; er räumt dem Verlag meistens ein ausschließliches Nutzungsrecht an dem Werk ein. Der Verlag verpflichtet sich u. a. gegenüber dem Urheber, das Werk zu vervielfältigen und die Vervielfältigungsstücke zu verbreiten, entweder durch Verkauf oder Vermietung. Hier liegt die klassische Tätigkeit des Verlages, das sog. „Notengeschäft".

Während also früher die Tätigkeit des Musikverlages wesentlich im Verkauf und Verleih von Noten gelegen hat, so steht der Verlag heute infolge der technisch möglichen Verwertung des Werkes (Radio, Fernsehen, Tonband, Schallplatten, MC, Video etc.) mehr und mehr als Beauftragter des Urhebers allen Verwertern gegenüber. So hat der Musikverlag nach der Herstellung des Notenmaterials nicht nur für dessen Vertrieb durch geeignete Werbemaßnahmen zu sorgen, sondern die Aufgabe, sich heute oft auch für Aufführungen, Sendungen, Produktionen etc. einzusetzen. Es werden Kataloge, spezielle Prospekte, Ansichtsexemplare, Informationen über den Komponisten etc. an alle Verwerter wie Vereine, Verbände, Dirigenten, Konzertveranstalter, Rundfunkstationen, zusätzlich Presse und Kritiker versandt. Der Verlag benötigt hierzu in der Regel eine große public-relations-Abteilung, die aus fachlich gebildeten Mitarbeitern bestehen muß.

Gelangt ein Werk zur Aufführung, Sendung oder Produktion, dann ist der Interpret – hier also der Musikverein – verpflichtet, es aus rechtmäßig beschafftem Material zu spielen. Der Verlag stellt das Material zur Verfügung, gegen festgelegte Entgelte für den Verkauf, gegen zu vereinbarende für Vermietung. Während für die Verwertung (z. B. Aufführung oder Sendung) bei konzertanten Werken (sog. Kleines Recht) die GEMA zuständig ist, erstellt der Verlag für musikdramatische Werke (Opern, Operetten,

Ballette), auf die das sog. Große Recht zutrifft, den Aufführungs-bzw. Sendevertrag und vereinbart die entsprechenden Gebühren.

Zusammenfassend ist zu sagen, daß der Verlag sich aufgrund der Vertragspartnerschaft für die Förderung des Urhebers und seiner Werke mit ganzer Kraft einsetzt und dessen wirtschaftliche Interessen wahrnimmt. Das finanzielle Risiko der Drucklegung, Verbreitung und weiteren Förderung des Werkes übernimmt dabei der Verlag.

Hier ist auch die Rechtswidrigkeit des unerlaubten Photokopierens angesiedelt. Der Autor, der die Nutzungsrechte an seinem Werk dem Verlag übertragen hat, ist an den Verkaufs- oder Vermietungsumsätzen des Materials durch Vertrag beteiligt. Der Verlag, der das Risiko der Drucklegung mit den hohen Kosten der nach wie vor manuellen Notenherstellung trägt, muß also immer in finanzielle Vorlage treten. Alle Produktionskosten können in der ersten Druckauflage gar nicht aufgefangen werden, weil sonst ein Stimmensatz für den Musikverein nicht mehr zu bezahlen wäre. Diese Kosten müssen also auf mehrere Auflagen verteilt werden. Als Wirtschaftsunternehmen muß der Verlag auch in Verantwortung seinen Mitarbeitern gegenüber (soziale Verpflichtung) mindestens kostendeckend arbeiten, wenn er nicht die Sicherheit seines Betriebes, seiner Mitarbeiter und auch die seiner Autoren gefährden will. Durch das unerlaubte Photokopieren, das ja nicht Einzelfall, sondern nicht nur in der Bundesrepublik Deutschland flächendeckendes Delikt ist, werden Autoren wie den sie vertretenden Verlagen wirtschaftliche Schädigungen zugefügt, die nicht nur gegen das Urheberrecht verstoßen, sondern die Breite des kulturellen Angebots in unserem Land auf Dauer empfindlich beeinträchtigen. Der materielle Diebstahl geistigen Eigentums ist daher auch nicht als Kavaliersdelikt zu betrachten, sondern geht an die Substanz unserer traditionsreichen Kulturlandschaft und des geltenden Rechtes.

GEMA und Blasmusik

(Jürgen Maahn)

Jeder Blasmusiker hat sicher schon einmal von der GEMA gehört. Im vollen Wortlaut heißt sie Gesellschaft für musikalische Aufführungs- und mechanische Vervielfältigungsrechte. In der GEMA haben sich Komponisten, Textdichter und Verleger zur Wahrnehmung der Nutzungsrechte zusammengeschlossen, die ihnen nach dem Urheberrechtsgesetz zustehen. Hierbei handelt es sich um Vergütungen, die Urheber beanspruchen können, wenn ihre Werke öffentlich aufgeführt, im Rundfunk gesendet oder auf Tonträgern (Platten, Kassetten) vervielfältigt und verbreitet werden. Die Komponisten haben die Vorteile einer Verwertungsgesellschaft früh erkannt: Schon 1903 gründeten sie die erste Gesellschaft zur Wahrnehmung ihrer Aufführungsrechte.

Die GEMA arbeitet ohne Gewinn und bildet kein eigenes Kapital. Alle Erträge werden - nach Abzug der zwangsläufig entstehenden Kosten - an die in- und ausländischen Berechtigten weitergegeben. Viele große Organisationen haben mit der GEMA Gesamtverträge abgeschlossen. Davon profitieren auch viele musikausübende Vereine. Die Einzelmitglieder solcher Organisationen erhalten Nachlässe auf die normalen Vergütungssätze. Denn die Vertragspartner leisten der GEMA wertvolle

Hilfe, indem sie ihre Mitglieder über die gesetzlichen und vertraglichen Bestimmungen aufklären. Dadurch spart die GEMA Verwaltungskosten.

Auch Blasmusikvereine haben seit Jahren Gesamtverträge mit der GEMA, so der Bund Deutscher Blasmusikverbände e.V. in Freiburg und der Blasmusikerverband Baden-Württemberg e.V. mit Sitz in Stuttgart, denen allein über 2000 Blasmusikvereine angeschlossen sind. Diese Verträge tragen den besonderen Umständen der Musikausübung bei den Blaskapellen Rechnung. Teilweise enthalten sie Pauschalvereinbarungen, durch die bestimmte Veranstaltungen der Blaskapellen wie z. B. Konzerte, Musikfeste oder auch gesellige Veranstaltungen abgegolten sind. Voraussetzung ist dabei immer, daß die Blaskapellen selbst die Veranstaltungen in eigenem Namen und auf eigene Rechnung durchführen. Der Katalog der abgegoltenen Veranstaltungen ist in den Gesamtverträgen nicht einheitlich, weil bei der Durchführung von Veranstaltungen, etwa aus landsmannschaftlichen Gegebenheiten heraus, Unterschiede bestehen, die zu berücksichtigen waren. Der genaue Wortlaut dieser Pauschalvereinbarungen ist von den Blasmusikverbänden in ihren Mitteilungsblättern und Fachzeitschriften veröffentlicht worden.

Auf keinen Fall sind durch Pauschalvereinbarungen Veranstaltungen abgegolten, bei denen die Blaskapellen lediglich als Mitwirkende engagiert werden oder die im Interesse Dritter, z. B. in der Fremdenverkehrswerbung, stattfinden. Veranstalter muß vielmehr immer die Blaskapelle selbst sein. Wichtig ist, daß alle Veranstaltungen, gleichgültig, ob sie durch die Pauschalvereinbarung abgegolten sind oder nicht, rechtzeitig vor der Durchführung bei der GEMA angemeldet werden müssen. Zweckmäßigerweise sollten dafür die Vordrucke verwendet werden, die die GEMA auf Anforderung zur Verfügung stellt. Die Blaskapellen haben übrigens die Möglichkeit, für ihre Musikveranstaltungen, die nicht durch eine Pauschalvereinbarung eines Blasmusikvereines abgegolten sind, mit der GEMA einen Pauschalvertrag abzuschließen. Auskunft darüber erteilt jede Bezirksdirektion der GEMA. Nachstehend deren Anschriften für Rückfragen und Anmeldungen der Veranstalter:

Bayer. Schwaben, Südbaden, Südwürttemberg
Stettenstraße 6–8
Postfach 101707
W-8900 Augsburg
Telefon 0821-503080
Telefax 0821-50308 88

Berlin, Brandenburg, Mecklenburg-Vorpommern
Ernst-Reuter-Platz 10
Postfach 100267
W-1000 Berlin 10
Telefon 030-3410061
Telefax 030-3424079

Außenstelle:
Pappelgrund 15
O-2759 Schwerin
Telefon 0385-5721432-34

Franken, Oberpfalz
Johannisstraße 1
Postfach 910549
W-8500 Nürnberg 91
Telefon 0911-37116-19
Telefax 0911-37110

Hamburg, Schleswig-Holstein, Bremen,
Teile von Niedersachsen
Schierenberg 66
W-2000 Hamburg 73
Telefon 040-6790930
Telefax 040-67909311

Hessen, Rheinland-Pfalz, Saarland
Abraham-Lincoln-Straße 20
W-6200 Wiesbaden
Telefon 0611-79050
Telefax 0611-790597

Niedersachsen
Blücherstraße 6
Postfach 2129
W-3000 Hannover 1
Telefon 0511-28380
Telefax 0511-817410

Außenstelle:
Hindenburgstraße 37
Postfach 1980
W-2900 Oldenburg
Telefon 0441-75081
Telefax 0441-76955

Nordrhein-Westfalen (regional aufgeteilt)
Südwall 17–19
Postfach 101343
W-4600 Dortmund
Telefon 0231-577010
Telefax 0231-5770188

Aachener Straße 164
Postfach 102542
W-4000 Düsseldorf 1
Telefon 0211-157510
Telefax 0211-1575149

Mohrenstraße 7–9
Postfach 100908
W-5000 Köln 1
Telefon 0221-160130
Telefax 0221-1601312

Nordwürttemberg, Nordbaden
Herdweg 63
Postfach 101753
W-7000 Stuttgart 1
Telefon 0711-222740
Telefax 0711-22274 40

Ober- und Niederbayern
Rosenheimer Straße 11
Postfach 800620
W-8000 München 80
Telefon 089-4800301
Telefax 089-48003940

Sachsen
Industriestraße 25
O-8023 Dresden
Telefon 0351-54949
Telefax 0351-579185

Außenstelle:
Thomas-Mann-Platz 3
O-9072 Chemnitz
Telefon 0371-429909

Außenstelle:
Karlstraße 10
O-7010 Leipzig
Telefon 0341-200504

Sachsen-Anhalt, Thüringen
Steinweg 2
Postfach 777
O-4002 Halle/Saale
Telefon 0345-21596
Telefax 0345-21596

Außenstelle:
Am Anger 21
Postfach 1010
O-5010 Erfurt
Telefon 0361-61261

Außenstelle:
Schneidersgarten 3
Postfach 1448
O-3014 Magdeburg
Telefon 0391-42840

In Übereinstimmung mit den gesetzlichen Bestimmungen ist in allen Gesamtverträgen vereinbart worden, daß nach jeder Veranstaltung ein Programm zu erstellen und der GEMA einzureichen ist. Ein solches Programm muß die Titel der aufgeführten Werke, die Namen von Komponisten, Textdichtern, Bearbeitern und Verlegern und die Anzahl der Aufführungen enthalten.

Das vollständige und richtige Ausfüllen der Programme ist von großer Bedeutung, denn die GEMA braucht sie zur Verteilung der Vergütungen an die Urheber. Einige nehmen es damit manchmal nicht so genau, vielleicht nur deshalb, weil sie sich über die Folgen noch keine Gedanken gemacht haben. Auch wenn es manchmal lästig sein mag, so sollte doch besonders der Blasmusiker bedenken, daß die Komponisten, die seine Musik komponieren, die ihnen zustehenden Tantiemen nur erhalten können, wenn er die Programmausfüllung ernst nimmt.

Vertrag zwischen GEMA und BDBV

Der folgende Vertragstext bildet den Rahmenvertrag, den die GEMA mit dem Bund Deutscher Blasmusikverbände unter der Nr. PV/42 Nr. 12 (1) vom 22. 5. 1978 mit einer Zusatzvereinbarung Nr. 4 vom 9./25. 9. 1985 abgeschlossen hat. Da solche Verträge längerfristige Geltung haben, wird bei diesem Abdruck der Bedingungen auf die immer wieder neu festzulegenden Tarife verzichtet. Die Tarife sind bei der GEMA oder der Geschäftsstelle des BDBV zu erfragen, soweit sie dem Veranstalter nicht vorliegen.

1. AUFFÜHRUNGSGENEHMIGUNG

(1) Die GEMA erteilt dem Bund und den ihm angeschlossenen Blasmusikkapellen die Genehmigung zur Aufführung des jeweils ihrer Verwaltung unterstehenden Musikrepertoires nach Maßgabe der Bestimmungen dieses Vertrages.

(2) Die Aufführungsgenehmigung umfaßt nur die der GEMA zustehenden Rechte.

(3) Eine Übertragung der dem Bund und den Blasmusikkapellen durch diesen Vertrag erteilten Aufführungsgenehmigung auf Dritte ist nicht zulässig.

(4) Die Aufführungsgenehmigung schließt nicht die Berechtigung zur mechanischen Vervielfältigung der aufgeführten Musikstücke (Aufnahme auf Schallplatte, Band, Draht usw.) ein.

2. MITGLIEDSKAPELLEN

Als Mitgliedskapellen des Bundes im Sinne dieses Vertrages gelten nur Blasmusikkapellen (Laienspieler), nicht aber sonstige Vereine und Vereinigungen, die die Mitgliedschaft erwerben können.

3. VERTRAGSHILFE

(1) Der Bund wird im Interesse und zur Förderung einer vertrauensvollen Zusammenarbeit die ihm angeschlossenen Blasmusikkapellen über die Aufgaben der GEMA in geeigneter Weise aufklären und die Blasmusikkapellen zur sorgfältigen Erfüllung der sich für sie aus dem Vertrag ergebenden Verpflichtungen anhalten.

(2) Der Bund wird der GEMA jeden Zu- und Abgang von Blasmusikkapellen, jede Anschriftenänderung und jeden Vorstandswechsel laufend mitteilen.

4. PAUSCHALVERGÜTUNG

(1) Der Bund verpflichtet sich, je Einzelmitglied und je Jahr eine Pauschalvergütung von DM 8,00 ab 1. 1. 1986 und DM 8,10 ab 1. 1. 1987 zuzüglich Umsatzsteuer in der jeweils bei Fälligkeit gesetzlich festgelegten Höhe an die GEMA zu zahlen. Die Zahlungspflicht erstreckt sich auf die Einzelmitglieder aller dem Bund angehörenden Blasmusikkapellen.

(2) Der sich nach Ziff. 4 (1) aufgrund des Mitgliederstandes vom 1. Januar ergebende Betrag ist in vier gleichen Raten am 1. April, 1. Juni, 1. September und 1. Dezember eines jeden Jahres von dem Bund an die GEMA zu entrichten. Gleichzeitig mit der Zahlung am 1. April wird der Bund der GEMA die Gesamtzahl der Einzelmitglieder aller Blasmusikkapellen nach dem Stand vom 1. Januar mitteilen.

(3) Für alle im Laufe des Vertragsjahres hinzukommenden weiteren Einzelmitglieder, deren Zahl der Bund der GEMA am 31. Dezember eines jeden Jahres mitteilen

wird, ist die jährliche Pauschalvergütung zuzüglich Umsatzsteuer am 31. Januar des nächsten Jahres von dem Bund in voller Höhe an die GEMA nachzuzahlen, deren Betragshöhe Bestandteil der befristeten Tarife ist.

(4) Eine sich im Laufe des Vertragsjahres ergebende Verringerung der Zahl der Einzelmitglieder findet keine Berücksichtigung.

(5) Der Bund erklärt sich bereit, der GEMA auf Verlangen alle erforderlichen Unterlagen, die zur Überprüfung der mitgeteilten Zahlen der Einzelmitglieder notwendig sind, zur Einsichtnahme zur Verfügung zu stellen.

5. Durch die Zahlungen nach Ziff. 4 abgegoltene Musikaufführungen

Durch die Zahlungen nach Ziff. 4 sind alle Vergütungen für die Konzerte und geselligen Veranstaltungen der dem Bund angeschlossenen Blasmusikkapellen und die Veranstaltungen des Bundes und seiner Unterorganisationen anläßlich der Bundes- und Kreismusikfeste mit Ausnahme der in Ziff. 6 (5) bis (8) angegebenen Veranstaltungen abgegolten, soweit die Veranstaltungen von den Blasmusikkapellen, dem Bund und seinen Unterorganisationen als alleinige Veranstalter im eigenen Namen und auf eigene Rechnung durchgeführt werden.

6. Durch die Zahlungen nach Ziff. 4 nicht abgegoltene Musikaufführungen

Durch die Zahlungen nach Ziff. 4 sind nicht abgegolten:

(1) Veranstaltungen von Einzelpersonen (Einzelmitglieder der Blasmusikkapellen),

(2) Veranstaltungen, welche Gruppen von Einzelmitgliedern, die durch Aufteilung von Blasmusikkapellen gebildet werden, durchführen,

(3) Veranstaltungen, an denen neben den dem Bund angeschlossenen Blasmusikkapellen andere natürliche oder juristische Personen organisatorisch oder finanziell teilnehmen,

(4) Veranstaltungen, bei denen die Blasmusikkapellen lediglich als Mitwirkende tätig sind,

(5) Veranstaltungen der Blasmusikkapellen, die gleichzeitig fremdem Interesse dienen, z. B.
   a) Veranstaltungen im Interesse oder auf Veranlassung von Städten, Gemeinden, Vereinen, Gastwirten, Fremdenverkehrsorganisationen,
   b) Stand- und Promenadenkonzerte in Fremdenverkehrsorten während der Saison,
   c) Platzkonzerte,
   d) Kurkonzerte,
   e) Veranstaltungen anläßlich von
      - Sängerfesten
      - Straßenfesten (Hocketsen),
      - Sportfesten,
      - Volksfesten (z. B. Kirmesfesten, Schützenfesten),
      - Weinfesten,
      - Dorffesten,
      - Feuerwehrfesten,

- Erntedankfesten und
- Hochzeiten (Ausnahme: Hochzeiten von Mitgliedern der Blasmusikkapellen),

sofern sie fremden Interessen dienen.

f) Veranstaltungen zu Werbezwecken für Wirtschaftsunternehmen,

g) Veranstaltungen anläßlich von Ausstellungen, Messen und Märkten,

(6) Veranstaltungen, die nicht ausschließlich von Amateuren bestritten werden oder bei denen die Mitwirkenden eine Vergütung in irgendeiner Form erhalten.

(7) Veranstaltungen, die bisher regelmäßig von anderen Veranstaltungsträgern durchgeführt wurden.

(8) Reise-Veranstaltungen
(unter Reise-Veranstaltungen sind solche Musikaufführungen zu verstehen, die Blasmusikkapellen im Rahmen einer Gastspielreise außerhalb ihres Sitzes an anderen Orten durchführen).

(9) Musikaufführungen, die durch die Zahlungen nach Ziff. 4 des Gesamtvertrages nicht abgegolten sind, werden in Ansehung der vereinbarten Vertragshilfe nach den jeweils gültigen Vorzugsvergütungssätzen der GEMA (Vorzugssätze bei Gesamtverträgen) in Rechnung gestellt, soweit sie im eigenen Namen und auf eigene Rechnung eines Vertragsberechtigten erfolgen und die Einwilligung ordnungsgemäß nach den Bestimmungen dieses Gesamtvertrages erworben wird.

7. Anmeldung der Musikaufführungen

(1) Der Bund wird die ihm angeschlossenen Blasmusikkapellen verpflichten, alle ihre Veranstaltungen mit Musikdarbietungen spätestens 5 Tage vor Stattfinden bei der zuständigen Bezirksdirektion der GEMA mit folgenden Angaben anzumelden:
a) Tag der Veranstaltung,
b) Art der Veranstaltung,
c) Ort der Veranstaltung,
d) Name des Veranstaltungslokals,
e) Größe des Veranstaltungsraumes in qm (von Wand zu Wand gemessen),
f) Höhe des Eintrittsgeldes, des Tanzgeldes, der Programmgebühren oder eines sonstigen Unkostenbeitrages,
g) genaue Anschrift des Veranstalters.
Für die Anmeldung stellt die GEMA auf Anforderung Anmeldeformulare zur Verfügung.

(2) Nachweislich unvorhergesehene Einzelveranstaltungen der Blasmusikkapellen werden von der GEMA noch als rechtzeitig angemeldet angesehen, wenn die Nachmeldung der Veranstaltungen innerhalb von 3 Tagen nach dem Aufführungstag mit einer entsprechenden Erklärung erfolgt.

8. Programme

(1) Der Bund wird die ihm angeschlossenen Blasmusikkapellen verpflichten, der zuständigen Bezirksdirektion der GEMA innerhalb von 10 Tagen nach jeder Veranstaltung ein genaues Verzeichnis aller aufgeführten Musikstücke zuzusenden.

Die GEMA stellt auf Anforderung vorgedruckte Programmformulare zur Ausfüllung zur Verfügung.

(2) Kommt eine Blasmusikkapelle der Verpflichtung zur Programmeinsendung nicht nach, ist die GEMA berechtigt, für jeden Fall der Versäumnis vom Veranstalter einen Betrag von DM 20,– zu beanspruchen.

9. Nichtangemeldete Musikaufführungen

Die GEMA ist berechtigt, für Musikaufführungen, die nicht rechtzeit angemeldet werden (Ziff. 7), ihre Ansprüche in Höhe der doppelten tariflichen Vergütungssätze geltend zu machen.

10. Mündliche Nebenabreden

Mündliche Nebenabreden haben nur Gültigkeit, wenn sie schriftlich bestätigt werden.

11. Vertragsdauer

Der Vertrag wird zunächst für die Zeit vom 1. Januar 1986 bis 31. Dezember 1987 geschlossen; er verlängert sich jeweils um ein Jahr, falls er nicht drei Monate vor Ablauf schriftlich gekündigt wird. Die Kündigung soll durch eingeschriebenen Brief erfolgen. Jede andere Art der Kündigung ist nur gültig, wenn die Gegenseite sie schriftlich bestätigt.

Berlin, den 25. September 1985
GEMA
Gesellschaft für musikalische
Aufführungs- und mechanische
Vervielfältigungsrechte
gez. Prof. Dr. Erich Schulze
Generaldirektor

Freiburg, den 9. September 1985
BUND DEUTSCHER
BLASMUSIKVERBÄNDE e.V.
gez. Dr. Norbert Nothhelfer
Präsident

Musikverein und Finanzamt[23]

Der Zusammenschluß von Blasmusikern in Vereinen bringt es mit sich, daß die unterschiedlichsten steuerlichen Probleme auf die Vereine zukommen, die alle eine andere Behandlung seitens des Finanzamtes nach sich ziehen. Die Vielfalt der Steuerarten kann im Detail hier nicht abgehandelt werden, zumal die Steuergesetzgebung einer ständigen Fluktuation ausgesetzt ist. Es empfiehlt sich auf jeden Fall, steuerliche Probleme im Vorfeld ihrer Wirksamkeit für den Verein mit dem zuständigen Finanzamt abzuklären. Auf die in Anwendung kommenden Steuern soll aber in Form einer Übersicht eingegangen werden.

Rechtsformen

Der ideelle Verein, jener Verein also, der in der Regel gemeinnützige (oder mildtätige) Zwecke verfolgt, kann rechtsfähiger oder nichtrechtsfähiger Verein sein. Der

23 Auszugsweise entnommen der Schrift „Das Finanzamt und die gemeinnützigen Vereine“, herausgegeben vom Finanzministerium Baden-Württemberg, Pressestelle, Stuttgart, 1990. Änderungen der Finanzgesetzgebung sind vorbehalten.

Verein erlangt Rechtsfähigkeit durch Eintragung in das Vereinsregister. Er führt dann die Bezeichnung „eingetragener Verein“ (e.V.). Bei der Besteuerung wird zwischen diesen beiden Vereinsformen kein Unterschied gemacht.

Tätigkeitsbereiche und Finanzquellen

Im Mittelpunkt der Vereinstätigkeit steht in der Regel die satzungsmäßige „ideelle Aufgabenstellung“ (siehe auch S. 193), wie Förderung des Gesangs, der Musik, der Heimatpflege und des Sports. Da der Verein von Idealen allein nicht leben kann, ist er zur Verwirklichung seiner Ziele im allgemeinen auf finanzielle Mittel angewiesen.

Von den Mitgliedern werden deshalb laufende Beiträge erhoben, vielfach auch zusätzliche Spenden erwartet. Im Rahmen besonderer Programme gewährt die öffentliche Hand den Vereinen und ihren Verbänden zur Förderung der ideellen Zwecke oftmals Zuschüsse, z. B. Bundes- oder Landesjugendplan.

Bei festverzinslicher Anlage ihrer Geldmittel oder aus langfristiger Vermietung von Gegenständen können den Vereinen weitere Einnahmen im Bereich der „Vermögensverwaltung“ zufließen.

Außer dem ideellen Kernbereich und der Vermögensverwaltung sind bei den Vereinen durchweg auch wirtschaftliche Betätigungen anzutreffen. Das sind z. B. Veranstaltungen kultureller, sportlicher oder geselliger Art gegen Eintrittsgeld, Abhaltungen von Jahresfesten, Weihnachtsfeiern, Meisterschaftsfeiern, Sportfesten u. ä. sowie Unterhaltung von Vereinsgaststätten. Steuerlich werden solche selbständige und nachhaltige Tätigkeiten, durch die Einnahmen oder andere wirtschaftliche Vorteile erzielt werden, als „wirtschaftlicher Geschäftsbetrieb“ bezeichnet. Dient ein solcher Betrieb der notwendigen Verwirklichung der steuerbegünstigten Satzungszwecke des Vereins, ist er zur Erreichung dieser Ziele unentbehrlich und tritt ferner mit seiner Unterhaltung kein schädlicher Wettbewerb zu vergleichbaren steuerpflichtigen Betrieben ein, ist ein sogenannter „Zweckbetrieb“ gegeben. Aktivitätsbereiche dieser Art werden bei gemeinnützigen, mildtätigen und kirchlichen Zwecken dienenden Vereinen steuerlich günstiger behandelt als diejenigen wirtschaftlichen Tätigkeiten, bei denen die Vereine in einen ernsthaften und vermeidbaren Wettbewerb zu steuerpflichtigen Unternehmen treten. Die steuerlich bedeutsamen Tätigkeitsbereiche im Sinn des gemeinnützigen Vereins zeigt folgendes Schaubild:

IDEELLER BEREICH (z. B. Förderung von Sport und Kultur)	VERMÖGENSVERWALTUNG (z. B. Geldanlage und langfristige Vermietung von Vereinsvermögen)
Wirtschaftlicher Geschäftsbereich	
a) STEUERBEGÜNSTIGTER ZWECKBETRIEB (z. B. kulturelle, sportliche und gesellige Veranstaltungen bei Erfüllung bestimmter Voraussetzungen)	b) STEUERPFLICHTIGER WIRTSCHAFTLICHER ZWECKBETRIEB (z. B. Vereinsgaststätte, kommerzielle Werbung und andere Wettbewerbsbetriebe)

Vereine, die durch ihr zuständiges Finanzamt als gemeinnützige Personenvereinigung im Sinne der steuerlichen Bestimmungen anerkannt werden, genießen mancherlei Steuervorteile. Die Anerkennung der Gemeinnützigkeit ist deshalb für jeden Verein von besonderer Bedeutung. Er verfolgt dann gemeinnützige Zwecke, wenn er nach Satzung und tatsächlicher Geschäftsführung ausschließlich und unmittelbar die Allgemeinheit selbstlos fördert. Dies ist beispielsweise der Fall bei Vereinen, die

- der Kunst und Kultur,
- der Bildung und Erziehung oder
- dem Heimatgedanken

dienen. Musik- und Gesangvereine erfüllen in aller Regel diese Voraussetzungen. Dabei ist zu beachten, daß in der Vereinsarbeit eines Musikvereins nicht die geselligen Veranstaltungen im Vordergrund stehen, sondern die volksbildnerischen und künstlerischen. Dabei muß ein solcher Verein einer breiten Öffentlichkeit offenstehen, darf also nicht durch bestimmte Maßnahmen Exklusivität anstreben.

Die steuerliche Anerkennung der Gemeinnützigkeit setzt nicht nur voraus, daß der Verein tatsächlich gemeinnützige Ziele verfolgt, sondern er muß dies auch in seiner Satzung festlegen. In der Satzung muß daher zum Ausdruck kommen,

- daß der Verein ausschließlich und unmittelbar gemeinnützige Zwecke selbstlos verfolgt, wobei diese im einzelnen aufzuführen sind;
- daß die Mittel des Vereins nur für satzungsmäßige Zwecke verwendet werden und die Mitglieder keine Gewinnanteile und in ihrer Eigenschaft als Mitglieder auch keine sonstigen Zuwendungen aus Mitteln des Vereins erhalten;
- daß der Verein keine Person durch Ausgaben, die dem Zweck des Vereins fremd sind, oder durch unverhältnismäßig hohe Vergütung begünstigt;
- daß bei Auflösung des Vereins oder bei Wegfall seines bisherigen Zwecks das Vermögen nur für steuerbegünstigte Zwecke verwendet werden darf (Grundsatz der Vermögensbildung).

Da das Finanzamt über die Gemeinnützigkeit entscheidet, ist es auch berechtigt, in gewissen Zeitabständen zu überprüfen, ob die Voraussetzungen für die Gemeinnützigkeit noch gegeben sind. Vereine, deren tatsächliche Geschäftsführung sich mit den erklärten gemeinnützigen Zielen deckt und die durch ordnungsgemäße Aufzeichnungen ihrer Einnahmen und Ausgaben den entsprechenden Nachweis leicht und einwandfrei führen können, werden einer solchen gelegentlichen Überprüfung ihrer Gemeinnützigkeit mit großer Gelassenheit entgegensehen und brauchen sich deshalb keinesfalls zu sorgen.

Körperschaftssteuer

Die in ihren Auswirkungen wohl am härtesten empfundene Steuer ist die Körperschaftssteuer, die vom Einkommen der Vereine erhoben wird. Zum Einkommen gehören grundsätzlich dieselben Einkunftsarten wie bei den der Einkommensteuer unterliegenden natürlichen Personen, also insbesondere die

- Einkünfte aus Land- und Forstwirtschaft,
- Einkünfte aus Gewerbebetrieben und sonstigen wirtschaftlichen Geschäftsbetrieben,
- Einkünfte aus Kapitalvermögen und aus Vermietung und Verpachtung.

Die als gemeinnützig anerkannten Vereine sind von der Körperschaftssteuer grundsätzlich befreit. Die Befreiung gilt allerdings insoweit nicht, als ein wirtschaftlicher Geschäftsbetrieb unterhalten wird. Ein wirtschaftlicher Geschäftsbetrieb (z. B. Gastwirtschaft) ist eine selbständige nachhaltige Tätigkeit, durch die Einnahmen oder andere wirtschaftliche Vorteile erzielt werden und die über den Rahmen einer Vermögensverwaltung hinausgeht. Die Befreiung erstreckt sich auf folgende Bereiche:

1. Erträge im ideellen Tätigkeitsbereich

a) Echte Mitgliedsbeiträge, wobei vorausgesetzt wird, daß Art und Höhe der Beiträge aus der Satzung zu entnehmen sind,

b) Spenden sowie Zuschüsse der öffentlichen Hand,

c) Schenkungen, Erbschaften und Vermächtnisse.

2. Erträge aus Vermögensverwaltung

a) Zinsen aus Bank- und Sparguthaben,

b) Erträge aus Wertpapieren,

c) Mieten aus Grundbesitz und Erlöse aus dem Verkauf von Grundstücken und anderen Vermögensgegenständen, soweit diese nicht in einem steuerpflichtigen wirtschaftlichen Geschäftsbetrieb anfallen,

d) Pachtzinsen aus der Verpachtung wirtschaftlicher Geschäftsbetriebe.

Gewerbesteuer

Die Gewerbesteuerpflicht beschränkt sich bei gemeinnützigen Vereinen auf die wirtschaftlichen Geschäftsbetriebe. Die steuerliche Behandlung deckt sich insoweit mit der der Körperschaftssteuer. Nicht der Gewerbesteuer unterliegen danach

a) der ideelle Tätigkeitsbereich des Vereins,

b) die bloße Vermögensverwaltung und

c) die Zweckbetriebe (s. o.).

Umsatzsteuer

Gemeinnützige Vereine unterliegen der Umsatzsteuer, soweit sie nachhaltig zur Erzielung von Einnahmen, Lieferungen oder sonstige Leistungen gegen Entgelt ausführen, also unternehmerische Tätigkeiten ausüben. Nachhaltigkeit besteht z. B. schon dann, wenn ein Musikverein jedes Jahr ein Musikfest veranstaltet und dabei Eintrittsgelder erhebt oder Eigenbewirtschaftung einer Vereinsgaststätte betreibt.

Einnahmen aus Mitgliedsbeiträgen, Zuschüssen oder Spenden an den Verein lösen keine Umsatzsteuer aus, da es in diesen Fällen an einer Gegenleistung des Vereins an den einzelnen Beitragszahler fehlt.

Von den zahlreichen Befreiungsvorschriften des Umsatzsteuergesetzes ist für Vereine insbesondere die Steuerfreiheit der Vermietung und Verpachtung von Grundstücken bedeutsam. Wird z. B. die Vereinsgaststätte an einen Gastwirt verpachtet oder die vereinseigene Turn- oder Mehrzweckhalle an einen Musik- oder Gesangverein zeitweilig vermietet, unterliegen diese Einnahmen nicht der Umsatzsteuer, soweit sie Entgelt für die Gebrauchsüberlassung von Grundstücken darstellen. Mitvermietete Betriebsvorrichtungen sind von der Befreiung jedoch ausgeschlossen. Weitere Befreiungen bestehen z. B. für kulturelle Veranstaltungen, soweit das Entgelt in Teilnehmergebühren besteht.

Vermögenssteuer

Die Vermögenssteuerpflicht beschränkt sich bei gemeinnützigen Vereinen auf die wirtschaftlichen Geschäftsbetriebe. Die steuerliche Behandlung deckt sich insoweit mit der der Körperschafts- und Gewerbesteuer.

Lotteriesteuer

Veranstaltet ein Verein Lotterien oder Ausspielungen, so kann unter Umständen die Lotteriesteuer in Anwendung kommen. Die weit verbreitete Form der Tombola ist jedoch steuerfrei, wenn

a) der Gesamtpreis der Lose die vom Gesetzgeber als Höchstgrenze festgelegte Geldsumme nicht überschreitet und keine Bargeldgewinne ausgeschüttet werden oder

b) eine Ausspielung, die von der zuständigen Behörde genehmigt ist, ausschließlich gemeinnützigen, mildtätigen oder kirchlichen Zwecken dient.

Grunderwerbssteuer

Seit 1. 1. 1983 ist das neue bundeseinheitliche Grunderwerbssteuergesetz in Kraft, das eine Befreiung der Grundstückserwerbe von gemeinnützigen Vereinen nicht mehr kennt. Die Grunderwerbssteuer ist gleichzeitig von früher 7 % auf 2 % der Bemessungsgrundlage gesenkt worden.

Grundsteuer

Die gemeinnützigen Vereine sind von der Grundsteuer befreit, soweit der Grundbesitz für steuerbegünstigte Zwecke benutzt wird. Im Blick auf Musikvereine bleibt der allein musikalischen Zwecken dienende Grundbesitz grundsteuerfrei, wenn er für diesen Zweck zur Verfügung gestellt wird, z. B. reine Übungsräume, Ausbildungszimmer, Verwahrräume für Instrumente, Noten und weiteres Zubehör, auch kleinere, einfach ausgestattete Erfrischungsräume, nicht aber solche, die der Erholung und Geselligkeit dienen. Demnach sind Räume einer Vereinsgaststätte und die Wohnung des Übungsleiters nicht steuerfreier Grundbesitz.

Über Steuerbefreiung entscheidet das Finanzamt. Sind die Voraussetzungen hierfür gegeben, so sollte der Verein unverzüglich einen entsprechenden Befreiungsantrag beim Finanzamt stellen. Eine rückwirkende Befreiung ist aus verfahrenstechnischen Gründen in der Regel nicht möglich.

Lohnsteuer

Vereine, die zur Erfüllung ihrer Aufgaben Arbeitnehmer beschäftigen, sind Arbeitgeber und unterliegen als solche den allgemeinen Bestimmungen des Lohnsteuerrechtes. Dabei spielt es keine Rolle, ob es sich um Aufgaben mit ideeller Zielsetzung (z. B. den eigentlichen Musikbetrieb) oder um solche mit wirtschaftlichem Charakter (z. B. Verkauf von Getränken usw.) oder um verwaltungsmäßige Geschäfte (z. B. Vereinsgeschäftsstelle) handelt.

Arbeitnehmer des Vereins sind Personen, die zu dem Verein in einem Dienstverhältnis stehen und daraus Arbeitslohn beziehen. Ein Dienstverhältnis liegt vor, wenn der Beschäftigte den ihm gegebenen geschäftlichen Weisungen über Art, Ort und Zeit der Beschäftigung folgen muß und nur seine Arbeitskraft schuldet. Auf die Dauer der Beschäftigung kommt es grundsätzlich nicht an. Auch Personen, die eine

Aushilfs- oder Nebentätigkeit ausüben, sind - wenn die übrigen Voraussetzungen vorliegen - Arbeitnehmer.

Die Bezeichnung oder die vertragliche Form, die für das Beschäftigungsverhältnis gewählt wird, ist nicht ausschlaggebend. Für die steuerrechtliche Beurteilung kommt es auf die tatsächlichen Verhältnisse an.

Ein Arbeitsvertrag braucht nicht schriftlich abgefaßt zu sein, er kann auch mündlich oder stillschweigend geschlossen werden.

Als Arbeitnehmer sind z. B. anzusehen

a) Personen, die beim Verein fest angestellt sind,
b) Personen, die im Rahmen eines wirtschaftlichen Geschäftsbetriebes, der vom Verein selbst unterhalten wird, beschäftigt werden, (z. B. Tanzkapellen),
c) Dirigenten und sonstige Übungsleiter, die vom Verein hauptberuflich verpflichtet werden.

Vereinsmitglieder, deren Tätigkeit bei besonderen Anlässen eine bloße Gefälligkeit oder eine gelegentliche Hilfeleistung darstellt, die als Ausfluß persönlicher Verbundenheit und nicht zu Erwerbszwecken erbracht wird, sind insoweit nicht Arbeitnehmer. Denn wenn sie für ihre Hilfeleistung überhaupt eine Vergütung erhalten, so ist diese als Abgeltung des Verpflegungsmehraufwandes zu betrachten.

Personen, die bei ihrer Tätigkeit für den Verein, z. B. im Übungsbetrieb, in einem wirtschaftlichen Betrieb oder in der Verwaltung nicht fest in die Vereinsorganisation eingegliedert sind und sich nicht an geschäftsleitende Weisungen halten müssen, sondern in eigener Verantwortung handeln, sind selbständig tätig und nicht Arbeitnehmer. Keine Arbeitnehmer sind daher nebenberufliche Kapellenleiter von Musikvereinen, wenn der Umfang ihrer Tätigkeit durchschnittlich sechs Stunden in der Woche nicht übersteigt. Dieser Personenkreis übt eine freiberufliche Tätigkeit aus. Die dafür gezahlten Vergütungen unterliegen nicht dem Lohnsteuerabzug, sondern führen gegebenenfalls beim Empfänger zur Einkommensteuerveranlagung. Auch Pächter von vereinseigenen Gaststätten, gewerbliche Unternehmer also, fallen nicht unter den Bereich der Lohnsteuer seitens des Vereins.

Die unentgeltliche Ausübung eines Ehrenamtes (z. B. als Vereinsvorsitzender) begründet kein Dienstverhältnis im steuerlichen Sinne. Daran ändert auch die allgemein übliche Regelung nichts, daß diesen ehrenamtlich Tätigen tatsächlich entstandene Unkosten ersetzt werden (Reisekosten, Porto, Telefongebühren usw.).

Aufwandsentschädigungen für nebenberufliche Tätigkeiten als Übungsleiter zur Förderung gemeinnütziger Zwecke im Dienst oder Auftrag eines steuerbegünstigten Vereins sind mit einem jährlichen Höchstbetrag von der Einkommensteuer befreit (beim Finanzamt zu erfragen). Das gilt gleichermaßen für selbständig (freiberuflich) ausgeübte wie für unselbständig wahrgenommene nebenberufliche Tätigkeiten.

Die begrenzte steuerliche Freistellung der Entschädigungen an den genannten Personenkreis vereinfacht für den Verein und die begünstigten Empfänger die verwaltungsmäßige Abwicklung solcher Vergütungen. Bei unselbständig Tätigen entfällt der Lohnsteuerabzug, soweit die Jahresbezüge den zulässigen Höchstbetrag nicht übersteigen. Allerdings muß der Übungsleiter oder Ausbilder dem Verein versichern, daß er die Aufwandsentschädigung nicht bereits bei anderen Arbeitgebern in Anspruch nimmt.

Spenden

Die einem Verein zufließenden Spenden und Mitgliederbeiträge unterliegen bei ihm grundsätzlich nicht der Besteuerung. Dabei ist es unerheblich, ob die Mitglieder oder Förderer des Vereins die Beiträge und Spenden steuerlich absetzen können. Trotzdem liegt die steuerliche Abzugsfähigkeit der Beiträge und Spenden auch im Interesse des Vereins, weil sie ihm erfahrungsgemäß die Beitragserhebung erleichtert und Spendenaufrufen innerhalb und außerhalb des Mitgliederkreises leichter zum Erfolg verhilft.

Bei den Spenden müssen die Voraussetzungen des Spendenabzugs, die speziellen Voraussetzungen bei Musikvereinen, die Begrenzung der Spendenhöhe und die Bedingungen für die Ausstellung einer Spendenbescheinigung bedacht werden.

Hier wie in allen vorher angesprochenen Fällen hilft das Finanzamt oder auch ein Steuerberater weiter. Das Finanzamt ist auch insofern der richtige Ansprechpartner, als es zur richtigen Auskunft verpflichtet und über den genauen Stand der jeweiligen Finanzgesetzgebung genauestens informiert ist.

Musikverein und die Versicherungen

Jedem Mitglied und jedem Musikverein steht es grundsätzlich frei, sich gegen die für ihn anfallenden Gefährdungen oder Schadensfälle zu versichern oder nicht. Dies trifft auch auf die Wahl einer Versicherungsgesellschaft zu, bei der sich der Verein versichern lassen will. Versicherungen sind freie Wettbewerbsbetriebe, die mit unterschiedlichen Beitragssätzen, Deckungssummen, Leistungen und Bedingungen arbeiten. Es ist daher auch unzulässig, im Rahmen des Handbuchs der Blasmusik einzelne Versicherungen zu nennen oder gar zu bewerten.

Dennoch gibt es Versicherungsgesellschaften, die mit Musikverbänden sogenannte Rahmenverträge abschließen, weil dadurch die Versicherungsbeiträge bei einer großen Zahl von Versicherten relativ klein gehalten werden können, also für den Versicherungsnehmer kostenmäßig günstig sind. Folgende Versicherungen werden für den Bereich des Blasmusikwesens angeboten:

Unfallversicherungen

In der Regel erstrecken sich die Unfallversicherungen auf alle aktiven Mitglieder des Musikvereins inklusive der Schüler bzw. Jugendlichen. Auch die Vorstandsmitglieder sind hier eingeschlossen. Auch fördernde Mitglieder können mitversichert werden. Dies empfiehlt sich besonders für solche Personen, die als Aufsichtspersonal für Jugendliche tätig sind.

Versichert werden Unfälle während der Teilnahme an Veranstaltungen des Vereins wie Proben, Aufführungen, Versammlungen, Feste und vergleichbare Veranstaltungen. Darin eingeschlossen sind Unfälle, die auf dem direkten Weg zum oder vom Veranstaltungsort sich ereignen, auch bei Busfahrten zu auswärtigen Veranstaltungen. Die Frage, ob die zuständige Berufsgenossenschaft (BG) für Helfer bei Baumaßnahmen – auch Zeltauf- oder -abbau – Versicherungsschutz bieten, muß vor Beginn der Arbeiten durch die BG geklärt werden. In jedem Fall empfiehlt sich eine private Unfallversicherung.

Vereins-Haftpflicht-Versicherung

Sie bezieht sich auf die Versicherung der gesetzlichen Haftpflicht des Vereins und oft auch auf die persönliche gesetzliche Haftpflicht der Vorstandsmitglieder und der Personen, die im Interesse oder Auftrag des Vereins tätig sind. Diese Versicherung hat die Doppelfunktion, berechtigte Ansprüche zu befriedigen und unberechtigte abzuwehren bis hin zu prozessualen Auseinandersetzungen.

Es werden hier Mitversicherungen angeboten für die gesetzliche Haftpflicht des Vereins als Eigentümer, Mieter, Pächter und Nießbraucher von Probelokalen, auch solche Ansprüche, die aus der Verletzung von Pflichten, die dem Verein obliegen, entstehen (Fragen der Straßenreinigung und Beleuchtungsfragen).

Veranstalter-Haftpflicht-Versicherung

Dieser Versicherungstyp erstreckt sich in erster Linie auf die Durchführung bestimmter Vereinsveranstaltungen vom Konzert bis hin zum mehrtägigen Jubiläumsfest. Versichert werden Musiker des eigenen Vereins wie auch aktiv teilnehmende Musiker oder Gruppen anderer Vereine, Hilfspersonal für die Durchführung der Veranstaltung oder für den Auf- und Abbau von Zelten, Tribünen usw., sowie die Besucher solcher Veranstaltungen.

Haftpflicht-Versicherungsschutz für Mietschäden

Sie bezieht sich auf die Versicherung der gesetzlichen Haftpflicht des Vereins bei Sachschäden an fremdem Eigentum oder Besitz wie Gebäude oder Übungsräume.

Kasko-Versicherung

Die Kaskoversicherung ersetzt Schäden, die an Kraftwagen entstehen, die von einem Vereinsmitglied im Interesse des Vereins benutzt werden. Der Deckungsumfang ist hier unterschiedlich und stark gestaffelt.

Musikinstrumenten-Versicherung

Diese Versicherung erstreckt sich in der Regel auf die Musikinstrumente einschließlich Verstärker, Mikrofone, Lautsprecher und anderes Instrumentenzubehör. Versichert werden auch Pulte und Noten, nicht aber Tonaufnahmegeräte, Rundfunk- und Fernsehgeräte, Plattenspieler usw. Der Versicherungsschutz erstreckt sich sowohl auf Beschädigung wie auf den Verlust der Instrumente und des Zubehörs aus unterschiedlichen Motiven.

Empfehlenswerte Bücher für den Blasmusiker

Die folgende Liste stellt nur eine Auswahl aus einem in letzter Zeit erfreulicherweise zunehmenden Bücherangebot zu dieser Thematik dar.

1. Allgemeines, Dirigieren

Deisenroth, Friedrich: Spielmannswesen – Informationen und Fachaufsätze; V: Selbstverlag, Auslieferung durch die Geschäftsstelle des Bundesverbandes Deutscher Blasmusikverbände, Stuttgart

Ehmann, Wilhelm: Der Bläserchor – Besinnung und Aufgabe; V: Bärenreiter, Kassel

Frei, Herbert: Gedanken zur Blasmusik und zur Tätigkeit des Blasmusikdirigenten; V: H. Frei Eigenverlag, CH-5507 Mellingen

Rameis, Emil: Die österreichische Militärmusik von ihren Anfängen bis zum Jahre 1918, ergänzt von E. Brixel; V: Hans Schneider, Tutzing

Schaper, Heinz-Christian: Dirigieren compact, Grundwissen und Übungen; V: B. Schott's Söhne, Mainz (ED 8824)

Scherchen, Hermann: Lehrbuch des Dirigierens; V: B. Schott's Söhne, Mainz (ED 4209)

Suppan, Wolfgang: Lexikon des Blasmusikwesens; V: Fritz Schulz, Freiburg-Tiengen

Veit, Gottfried: Die Blasmusik - Studie über die geschichtliche Entwicklung der geblasenen Musik; V: Helbling, Innsbruck

Walter, Bruno: Von der Musik und vom Musizieren; V: S. Fischer, Frankfurt am Main

Wolschke, Martin: Elementare Dirigierlehre; V: B. Schott's Söhne, Mainz (B 15)

Zurmühle, Otto: Der Blasmusikdirigent; V: Emil Ruh, Adliswil bei Zürich

2. Musiklehre

Schanelec, Hans: Arbeitsbuch für Musik; V: Siegfried Rundel, Rot an der Rot

Schneider, Willy: Gelesen - gelernt, elementare Musikkunde; V: B. Schott's Söhne, Mainz (ED 6076)

Schneider, Willy: Transponierende Instrumente; V: B. Schott's Söhne, Mainz (ED 5946)

Schneider, Willy: Was man über Musik wissen muß - Musiklehre für jedermann; V: B. Schott's Söhne, Mainz (ED 4205)

Zettler, Richard: Kurzgefaßtes ABC der Musiklehre; V: Siegfried Rundel, Rot an der Rot

Ziegenrücker, Wieland: Allgemeine Musiklehre; V: Piper-Schott, München/Mainz (SP 8201)

3. Bücher zum Unterricht

Burum, Heinz: Das Geheimnis des richtigen Ansatzes; V: Deutscher Volksmusikerbund e.V.

Farkas, Philip: Die Kunst der Blechbläser, Ansatzgrundlagen; V: Edition Hans Pizka, München

Frei, Herbert: Instrumental- und Trompetenunterricht; V: H. Frei Eigenverlag, CH-5507 Mellingen

Frei, Herbert: Unterrichts- und Spielliteratur für den Unterricht; V: H. Frei Eigenverlag, CH-5507 Mellingen

Hofmann, Heinrich: Über den Ansatz der Blechbläser; V: Bärenreiter, Kassel

Quinque, Rolf: ASA-Methode (Atmung - Stütze - Ansatz) für Trompete oder beliebige Blech-Instrumente; V: Edition BIM, CH-1630 Bulle

Regner, Hermann: Die Blasinstrumente in der Jugendarbeit; V: Möseler Verlag, Wolfenbüttel

4. Instrumentenkunde

Albrecht, Gerd: Musikinstrumente und wie man sie spielt; V: Atlantis Verlag, Zürich
Bärmann, Karl: Die Klarinette; V: André, Offenbach (ED 502)
Brymer, Jack: Die Klarinette; V: Edition Sven Bergh, CH-6314 Unterägeri/Zug
Frei, Herbert: Trompete und Trompeter; V: H. Frei Eigenverlag, CH-5507 Mellingen
Jakob, Friedrich: Schlagzeug; V: B. Schott's Söhne, Mainz (ED 8864)
Janetzky, Kurt / Brüchle, Bernhard: Das Horn; V: B. Schott's Söhne, Mainz (ED 8865)
Joppig, Gunther: Oboe und Fagott; V: B. Schott's Söhne, Mainz (ED 8866)
Kotonski, Wlodzimierz: Schlaginstrumente im modernen Orchester; V: B. Schott's Söhne, Mainz (ED 5522)
Kunitz, Hans: Instrumenten-Brevier; V: Breitkopf & Härtel, Wiesbaden
Meylan, Raymond: Die Flöte; V: B. Schott's Söhne, Mainz (ED 8868)
Overton, Friend Robert: Der Zink; V: B. Schott's Söhne, Mainz (ED 6977)
Peinkofer, Karl / Tannigel, Fritz: Handbuch des Schlagzeugs; V: B. Schott's Söhne, Mainz (ED 5524)
Scheck, Gustav: Die Flöte und ihre Musik; V: B. Schott's Söhne, Mainz (ED 6364)
Seifers, Heinrich: Systematik der Blasinstrumente; V: Verlag Das Musikinstrument, Frankfurt am Main
Tarr, Edward: Die Trompete; V: B. Schott's Söhne, Mainz (ED 8871)
Stauder, Wilhelm: Einführung in die Instrumentenkunde; V: Heinrichshofen, Wilhelmshaven
Valentin, Erich: Handbuch der Musikinstrumentenkunde; V: Gustav Bosse Verlag, Regensburg
Vogel, Martin: Die Intonation für Blechbläser, neue Wege im Metallblasinstrumentenbau; V: Verlag für systematische Musikwissenschaft, Bonn 3

Einschlägige Schulen für Blasinstrumente (Auswahl)

Flöte

Graf, Peter-Lukas: Check-up, 20 Basis-Übungen; V: B. Schott's Söhne, Mainz (ED 7864)
Gümbel, Martin: Lern- und Spielbuch für Flöte; V: Bärenreiter, Kassel (BA 3340)
Richter, Werner: Schule für Querflöte; V: B. Schott's Söhne, Mainz (ED 4777)
Schmitz, Hans Peter: Flötenlehre; V: Bärenreiter, Kassel (BA 3299 und 3300)
Flöten-Spicker, Grifftabelle und Trillertabelle; V: Music Factory, Mainz (MF 1014)

Oboe

Hinke, Gustav Adolf: Praktische Elementarschule für Oboe; V: Peters, Frankfurt (EP 2418)
Koch, Rolf Julius: Die Technik des Oboenspiels; V: B. Schott's Söhne, Mainz (ED 7634)
Sous, Alfred: Neue Oboenschule; V: Peters, Frankfurt (EP 8066)

Klarinette

Baermann, Carl: Klarinettenschule; V: André, Offenbach
Balassa-Berkes: Klarinettenschule; V: Editio Musica, Budapest
Kietzer, Robert: Schule für Klarinette; V: Zimmermann, Frankfurt

Koch, Ewald: Klarinettenschule; V: Breitkopf & Härtel, Wiesbaden (DV 30008 a und DV 30009 a)

Schneider, Willy: Schule für Klarinette; V: B. Schott's Söhne, Mainz (ED 4466)

Saxophon

Hauck, Franz: Neue Saxophonschule; V: B. Schott's Söhne, Mainz (ED 3976)

Londeix, Jean Marie: Saxophon spielend leicht; V: Blasmusikverlag Fritz Schulz, Freiburg

Fagott

Seltmann, Werner / Angerhöfer, Günther: Fagott-Schule (6 Bde.); V: B. Schott's Söhne, Mainz (ED 7040 bis 7044)

Weißenborn, Julius: Fagottschule; V: Forberg/Jurgenson, Bonn-Bad Godesberg

Horn

Franz, Oscar: Waldhornschule; V: Rudolf Erdmann, Wiesbaden

Hoeltzel, Michael: Horn-Schule; V: B. Schott's Söhne, Mainz (Bd. 1 ED 6912, Bd. 2 ED 7320)

Stern, Herbert / Schneider, Willy: Schule für Waldhorn; V: B. Schott's Söhne, Mainz (ED 5541)

Trompete

Arban, J. B.: Vollständige Schule für Kornett, Piston und Flügelhorn; V: Hofmeister, Hofheim/Taunus

Schmidt, Michael: Trompeten-Schule; V: B. Schott's Söhne, Mainz (Bd. 1 ED 6945, Bd. 2 ED 7464)

Schneider, Willy: Schule für Trompete, Flügelhorn oder Kornett in B; V: B. Schott's Söhne, Mainz (ED 4465)

Stegmann, Richard: Elementare Trompetenschule; V: Musikverlag Stegmann, Würzburg

Tenorhorn (Althorn)

Burger, Matthias: Schule für Tenor- oder Alt-Horn (Baryton oder Ventilposaune im Violinschlüssel); V: B. Schott's Söhne, Mainz (ED 5133)

Fanfare - Signaltrompete

Scheib, Erich: Schule für Fanfare oder Signaltrompete; V: B. Schott's Söhne, Mainz (ED 5222)

Posaune

Burger, Matthias: Schule für Zugposaune; V: B. Schott's Söhne, Mainz (ED 4888)

Müller, Robert: Posaunenschule; V: Zimmermann, Frankfurt

Stegmann, Richard: Elementare Posaunenschule; V: Musikverlag Stegmann, Würzburg

Bläser-Ensemble

Schneider, Willy: Chorische Bläserschule in B-Stimmung; V: B. Schott's Söhne, Mainz (ED 4467)

Schneider, Willy: Chorische Bläserschule in C-Stimmung (für Posaunenchöre, Flöte und Oboe ad lib.); V: B. Schott's Söhne, Mainz (ED 4887)

Verlage und ihre Anschriften (Blasmusikverlage)

Verlagsname	Anschrift, Telefon	O	U	K	C	S[24]
Adler-Musikverlag	Postfach 9 A-8990 Bad Aussee Tel. ((0)61 52) 45 88		●			
Bärenreiter-Verlag	3500 Kassel-Wilhelmshöhe Heinrich-Schütz-Allee 31–37 Postfach 10 03 29 Tel. (05 61) 3 10 50 Fax (05 61) 3 10 52 40			●	●	
Georg Bauer KG	7500 Karlsruhe 1 Werderstraße 40–44 Postfach 14 67 Tel. (07 21) 37 40 37 Fax (07 21) 37 72 36	●	●	●	●	
BIM (Bureau d'Information Musicales – J. P. Mathez)	CH-1630 Bulle Rue de Moléson 14 Tel. ((0)29) 2 44 22			●		
Hermann Bohne	7750 Konstanz Gaußweg 4 Tel. (0 75 31) 7 44 77		●		●	
Boosey & Hawkes	5300 Bonn 1 Prinz-Albert-Straße 26 Postfach 12 64 Tel. (02 28) 22 50 11 Fax (02 28) 26 14 81			●		
Bosworth & Co.	5000 Köln 1 Richartzstraße 10 Postfach 10 02 05 Tel. (02 21) 21 14 79 Fax (02 21) 24 76 15		●		●	
Breitkopf & Härtel	6200 Wiesbaden Walkmühlstraße 52 Postfach 17 07 Tel. (06 11) 4 90 30 Fax (06 11) 49 03 59			●		

[24] O = Originalwerke für Blasmusik, U = Unterhaltende Blasmusik, K = Kleine Bläserbesetzungen, C = Blasmusik mit Chor, S = Schulen

Verlagsname	Anschrift, Telefon	O	U	K	C	S
Cortina-Musikverlag Siegfried Gabler	7500 Karlsruhe 1 Kornblumenstraße 1 Postfach 1926 Tel. (0721) 695489		●		●	
Wilhelm Halter	7500 Karlsruhe 21 Gablonzer Straße 24 Postfach 210662 Tel. (0721) 553334 Fax (0721) 562674	●	●	●	●	●
Helbling	A-6021 Neu-Rum/Innsbruck Kaplanstraße 9 Postfach 416 Tel. ((0)512) 262330 Fax (0043512) 268437	●	●	●		
Hug & Co.	CH-8000 Zürich Limmatquai 26–28 Tel. ((0)1) 2516850 Auslieferung für Deutschland: Bärenreiter-Verlag, Kassel	●		●		
Inntal-Verlag	8203 Oberaudorf Postfach 32 Tel. (08033) 1663		●			
Johann Kliment	A-1090 Wien IX Kolingasse 15 Tel. ((0)222) 345147		●			●
Möseler-Verlag	3340 Wolfenbüttel Hoffmann-von-Fallersleben-Str. 8 Postfach 1661 Tel. (05331) 4976 Fax (05331) 43348			●	●	
Molenaar Musikzentrale	NL-1520 AA Wormerveer Industrieweg 23 Postbus 19 Tel. ((0)75) 286859 Fax (003175) 214991	●	●	●	●	
Friedel Moritz GmbH & Co. (Neuer Blasmusikverlag)	7500 Karlsruhe Grillparzerstraße 8 Tel. (0721) 591764	●	●			

Verlagsname	Anschrift, Telefon	O	U	K	C	S
Louis Oertel	3006 Burgwedel 1 Postfach 1252 Tel. (05139) 2163 Fax (05139) 8293		●			
Franz Pollak (Neuer Münchner Musik Verlag)	8000 München 40 Adalbertstraße 49 Tel. (089) 2720931	●	●			
Emil Ruh	CH-8134 Adliswil bei Zürich Züricher Straße 33 Tel. ((0)1) 7106313	●	●	●	●	
Siegfried Rundel	7956 Rot an der Rot Tel. (08395) 527 Auslieferung für die BRD des Rubank-Verlages, Miami, USA	●	●	●	●	
B. Schott's Söhne	6500 Mainz 1 Weihergarten 5 Postfach 3640 Tel. (06131) 2460 (Verlag) (06131) 5050 (Auslieferung) Fax (06131) 505115/6	●		●	●	●
Fritz Schulz	7801 Freiburg-Tiengen Am Märzengraben 6 Tel. (07664) 1431 Fax (07664) 5123	●	●	●	●	
Elisabeth Thomi-Berg (Grosch-Verlag)	8032 Gräfelfing Bahnhofstraße 94 a Postfach 1268 Tel. (089) 853279 Fax (089) 8541857	●	●	●	●	
Otto Wrede (Regina-Verlag)	6200 Wiesbaden 1 Schumannstraße 35 Postfach 6148 Tel. (0611) 523118 Fax (0611) 520773 Auslieferung der Verlage Hans Gerig, MCA-Musik, Scherzando, Editions Musica, Heinrichshofen's Verlag	●	●		●	

Die Blasmusikverbände Europas und ihre Zeitschriften

(Fritz Thelen)

Europäische Dachorganisation:

Confédération Internationale des Societées de Musique (C.I.S.M.), Sitz in Luxembourg

Bundesrepublik Deutschland:

Dachverband:
Bundesvereinigung Deutscher Blas- und Volksmusikverbände,
Zeitschrift: *Der deutsche Volksmusiker*, Aufl. 7000

Baden-Württemberg	Blasmusikverband Baden-Württemberg Zeitschrift: siehe Bundesvereinigung
	Bund Deutscher Blasmusikverbände Zeitschrift: *Die Blasmusik*, Aufl. 6000
Bayern	Bayerischer Musikbund mit den 3 Bünden Allgäu-Schwäbischer Musikbund Musikbund Ober- und Niederbayern Nordbayerischer Musikbund Zeitschrift: *Bayerische Blasmusik*, Aufl. 4200
Berlin	Blasmusikverband Berlin Zeitschrift: siehe Bundesvereinigung
Brandenburg	Landesblasmusikverband Brandenburg Zeitschrift: siehe Bundesvereinigung
Hamburg	Volksmusikverband Hamburg Zeitschrift: siehe Bundesvereinigung
Hessen	Hessischer Blas- und Volksmusikverband Zeitschrift: *Der Hessische Spielmann*, Aufl. 3500
	Landesmusikverband Hessen Zeitschrift: *Der Hessische Musiker*, Aufl. 1000
Mecklenburg-Vorpommern	Bläserverband Mecklenburg-Vorpommern Zeitschrift: siehe Bundesvereinigung
Niedersachsen	Niedersächsischer Volksmusikverband Zeitschrift: siehe Bundesvereinigung
Nordrhein-Westfalen	Volksmusikerbund Nordrhein-Westfalen / LV Rheinland Zeitschrift: siehe Bundesvereinigung
	Volksmusikerbund Nordrhein-Westfalen / LV Westfalen-Lippe Zeitschrift: siehe Bundesvereinigung

Rheinland-Pfalz	Landesmusikverband Rheinland-Pfalz Zeitschrift: siehe Bundesvereinigung
Saarland	Bund Saarländischer Musikvereine Zeitschrift: *Das Blasorchester*, Aufl. ca. 1000
Sachsen	Sächsischer Blasmusikverband Zeitschrift: siehe Bundesvereinigung
Sachsen-Anhalt	noch kein Verband konstituiert (1992)
Schleswig-Holstein	Volksmusikerverband Schleswig-Holstein Zeitschrift: *musik-INFO*, Aufl. 200 Offizieller Anzeiger des Volksmusikverbandes Schleswig-Holstein e.V.
Thüringen	Blasmusikverband Thüringen Zeitschrift: siehe Bundesvereinigung

Deutscher Feuerwehr-Verband / Musiktreibende Züge der Feuerwehren

Niedersächsischer Sportschützenverband e.V.

Deutscher Turnerbund / Fachgebiet Musik und Spielmannswesen
Zeitschrift: *Der Turner-Spielmann*, Aufl. 1100

Auflage aller Zeitschriften zusammen: 24 000

Clarino
Internationale Zeitschrift für Bläsermusik
erscheint monatlich, Postfach 127, D-W-8938 Buchloe

Europäische Verbände:

Belgien
Confédération musicale de Belgique - Muziekverbond van Belgie
Zeitschrift: *Caecilia*, Ostende
Fedekam Vlaanderen
Zeitschrift: *Fedekamnieuws*

Dänemark
Dansk Amatör-Orkesterforbund
Zeitschrift: *Luren*, Kopenhagen

Finnland
Suomen Laulajain ja Soittajain Liiton jäsenlehti
Zeitschrift: *SULASOL*, Helsinki

Frankreich
Confédération musicale de France et de l'Union Française
Zeitschrift: *Journal de la Confédération musicale de France*, Paris

GROSSBRITANNIEN
National League of Bands Associations;
National Association of Brass-Band Conductors
Zeitschrift: *The British Bandsman*, London

HOLLAND
Nederlandsche Federatie van Harmonie- en Fanfaregezelschapen;
Algemeene Nederlandsche Unie van Muziekverenigingen
Zeitschrift: *Musica*, Hilversum

ITALIEN
Associazione Nationale Bande Italiane Musicali Autonome
Zeitschrift: *Risveglio bandistico*, Rom
Verband Südtiroler Musikkapellen
Zeitschrift: *Tiroler Volkskultur*, Bozen

LUXEMBURG
Union Grand-Duc Adolphe
(Fédération des societées des chant et de musique
du Grand-Duché de Luxembourg)
Zeitschrift: *Revue musicale*, Luxembourg

NORWEGEN
Norges förbund

ÖSTERREICH
Österreichischer Blasmusikverband
Zeitschrift: *Österreichische Blasmusik*, Bregenz

PORTUGAL
Instituto National Para Aproveitamento Dos Tempos Livres
Dos Trabalhadores „Inatel“

SCHWEDEN
Riksförbundet Sveriges Amatörorkestrar
Zeitschrift: *Fanfaren*, Lulea

SCHWEIZ
Eidgenössischer Musikverband
Zeitschrift: *Schweizerische Blasmusikzeitung*, Luzern
Schweizerischer Arbeitermusikerverband
Zeitschrift: *Fanfare*, Bern
Schweizerischer Tambourenverband
Zeitschrift: *Schweizerische Blasmusikzeitung*, Luzern

Die drei skandinavischen Verbände in Dänemark, Norwegen und Schweden sind im „Nordisk Amatörmusikerunion“ zusammengeschlossen.

Sachwort- und Terminologieregister

Bildnachweis:

S. 2, 12, 13, 14, 15, 16, 17, 20, 21, 22, 24, 37, 177 - Archiv für Kunst und Geschichte, Berlin

S. 68, 69, 73, 75, 77, 79, 82, 84, 85, 87, 89, 91, 92, 93, 94, 95, 96, 97, 98, 99, 100, 101, 102, 103, 104, 105 - Hanna Mayer, Rottweil

S. 30/45/46/67/132/151/159/192 - Jäger, Kropp

S. 177 - ADN-ZB, Thieme

Alle übrigen Illustrationen: Archiv B. Schott's Söhne

Der Verlag dankt folgenden Firmen für die Bereitstellung von Bildmaterial ihrer Instrumente:
Fa. Buffet Cramporn,
Fa. Josef Püchner, Nauheim
Fa. Karl Hammerschmidt & Söhne, Burgau
Fa. Julius Keilwerth, Nauheim
Fa. Gebr. Alexander, Mainz

Umschlag-Vorderseite:
Dr. Bahnmüller/BAVARIA, Bildarchiv Hans Huber, Archiv für Kunst und Geschichte,
Umschlag-Rückseite:
Hanna Mayer, Rottweil, Studio Hahn/BAVARIA

GEBR.
ALEXANDER
MAINZ
200 Jahre
1782-1982
Gebr. Alexander · Mainz
D-6500 Mainz · Bahnhofstr. 9 · Postfach 1166 · Tel. 06131/232944

NOTIZEN

NOTIZEN

NOTIZEN

NOTIZEN

NOTIZEN